Mach's noch
          einmal,
Charlie!

MACH'S NOCH EINMAL, CHARLIE!

100 FILME FÜR KINOFANS
(UND ALLE, DIE ES WERDEN WOLLEN)

◉◉◉ THOMAS BINOTTO ◉◉◉

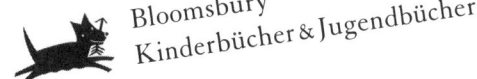
Bloomsbury
Kinderbücher & Jugendbücher

© 2007 Berlin Verlag GmbH, Berlin
Bloomsbury Kinderbücher & Jugendbücher
Alle Rechte vorbehalten
Umschlaggestaltung: Rothfos & Gabler, Hamburg
Typografie, Gestaltung und Satz: Manja Hellpap, Berlin
Gesetzt aus Granjon und Bulldog
Druck und Bindung: Clausen & Bosse, Leck
Printed in Germany 2007
ISBN: 978-3-8270-5165-3

www.berlinverlage.de

INHALT

VOR SPAN N

Ich bin geschichtensüchtig. Wahrscheinlich, seit ich zuhören kann. Als Grundschüler habe ich deshalb Opern- und Schauspielführer gelesen. Nicht etwa weil ich Sänger oder Schauspieler werden wollte, sondern weil ich durch die kurzen Handlungsangaben in Windeseile mit unzähligen spannenden Geschichten versorgt wurde.

Ich war etwa sechs Jahre alt, als mich mein Vater zum ersten Mal mit ins Kino genommen hat. Dank Charlie Chaplin und THE KID bin ich dann auch noch kinosüchtig geworden. Meine Eltern haben glücklicherweise nichts unternommen, um diese Begeisterung einzudämmen. Im Gegenteil, weil mein Vater Filmkunde unterrichtet hat und seine Schule über ein hauseigenes Kino verfügte, habe ich unzählige Klassiker schon früh im Kino gesehen – und mich manchmal auch heimlich in den dunklen Saal geschlichen.

Irgendwann bin ich dann dahintergekommen, dass das Kino nicht nur Geschichten in Hülle und Fülle bietet, sondern auch Geschichte(n) schreibt. Und so habe ich begonnen, über Filme zu lesen. Darüber, wie sie gemacht werden und was sich die Filmemacher dabei gedacht haben. Das war fast ebenso spannend, wie im Kino zu sitzen. Noch immer gehört das lange Interview, das der französische Regisseur François Truffaut mit Alfred Hitchcock geführt hat, zu meinen Lieblingsbüchern. Jedes Mal, wenn ich in »Mr. Hitchcock, wie haben Sie das gemacht« nachschlage, bleibe ich viel länger hängen, als eigentlich geplant war.

Und schließlich habe ich angefangen, über das Kino zu schreiben. Es scheint ganz, als ob ich mit allen Mitteln das Kino-Virus verbreiten möchte, mit dem mich einst mein Vater angesteckt hat.

Dieses Buch soll deshalb ein Film-Verführer sein. Die Gelegenheit dazu ist günstig, denn dank des rasant wachsenden DVD-Markts gibt es heute viel zu sehen, was lange nur einem ausgewählten Publikum vorbehalten war. Ich habe ausschließlich Filme ausgewählt, die auf DVD erhältlich sind, damit Eure Neugierde nicht nur geweckt, sondern auch gestillt werden kann. Lediglich zwei Mal habe ich diese Regel durchbrochen: Im Falle von ABENTEUER IN RIO bin ich mir sicher, dass die Lücke bald geschlossen wird. Bei IN DER HÖLLE IST DER TEUFEL LOS scheint eine DVD in weiter Ferne, aber dieser Film musste einfach ins Buch.

In diesem Buch habe ich für Euch nicht die 100 besten und auch nicht die 100 wichtigsten Filme zusammengetragen, die je entstanden sind. Es sind nicht einmal jene 100, die mir am besten gefallen. Deshalb gleich vorneweg mein Eingeständnis: Ich konnte nur einen Bruchteil von dem aufnehmen, was das Kino zu bieten hat, und über meine Auswahl lässt sich selbstverständlich stundenlang streiten.

Dennoch bin ich davon überzeugt, dass »meine« 100 Filme und ihre Geschichten es wert sind, dass Ihr Euch ihnen widmet. Ich kann Euch nämlich immerhin garantieren, dass Ihr mit diesem Buch und all den Kinoabenden, die sich daraus ergeben, nicht nur Eure Geschichtensucht befriedigen könnt, sondern nebenbei eine ganze Menge an Filmgeschichte(n) mitkriegen werdet.

Eine Botschaft an die lieben Eltern:

Obwohl Sie die Lektüre dieses Buches wahrscheinlich ohne weiteres gestatten werden, muss ich Sie warnen: Die Folgen dürften nicht spurlos an Ihnen vorübergehen. Spätestens beim Gang ins Kino oder beim Einlegen einer DVD werden Sie nämlich Ihr Mitbestimmungsrecht einfordern. Deshalb ist zu jedem Film, sofern vorhanden, die Altersfreigabe der FSK angegeben. Diese leistet als Richtlinie gute Dienste – aber ein absoluter Wert ist sie nicht. Einige Bewertungen sind nämlich so alt, dass sie längst überholt werden müssten. Filme, die vor fünfzig Jahren erst ab sechzehn Jahren freigegeben waren, würden heute mit Sicherheit ab zwölf oder sogar bereits ab sechs Jahren gestattet. Wenn Filme für die DVD neu bewertet werden, geschieht manchmal genau dies: FANFAN, DER HUSAR und SOS FEUER AN BORD beispielsweise durfte man im Kino erst ab sechzehn Jahren sehen, die DVD ist schon ab sechs Jahren frei. Ich empfehle in diesem Buch deshalb auch einige Filme, die erst ab sechzehn freigegeben wurden, die ich aber meinem dreizehnjährigen Sohn dennoch zumuten würde. Ebenso habe ich Filme ausgewählt, bei denen auf der Hülle zwar FSK 6 steht, die ich meinen Töchtern in diesem Alter aber niemals zeigen würde.

Kurz und gut: Kinder und Jugendliche haben keine einheitlichen Empfindlichkeiten – sie sind alle Individuen und so gesehen Spezialfälle. Altersempfehlungen allein können nicht garantieren, dass sie nur Bekömmliches zu sehen kriegen. Deshalb dürften flexible und verantwortungsvolle Erwachsene ganz nützlich sein – erst recht, wenn sie sich zum Mitschauen verführen lassen.

Stummfilm

STUMM WAR
DAS KINO
NIE

Die Frühzeit des Kinos zwischen 1895 und 1927 nennt man Stummfilmzeit. Kein Ton, keine Farbe, wacklige Bilder und lausige Qualität –
das klingt nach Kino-Steinzeit und Arbeit für Film-Archäologen.

Wenn wir jedoch genauer hinschauen, wird schnell offensichtlich, dass an diesem Vorurteil so ziemlich alles falsch ist. Filme
wurden beispielsweise fast von Beginn an eingefärbt. Eines dieser
Verfahren nannte man Viragierung. Dafür wurden die Filmstrei-
fen in verschiedene Farbbäder getaucht, um so Tag- oder Nacht-
licht vorzutäuschen oder den einzelnen Szenen unterschiedliche
Stimmungen zu verleihen. Pathécolor hieß eine andere Methode,
bei der die Filme von bis zu 300 Arbeiterinnen in Handarbeit Bild
für Bild bemalt wurden.

Lautlos war das frühe Kino genauso wenig: Klavierbegleitung,
Orgeln oder Filmorchester, sie alle haben die Stille des Films von
Anfang an übertönt – und das laute Rattern der Projektoren. Man
setzte sogar Geräuschemacher in den Orchestergraben oder hinter
die Leinwand, um die Stummheit zu vertreiben.

Obwohl die Stille im Kinosaal schon immer unerwünscht war,
brachte man einem Film, in dem gesprochen wurde, lange Zeit
wenig Zuneigung entgegen. Die Kritiker befürchteten: »Wir wer-

den eines Tages den ›tönenden Film‹ zur Verfügung haben, doch er wird niemals den Film ohne Ton ersetzen. Ihm wird das Element der Subtilität und Suggestivität fehlen.«

Dass sie damit nicht ganz Unrecht hatten, können wir heute noch nachvollziehen, wenn wir uns zu einem Stummfilm überwinden. Natürlich gibt es aus dieser frühen Zeit viele langweilige Filme – genauso wie aus den Jahrzehnten danach. Aber wenn man ein Meisterwerk erwischt, dann entfesselt dieses einen Bilderstrudel, der uns hineinzieht und so schnell nicht mehr loslässt. Genau das wurde mit »suggestiv« beschrieben. Gerade weil nicht gesprochen wird, können uns diese Filme beinahe in Hypnose versetzen. Es ist, als ob wir in eine ganz fremde, geheimnisvolle, fast ein wenig gespenstische Welt eintauchen würden.

Als ich zehn Jahre alt war, zeigte das ZDF jeweils am Sonntagmorgen Stummfilmklassiker. Ich kann mich heute noch daran erinnern, wie ich gebannt vor einem Gruselfilm wie DER STUDENT VON PRAG saß und nicht mehr loskam. Oder PANZERKREUZER POTEMKIN. Den habe ich sicher ein Dutzend Mal im Kino gesehen, weil ich als Schulkind immer in den Saal schlich, wenn mein Vater seinen Gymnasiasten diesen Klassiker vorführte. Und die Slapstick-Serie KLAMOTTENKISTE gehörte lange Zeit fest zu unserem Familienalltag. Das »Erfolgsgeheimnis« war immer dasselbe: Konzentration auf Bilder und Bewegung, der Zwang zur ausdrucksstarken Pantomime, all das gibt dem Stummfilm eine bis heute anhaltende Kraft.

Dass der Stummfilm sich immerhin dreißig Jahre lang bis Ende der 1920er Jahre halten konnte, ist übrigens nicht die Schuld fantasieloser Erfinder und Techniker, sondern die von geschäftstüchtigen Filmproduzenten und widerspenstigen Filmkünstlern. Für die Filmindustrie galt: Solange ein Film stumm war, konnte man ihn überall auf der Welt zeigen – er wurde immer verstanden. Warum sollte man mit dem Tonfilm und mit der damit verbundenen Beschränkung auf eine Sprache die Verbreitung und damit die Einnahmen verringern? Vom Aufwand für die teure Umrüstung der Kinosäle ganz zu schweigen. Im Jahr 1928 entstanden

85 Prozent aller Filme in Hollywood – und dem Export in andere Länder waren keine Grenzen gesetzt.

Die Regisseure ihrerseits verachteten den Ton, weil sie sich mit der Beschränkung auf das bewegte Bild ganz bewusst von allen anderen Künsten abheben wollten. Der deutsche Autor Kurt Tucholsky brachte es auf den Punkt: »Der beste Filmtext ist: gar keiner.« René Clair, ein französischer Filmregisseur, klagte: »Der Ton ist der Tod des Films.« Und Charles Chaplin gestand frei heraus: »Die Tonfilme? Sie können sagen, dass ich sie verabscheue. Sie kommen und zerstören die älteste Kunst der Welt, die Kunst der Pantomime. Sie zerstören das schöne große Schweigen.«

Charlie Chaplin, der eigentlich Charles Spencer Chaplin hieß, hat den Tonfilm so ausgiebig und standhaft verabscheut wie kaum ein anderer. Noch 1936 machte er sich in seinem Film MODERNE ZEITEN über diesen Quatsch lustig, obwohl sich die »Talkies«, wie die Tonfilme anfangs in Amerika genannt wurden, damals längst überall durchgesetzt hatten. Aber das, was in MODERNE ZEITEN aus den Lautsprechern dringt, ist lediglich Quäken und Klirren.

Chaplin, der damals als der berühmteste Mann der Welt galt, macht einem den Einstieg in die Stummfilmwelt besonders leicht. Bei der Fülle von Meisterwerken, die er hinterlassen hat, fällt es dennoch schwer, sich auf ein einziges Werk zu beschränken. Chaplins Filme sind dermaßen gut, dass man sie eigentlich alle gesehen haben muss.

GOLDRAUSCH ist das Märchen von einem armen Schlucker, der einen Goldschatz im Gebirge sucht, sich in einen Schatz in der Music-Hall verliebt und schließlich beides bekommt. Chaplin mochte keinen seiner Filme so sehr wie GOLDRAUSCH, weil er hier seinem Traum von einem vollkommenen Film am nächsten kam. So nahe, dass er 1942 und 1956 sogar neue, vertonte Fassungen anfertigen ließ, ohne dabei freilich das »schöne große Schweigen«

zu zerstören. In der heute verbreiteten englischen Tonfassung führt uns Chaplin selbst als Erzähler durch die Geschichte, während in der Stummfilmzeit eingeblendete Texttafeln, sogenannte Zwischentitel, wichtige Hinweise zur Handlung gaben, die das Bild allein nicht ausdrücken konnte.

Wie ist Chaplin auf die Geschichte vom geborenen Verlierer und dennoch ziemlich gewitzten Tramp gekommen, der mit dem bärenstarken und doch ziemlich einfältigen Big Jim ein ungleiches, aber fast unschlagbares Doppel bildet? Es waren Postkarten, auf denen die endlos langen Goldgräberkarawanen in Alaska zu sehen waren und schauerliche Berichte über Kannibalismus unter Goldgräbern. Es hieß, dass verzweifelte Männer ihre erfrorenen Kameraden aßen, um nicht selbst zu verhungern.

Und daraus sollte nun ein lustiger Film werden? Aus Menschenfressern und verzweifelten Glücksjägern? Bei Chaplin war das möglich, weil er die Mischung von traurig und komisch meisterhaft beherrschte. Bei ihm kann man schallend lachen, während einem bereits zum Heulen zumute ist. GOLDRAUSCH ist unglaub-

GOLDRAUSCH in einem Satz: Ein schmächtiger, aber gewitzter Tramp tut sich mit einem bärenstarken, aber einfältigen Goldgräber zusammen – und gewinnt alles: Freundschaft, Reichtum und die Frau fürs Leben.

GOLDRAUSCH (The Gold Rush). USA 1924. Regie: Charles Chaplin. Besetzung: Charles Chaplin, Mack Swain, Georgia Hail u. a. 78 Minuten. FSK 6. DVD: Warner

Wem ein Film nicht genügt:
MODERNE ZEITEN USA 1936. Regie:
Charles Chaplin (FSK 6)
LICHTER DER GROSSSTADT USA 1931.
Regie: Charles Chaplin (FSK 6)

lich komisch, etwa wenn die Helden in einer Berghütte über dem Abgrund Schaukel spielen; er ist traumhaft, wenn aus Gabeln und Brötchen ein Ballett entsteht, und er ist traurig, wenn sich gefühllose Menschen über die Liebe eines kleinen Mannes lustig machen.

Wenn in **GOLDRAUSCH** alles so leicht zusammenfindet, dass man gleichzeitig lachen und weinen kann, ohne sich darüber zu wundern, so steckt dahinter neben dem Genie Chaplins auch ungeheure Arbeit. Was wir heute auf der Leinwand zu sehen bekommen, ist nämlich nur ein kleiner Teil des gedrehten Materials. Von 35 Stunden belichtetem Film hat Chaplin lediglich 78 Minuten verwendet. Allein die Szene, in der er seinen Schuh genüsslich verspeist, als wäre er ein köstliches Stück Geflügel, allein diese Szene wurde 63-mal wiederholt. 63-mal hat Chaplin an einem Schuh aus Lakritz genagt – bis er mit einem Insulin-Schock, also einer Überdosis Zucker, ins Krankenhaus eingeliefert werden musste.

Die unbestrittenen Meister der amerikanischen Stummfilmkomödie sind Charles Chaplin, Harold Lloyd und Buster Keaton. Jeder von ihnen hat seine ganz eigenen, unverwechselbaren Filme gemacht. Chaplin ist der menschenfreundliche Komödiant mit dem großen Herz für die Armen und die Außenseiter – und ein unverbesserlicher Romantiker dazu.

Bei Harold Lloyd wird Komik zur rasanten und letztlich immer überbordenden Sportveranstaltung. Seine Filme feiern im Eiltempo – und immer etwas überdreht – den amerikanischen Traum: Jeder kann ein Held sein, wenn er nur schnell genug rennen, abenteuerlich genug fallen und oft genug aufstehen kann.

Obwohl er äußerst sportlich war, spielte Lloyd immer linkische Typen. Erst dadurch wurden seine akrobatischen Kunststücke komisch, die er am liebsten zwischen Himmel und Erde hängend vollführte – oder von einem Doppelgänger vollführen ließ. In AUSGERECHNET WOLKENKRATZER muss Lloyd seiner Geliebten aus der Provinz beweisen, dass er es in der Großstadt tatsächlich zu etwas gebracht hat, genauso wie er es in seinen Briefen behauptet hatte. Seine Anstrengungen, im Eiltempo hoch hinaus zu kommen, führen dazu, dass der Tollpatsch irgendwann in aussichtsloser Lage an der Fassade eines Hochhauses hängt, und ihn lediglich ein unerbittlich nach unten tickender Uhrzeiger vom Sturz in die Tiefe abhält. Daraus ist eine der berühmtesten Szenen der Filmgeschichte geworden.

Lloyd war ein ziemlich wagemutiger Schauspieler, der teilweise auch gefährliche Szenen selbst spielte. Für AUSGERECHNET WOLKENKRATZER hat er sich tatsächlich selbst aus dem 12. Stock eines Hochhauses in Los Angeles gehängt. Drei Stockwerke tiefer war allerdings ein Gerüst mit Matratzen angebracht, falls er doch runterfallen sollte. Aus unerfindlichen Gründen ließ man erst nach dem erfolgreichen Dreh eine Puppe zur Probe auf diese Sicherheitsvorkehrung fallen. – Sie sprang von der Matratze hoch und stürzte in die Tiefe.

AUSGERECHNET WOLKENKRATZER in einem Satz: Ein junger Verkäufer lügt seiner Geliebten auf dem Lande große Erfolge in der Großstadt vor – als sie ihn besucht, versucht er im Eiltempo die Karriereleiter hochzusteigen und schießt dabei gefährlich übers Ziel hinaus.

AUSGERECHNET WOLKENKRATZER (Safety Last). USA 1923. Regie: Fred Newmeyer, Sam Taylor. Besetzung: Harold Lloyd, Mildred Davis, Bill Strother u. a. 100 Minuten. FSK 6. DVD: Studio Canal

Wem ein Film nicht genügt:
DER SPORTSTUDENT USA 1925. Regie: Sam Taylor, Fred Newmeyer (FSK 6)
KALTE MILCH UND HEISSE FÄUSTE USA 1935. Regie: Leo McCarey

Buster Keaton schließlich ist der Mann, der niemals lacht und seine Filme mit der Perfektion eines Ingenieurs plant. Sie laufen wie ausgeklügelte Uhrwerke ab, wo jedes Teil ins andere greift. Daraus entsteht eine unaufhaltsame Verkettung von sorgfältig inszenierten Missgeschicken. Weil aber Keaton selbst in den turbulentesten Augenblicken stoisch ruhig bleibt und keine Miene verzieht, wird das irrwitzige Katastrophen-Domino erst recht komisch.

DER GENERAL zeigt Keaton auf dem Höhepunkt seines Könnens – und tragischerweise auch kurz vor dem Niedergang. Die Handlung ist wie immer denkbar einfach gestrickt, eigentlich mehr eine Idee als eine Erzählung: Im amerikanischen Bürgerkrieg werden einem Eisenbahner aus den Südstaaten just die zwei Dinge geraubt, die er am meisten liebt: seine Verlobte und seine Lokomotive. Beiden jagt er als nimmermüdes Stehaufmännchen hinterher, durchbricht dabei sogar die feindlichen Linien, sorgt ganz nebenbei dafür, dass ein Großangriff der Nordstaaten scheitert, und beweist seiner Geliebten, dass er kein Feigling ist.

DER GENERAL ist nicht nur ein Klassiker der Komödie, sondern gleichzeitig ein Urahne des modernen Action-Films. Der Einfallsreichtum, mit dem Keaton aus einem einfachen Motiv immer neue Gags hervorzaubert, ist atemberaubend. Am eindrücklichsten ist der Zusammenbruch einer Brücke. Keaton ließ dafür nicht etwa eine Modelleisenbahn in einen Miniaturabgrund stürzen. Nein, er drehte das Spektakel eins zu eins, zerstörte also eine echte Lokomotive und eine echte Brücke – und so entstand eine der teuersten Aufnahmen in der Geschichte des Stummfilms.

Heute bestreitet niemand, dass DER GENERAL ein Meisterwerk ist, aber als der Film herauskam, fiel er beim Publikum und bei der Kritik durch. Es war für Keaton eine der bittersten Enttäuschungen seines Lebens. Der Film war derart erfolglos, dass er Keatons Karriere zerstörte. Er büßte seine finanzielle Unabhängigkeit ein und damit auch seine künstlerische Freiheit. Fortan durfte er nur noch das tun, was die Geldgeber von ihm verlangten – und das war selten so komisch, wie Keaton hätte sein können, wenn man ihn nur gelassen hätte.

DER GENERAL in einem Satz: In einer der längsten Verfolgungsjagden der Filmgeschichte hetzt ein Eisenbahner seinen liebsten Dingen nach: seiner Lokomotive und seiner Verlobten.

DER GENERAL (The General). USA 1926. Regie: Buster Keaton. Besetzung: Buster Keaton, Marion Mack, Charles B. Smith u. a. 78 Minuten. FSK 6. DVD: Eureka

Wem ein Film nicht genügt:
STEAMBOAT BILL JR. USA 1928.
Regie: Buster Keaton (FSK 6)
DER NAVIGATOR USA 1924.
Regie: Buster Keaton (FSK 6)

000003
Der General
Kurzinformation
038646

Neben den drei Großen des amerikanischen Stummfilms darf man all jene unzähligen Komiker nicht vergessen, die den Slapstick-Film erfunden und zum beliebtesten Genre der Stummfilmzeit gemacht haben. Slapstick ist eine akrobatische Komik, in der sich Körper und Gegenstände stets aufs Neue ineinander verkeilen. Sämtliche Gesetze der Natur, der Logik und des Anstands scheinen aufgehoben. Es ist deshalb kein Wunder, dass in diesem Genre vor allem Clowns aus dem Zirkus und dem Varieté die Leinwand eroberten. Sie fanden für Disziplinen wie Tortenschlacht, Massenprügelei und Verfolgungsjagd immer neue zwerchfellerschütternde Variationen. Ihre körperbetonte Komik kam zudem ohne Worte aus und war deshalb wie geschaffen für den Stummfilm. In seiner puren Form kommt Slapstick sogar ohne Handlung aus, was allerdings für Langspielfilme dann doch ein Problem ist, und so war der Großteil der Slapstick-Filme nur um die 15 Minuten lang. Diese Länge war kein Zufall, denn sie

entsprach genau dem, was auf einer Filmrolle Platz hatte. Deshalb nannte man diese Kurzfilme auch One-Reelers. Namen wie Ben Turpin, Fatty Arbuckle oder Harry Langdon kennt heute kaum mehr jemand. Ihre Filme waren aber lange über die Stummfilmzeit hinaus eine beliebte Fernsehunterhaltung. In der legendären KLAMOTTENKISTE wurden die One-Reelers gezeigt. Damit wurden viele Kinder zu Stummfilmfans gemacht, ohne dass ihnen das im ansteckenden Gelächter weiter aufgefallen wäre.

Die Übermacht der amerikanischen Filmindustrie auf dem Weltmarkt hält nun schon so lange an, dass fast in Vergessenheit geraten ist, wo das Kino ursprünglich laufen gelernt hat: Nicht in den USA, sondern in Frankreich bei den Brüdern Lumière. Am 28. Dezember 1895 wurden in Paris zum ersten Mal vor zahlendem Publikum elf Filme mit einer durchschnittlichen Länge von einer Minute vorgeführt.

KLAMOTTENKISTE in einem Satz: Sich verhauen, munter alles zerstören, in die Falle locken und Torten werfen kann lustig sein – sofern man dabei Zuschauer einer Slapstick-Komödie ist.

KLAMOTTENKISTE. Eine Box mit 5 DVD bietet jede Menge Slapstick-Spaß. FSK ohne Altersbeschränkung. DVD: ZYX

Wem eine Kurzfilmsammlung nicht genügt:
BUSTER KEATON – ALLE KURZFILME VON 1917 BIS 1923 (absolut Medien)
CHARLIE CHAPLIN – 28 KURZFILME VON 1915 BIS 1917 (absolut Medien)

Neben den Lumières wirkte in Frankreich ein weiterer Pionier. Georges Méliès erkannte bereits Ende des 19. Jahrhunderts, was man mit diesem neuen Medium alles anstellen konnte. Von 1896 bis 1913 drehte er zwischen 450 und 500 Filme. Ihre Handlung kann man getrost übergehen, aber die Tricks, die Méliès erfunden hat, die halten sich teilweise bis heute im Repertoire – weiterentwickelt und verfeinert natürlich.

Im Laufe seiner Karriere hat Méliès über hundert Spezialeffekte erfunden. Beispielsweise experimentierte er mit Mehrfachbelichtungen. Dadurch konnte dieselbe Person zweimal im Bild auftauchen, zunächst im rechten Bildteil und danach im später belichteten linken. Méliès hat Stopptricks eingesetzt, also die Kamera angehalten, das Dekor verändert und danach weitergedreht, so dass ein Gegenstand aus dem Nichts auftauchen oder gewaltige Sprünge vollführen konnte. Er hat Zeitlupe und Zeitraffer ausprobiert, hat durch ein Aquarium gedreht, um Unterwasserszenen vorzutäuschen, und er hat die Gesetze der Perspektive ausgenutzt, so dass plötzlich ein Gegenstand zu wachsen oder zu schrumpfen

scheint, obwohl er in Wirklichkeit nur in einem verzerrt gebauten Szenenbild nach vorne und nach hinten geschoben wurde.

Wie so viele Pioniere des Films konnte Méliès seinen großen Erfolg nicht lange festhalten. Ausgerechnet er, der Erfinder der »Special-Effects«, hinkte später der Technik hinterher. Seine Handwerkskunst konnte mit der immer mächtiger werdenden Filmindustrie nicht mehr Schritt halten. Schon vor dem Ersten Weltkrieg verlor Méliès seine geschäftliche Unabhängigkeit und nach dem Krieg auch noch sein ganzes Privatvermögen. Eine der Legenden behauptet, er habe – von der Filmwelt vergessen – als Spielzeughändler auf einem Pariser Bahnhof ein trauriges Dasein gefristet, bis ihn ein Journalist zufällig entdeckte. Ob wahr oder fast wahr: Auf jeden Fall hat die französische Filmwelt ihrem großen Lehrer erst spät die gebührende Dankbarkeit gezeigt, ihm aber wenigstens noch einen würdigen Lebensabend in einem Altersheim ermöglicht.

DIE REISE ZUM MOND in einem Satz: Wissenschaftler werden mit einer Rakete dem Mond direkt ins rechte Auge geschossen, trotzen daraufhin einem Schneesturm genauso wie den feindlichen Mondmenschen und kehren im Triumph auf die Erde zurück.

DIE REISE ZUM MOND (Le voyage dans la lune). Frankreich 1902. Regie: Georges Méliès. Besetzung: Georges Méliès, Victor André, Bleuette Bernon u. a. 16 Minuten. DVD: arte vidéo

Wem ein Film nicht genügt:
Die DVD **MÉLIÈS LE CINEMAGICIEN** enthält 15 weitere Kurzfilme von George Méliès sowie einen – allerdings französisch gesprochenen – Dokumentarfilm über den Filmpionier.

Von den unzähligen Filmen, die Méliès gedreht hat, ist nur ein Bruchteil erhalten geblieben. Sein bekanntestes Werk heißt **DIE REISE ZUM MOND** und stützt sich, wie schon der Titel vermuten lässt, auf eine Geschichte von Jules Verne. In 16 Minuten wird mit 30 Szenen gezeigt, wie eine Mondrakete gebaut und zum Mond geschossen wird, wie die Mondfahrer dort in das Innere eines Vulkankraters klettern, sich mit den Mondbewohnern prügeln, wie ihnen die Flucht und die Rückkehr zur Erde gelingt und wie am Ende zu Ehren der Helden ein Freudenfest steigt.

Während in Frankreich und den USA der Film zunächst vor allem als unterhaltsame Ablenkung vom harten Alltag betrachtet wurde, erwartete man sich in der noch jungen Sowjetunion von diesem neuen Medium etwas anderes. Für die Kommunisten war

der Film eines der wichtigsten Mittel, um die Massen von ihrer Politik zu überzeugen. Das Kino sollte hauptsächlich der Propaganda dienen.

Wie das am besten geschehen konnte, wurde mit überraschenden Experimenten erkundet. Dabei entdeckten die sowjetischen Filmemacher mehr durch Zufall und Not die entscheidende Funktion der Montage und wurden damit zu wegweisenden Theoretikern des Filmschnitts, die dazu auch noch die Praxis meisterhaft beherrschten.

Das kam so: Weil nicht genügend unbelichtetes Filmmaterial zur Verfügung stand, begannen sie, bereits existierendes Material wieder zu verwenden – also auseinanderzuschneiden und neu zusammenzukleben. Damit war der Filmschnitt entdeckt.

Ihre Erkenntnisse darüber, wie man die Filmbilder montiert, wo man schneidet und in welche Zusammenhänge man seine Bilder stellt, waren für die Filmkunst revolutionär. Erst wenn ein Regisseur die Kunst der Montage beherrscht, entfaltet ein Film seine eigentliche Kraft. So kann die Wirkung der Bilder gesteigert und das Publikum in seinen Empfindungen gelenkt werden. Dass ausgerechnet sowjetische Filmemacher von dieser Entdeckung begeistert waren, ist verständlich: Für eine gezielte Propaganda war eine gezielte Wirkung der Bilder notwendig.

Welche erstaunlichen Resultate der richtige Schnitt und die raffinierte Montage erzielen können, bewies ein berühmtes Experiment aus dieser Zeit. Lev Kuleschow, ebenfalls ein sowjetischer Filmpionier und -theoretiker, montierte drei kurze Szenen: das Gesicht eines Mannes, daraufhin ein Teller Suppe – das Gesicht eines Mannes, danach eine Frau im Sarg – das Gesicht eines Mannes und dann ein Mädchen. Die Zuschauer waren begeistert über die großartige Schauspielkunst, die hier geboten wurde: Beim Teller Suppe habe man dem Mann seinen Appetit angesehen, beim Sarg seine tiefe Trauer und beim Mädchen seine freundliche Väterlichkeit. In ihrer Begeisterung war den Zuschauern allerdings eines völlig entgangen: Der Gesichtsausdruck des Mannes war immer genau derselbe gewesen. Kuleschow hatte ein und dieselbe Einstellung dreimal verwendet und sie mit Suppe, Sarg und Mädchen kombiniert. Durch dieses Experiment bewies er, dass Bilder ganz unterschiedlich wirken können, je nachdem, mit welchen anderen Bildern sie verbunden werden.

PANZERKREUZER POTEMKIN von Sergej M. Eisenstein ist nicht nur einer der perfektesten Propagandafilme der Filmgeschichte, er ist auch als »Großmeisterwerk« der Montage unbestritten. Ursprünglich hatte Eisenstein ein breit angelegtes Revolutionsdrama geplant, aber dann entschied er sich aus Zeit- und Geldmangel, die Handlung auf ein einziges beispielhaftes Ereignis zu reduzieren: den Aufstand von Odessa im Jahr 1905, bei dem Matrosen eines Kriegsschiffs gegen ihre miserablen Lebensbedingungen aufbegehren. So werden sie beispielsweise gezwungen, verdorbenes Fleisch zu essen. Als die Meuterer von der Bevölkerung in Odessa unterstützt werden, greift die Armee des Zaren brutal ein, und es kommt zu einem furchtbaren Massaker.

Im ursprünglichen Drehbuch umfasste diese Episode gerade einmal anderthalb Seiten. Ausgerechnet durch die erzwungene Zuspitzung erhielt PANZERKREUZER POTEMKIN dann eine Wucht, die man über achtzig Jahre nach seinem Entstehen immer noch hautnah fühlt. Man kann gar nicht anders, als mit den gequälten Matrosen mitzuleiden und für sie Partei zu ergreifen. Wenn die Kanonen von der Leinwand herab direkt in den Zuschauerraum zielen, dann wird man sich unwillkürlich ducken. Und nach der legendären Treppenszene ringt man auch im sicheren Kinosessel schweißgebadet nach Luft.

Selbst wer von den historischen Hintergründen keine Ahnung hat, wird von PANZERKREUZER POTEMKIN gepackt. Als Propagandist erreicht Eisenstein damit sein Ziel bravourös: Man folgt ihm, ohne weitere Fragen zu stellen. Er hat sein Publikum fest im Griff.

Längst nicht alle Regisseure haben so eindeutig wie Eisenstein für eine politische Überzeugung geworben – aber das Publikum verführen wollen sie im Grunde alle. Es verwundert deshalb nicht, dass ganz unterschiedliche Regisseure, unter ihnen Charles Chaplin und Alfred Hitchcock, PANZERKREUZER POTEMKIN über alle Maßen schätzten. Eisenstein hatte demonstriert, wozu das Kino fähig war, sofern man seine Mittel – vor allem die Mittel der Montage – gezielt einzusetzen verstand.

Glücklicherweise hinterlässt selbst ein scheinbar so vollkommener Film seine Legenden. Eine davon erzählt Eisenstein in seinen Lebenserinnerungen: Weil er mit der Fertigstellung des Films überaus knapp dran war, musste er noch während der Premiere die letzten beiden Rollen mit Spucke zusammenkleben. »Und plötzlich – nicht zu fassen! Ein Wunder! Die Spucke hat's geschafft! Der Film läuft bis zu Ende.«

Montage blieb das Zauberwort – selbst im Vorführraum!

PANZERKREUZER POTEMKIN in einem Satz: Die Matrosen eines russischen Kriegsschiffs rebellieren gegen ihre unwürdigen Lebensumstände, und als sie von der Bevölkerung der Hafenstadt Odessa unterstützt werden, kommt es zur Katastrophe.

PANZERKREUZER POTEMKIN (Bronenosec Potjomkin). Sowjetunion 1925. Regie: Sergej M. Eisenstein. Besetzung: Alexander Antonow, Wladimir Barskij, Grigori Alexandrow u.a. 75 Minuten. FSK 12. DVD: Icestorm oder Eureka

Wem ein Film nicht genügt:
DIE GEBURT EINER NATION USA 1915. Regie: David W. Griffith
DER MANN MIT DER KAMERA Sowjetunion 1929. Regie: Dsiga Wertow (FSK 6)

Was bei Eisenstein Absicht war, das wurde für Fritz Lang zur Belastung: Bis heute wirft man dem Meisterwerk **METROPOLIS** vor, es habe, wenn auch unabsichtlich, für die Nationalsozialisten Propaganda gemacht. In späteren Jahren hat sich Lang, der nie ein Nazi war, vom Inhalt dieses Films distanziert. Dass **METROPOLIS** sozusagen im Nachhinein zum Propagandafilm werden konnte, das hat zunächst mit den gewaltigen Massenszenen zu tun, in denen Menschen zu Mustern angeordnet und damit als einzelne Wesen unsichtbar wurden. Verhängnisvoll war aber auch die letzte Szene des Films, in der die Unterdrückten mittels einer romantischen Hochzeit zwischen einem Vertreter der Herrschaft und einer Vertreterin des Volks besänftigt werden. »Das Herz ist der Mittler zwischen Hirn und Hand«, hieß die simple Botschaft dazu. So einfach sei die Versöhnung zwischen reichen Herrschern und ausgebeuteten Arbeitern nicht zu haben, schimpften die Kritiker.

Dabei konnte eine derart wirre Geschichte eigentlich gar keine gezielte Propaganda sein: In der Zukunftstadt Metropolis ist das Leben in zwei Hälften geteilt. Im Glanz und Prunk der Oberstadt genießen die Reichen das Leben und die Errungenschaften der

Technik. In der Unterstadt schmachten und schuften die Arbeitermassen. Durch ihre Ausbeutung wird der Luxus der Oberstadt erst möglich. Als ein dämonischer Erfinder die Arbeiter mit einem Roboter aufwiegelt, gerät die Situation außer Kontrolle und Metropolis droht der Untergang.

Noch mehr als sein naiver Inhalt hat METROPOLIS geschadet, dass die Autorin des Drehbuchs, Thea von Harbou, die damals noch Langs Ehefrau war, sich später mit den Nazis einließ. Auch das Gerücht, das Werk gehöre zu Hitlers Lieblingsfilmen, hat das Science-Fiction-Märchen verdächtig gemacht.

Und doch: So einfach liegt der Fall nicht. Der spanische Regisseur Luis Buñuel, ein überzeugter Kommunist und sicher kein Freund der Nazis, schrieb 1927: Wenn uns am Film das Bild wichtiger ist als die erzählte Geschichte, »dann dürfen wir in METROPOLIS die Erfüllung all unserer Wünsche sehen, und der Film wird uns entzücken als das herrlichste Bilderbuch, das sich denken lässt«.

1926 war METROPOLIS das bis dahin ehrgeizigste Projekt der deutschen Filmbranche und kostete die damals unglaubliche Sum-

METROPOLIS in einem Satz: In einer Zukunftsstadt wird die Unterschicht, die unter der Erde leben muss, zu einem Aufstand gegen die reiche Oberschicht angestachelt, die oberirdisch jeden Luxus genießt – der Aufstand gerät außer Kontrolle, und die Maschinenstadt Metropolis droht unterzugehen.

METROPOLIS Deutschland 1926. Regie: Fritz Lang. Besetzung: Brigitte Helm, Gustav Fröhlich, Heinrich George u. a. 119 Minuten. FSK 6. DVD: Universum

Wem ein Film nicht genügt:
FRAU IM MOND Deutschland 1921.
Regie: Fritz Lang (FSK 6)
DIE NIBELUNGEN Deutschland 1922/1924.
Regie: Fritz Lang (FSK 6)

me von 7 Millionen Mark. Die Dreharbeiten dauerten nicht weniger als 17 Monate. Damit wurde das Werk zum Inbegriff für die Hochblüte im deutschen Kino, das zu jener Zeit Hollywood filmtechnisch sogar überlegen war. Von denjenigen, die bei **METROPOLIS** mitwirkten, machten später neben Fritz Lang auch der Kameramann Karl Freund und der Tricktechniker Eugen Schüfftan in Hollywood Karriere.

Deutschland hat Hollywood in jenen Jahren mit Talenten versorgt wie später nie mehr. Zu den prominenten Exporten gehörten Ernst Lubitsch, Friedrich Wilhelm Murnau und Marlene Dietrich. Und die Liste der Filmemacher, die 1928 beim Berlin-Porträt **MENSCHEN AM SONNTAG** mitgewirkt haben, ist erlesen: Billy Wilder, Robert und Curt Siodmak, Edgar G. Ulmer, Fred Zinnemann und Eugen Schüfftan.

Der Auszug deutscher Filmkünstler nach Hollywood begann zwar bereits vor der Machtübernahme durch die Nazis 1933, steigerte sich aber danach zum eigentlichen Exodus. Allerdings ist es nicht allen Emigranten im Land der unbegrenzten Möglichkeiten gut ergangen. Eugen Schüfftan beispielsweise durfte lange Jahre nicht offiziell als Kameramann arbeiten, weil er die amerikanische Staatsbürgerschaft nicht besaß. Erst sehr spät wurde ihm öffentliche Anerkennung für seine Kunst zuteil: 1961 zeichnete man ihn für die Kameraarbeit in **HAIE DER GROSSSTADT** mit einem Oscar aus. Zurück zu **METROPOLIS**: Im Kino war dieser Meilenstein der Filmgeschichte ein Desaster. Der Film spielte nicht einmal ein Siebtel seiner Produktionskosten ein und stürzte die Produktionsfirma UFA fast in den Bankrott.

Bereits kurz nach der Uraufführung wurde der Film massiv gekürzt und neu geschnitten, weil man hoffte, dadurch wenigstens wirtschaftlich zu retten, was noch zu retten war. Die Verstümmelung, die **METROPOLIS** damals über sich ergehen lassen musste, war derart brutal, dass die vollständige Urfassung bis heute nie mehr hergestellt werden konnte. Erst vor wenigen Jahren gelang eine befriedigende Rekonstruktion – aber noch immer fehlt ungefähr ein Viertel des ursprünglichen Films.

Selbst die zerstückelten, teilweise geradezu entstellten Fassungen haben Generationen von Filmemachern beeindruckt und beeinflusst. Die Horrorfilme der 1930er Jahre lehnten sich an Langs Bildgestaltung genauso an wie die Science-Fiction-Filme am Ende des 20. Jahrhunderts. Ob nun der Roboter C-3PO in **KRIEG DER STERNE** oder die Unterstadt Zion in **MATRIX** – immer wieder begegnet man Referenzen an **METROPOLIS**.

Zu Recht wurde deshalb 2001 ausgerechnet dieses Werk als erster Film überhaupt von der UNESCO in ihr Programm »Gedächtnis der Welt« aufgenommen.

Neben Fritz Lang und Ernst Lubitsch war Friedrich Wilhelm Murnau der bedeutendste deutsche Regisseur dieser »goldenen Ära«. Zu seinen wichtigsten Filmen gehören **NOSFERATU – EINE SINFONIE DES GRAUENS** und **DER LETZTE MANN**. In letzterem gelang

Murnau eine viel bewunderte Meisterleistung: Er erzählte seine Geschichte praktisch ausschließlich mit Bildern und benötigte lediglich einen einzigen Zwischentitel.

Auch Murnau wurde von Hollywood abgeworben, starb allerdings bereits 1931 nach einem Verkehrsunfall. All seinen Meisterwerken zum Trotz lässt sich Murnau vielleicht am leichtesten mit einem seiner Werke entdecken, das von der Kritik oft gescholten wurde und dennoch ein Meisterwerk ist.

FAUST – EINE DEUTSCHE VOLKSSAGE erzählt die Geschichte von Dr. Faust, als wäre sie ein zünftiges Fantasy-Abenteuer. Von Goethes berühmtem Seelen- und Gedankendrama ist da nur noch wenig übrig geblieben. Murnau stützt sich auf die alte Sage und mischt verschiedene Quellen zu einem bunten Bilderbogen. Dabei scheut er sich nicht, alles an Tricks aufzubieten, was die Filmtechnik ihm damals erlaubte. So musste beispielsweise Emil Jannings für die Anfangssequenz als Mephisto stundenlang auf einem Podest über einem Stadtmodell stehen. Sein Mantel flatterte im Wind einer Maschine, und von unten wurde Jannings rußiger Rauch ins Gesicht geblasen. Mit dem Ergebnis, dass sich nun Mephisto zu Beginn des Films als furchterregender Schatten über die Dächer einer mittelalterlichen Stadt legt.

Murnaus **FAUST** erinnert mehr an frühe Gruselfilme und an orientalische Märchen als an eine Klassikerverfilmung. Nur noch in den Grundzügen gleicht er damit jenem von Goethe: Hier wie dort verzweifelt der Gelehrte Faust daran, dass er die Menschen nicht vor der Pest retten kann. Deshalb verschreibt er seine Seele dem Teufel, der ihm dafür Macht, Reichtum und ewige Jugend verspricht. Dieser Pakt zerstört nach und nach alles, wofür Faust einst gelebt und geliebt hat.

Wie schon mit **METROPOLIS** wollte die deutsche Filmbranche mit **FAUST** den Weltmarkt erobern. Deshalb versuchte Murnau, den amerikanischen Superstar Lillian Gish zu verpflichten. Sie war ihm dann aber doch zu teuer. Wie damals üblich, wurden zudem zwei Originalnegative hergestellt. Dadurch konnte man

FAUST – EINE DEUTSCHE VOLKSSAGE in einem Satz: Ein Gelehr-
ter verschreibt seine Seele für Macht, Reichtum und ewige Jugend
dem Teufel – und erntet dafür ein verpfuschtes Leben.

FAUST – EINE DEUTSCHE VOLKSSAGE. Deutschland 1926. Regie:
Friedrich W. Murnau. Besetzung: Gösta Ekman, Emil Jannings,
Camilla Horn u. a. 115 Minuten. FSK 12. DVD: Eureka

Wem ein Film nicht genügt:
NOSFERATU – EINE SYMPHONIE DES GRAUENS
Deutschland 1922.
Regie: Friedrich W. Murnau (FSK 12)
DER MIETER England 1926.
Regie: Alfred Hitchcock (FSK 12)

das Filmmaterial schonen, denn mit jeder Kopie, die von einem
Originalnegativ gezogen wurde, verschlechterte sich der Zustand
des unersetzbaren Originals. Um Zeit zu sparen, ließ Murnau oft
mit zwei Kameras gleichzeitig drehen, wobei die eine Kamera
auf der optimalen Position stand, die andere etwas daneben. Am
Schluss konnte er mit zwei nicht ganz identischen Fassungen des
Films arbeiten. Die optimale, genau den Vorstellungen Murnaus
entsprechende Version wurde für Deutschland verwendet, die
andere für den Export.

Als 1927 ein Schauspieler plötzlich von der Leinwand herab zu
singen begann, war es mit dem Stummfilm schlagartig vorbei. Die
Popularität des Sängers Al Jolson und der Überraschungseffekt
sorgten dafür, dass sich nach dem Erfolg von **DER JAZZSÄNGER** der
Tonfilm innerhalb weniger Monate durchsetzte.

Da man vorerst den Ton direkt beim Drehen aufnehmen
musste und eine nachträgliche Tonmischung noch nicht möglich
war, konnte einem amerikanischen Film nicht eine deutsche Ton-

spur hinzugefügt werden. Deshalb gibt es aus den 1930er Jahren geradezu sensationelle Fundstücke: Etwa Stan Laurel und Oliver Hardy, die sich höchstpersönlich durch die deutsche oder spanische Fassung eines Films »sprachen«. Aus dem gleichen Grund spielte der deutsche Star Lilian Harvey sowohl in der deutschen als auch in der französischen und der englischen Fassung von DER KONGRESS TANZT die Hauptrolle – mit wechselnden Partnern. Und Alfred Hitchcock inszenierte 1930 nach MURDER! in den identischen Kulissen, aber mit anderen Schauspielern gleich noch die deutsche Fassung SIR JOHN GREIFT EIN.

Emil Jannings, immerhin der erste Oscar-Preisträger der Geschichte, war nicht so sprachgewandt wie Lilian Harvey und musste deshalb aus Hollywood wieder nach Deutschland zurückkehren, weil er mit seinem grauenhaften Akzent in den USA nicht mehr zu brauchen war.

Alle, die zuvor immer behauptet hatten, der Ton sei der Tod der Filmkunst, sollten sich gründlich irren. Fritz Lang war einer der Ersten, der die neuen Möglichkeiten auslotete. M – EINE STADT SUCHT EINEN MÖRDER und DAS TESTAMENT DES DR. MABUSE sind frühe Beispiele dafür, wie mit dem Ton die Wirkung des Bildes sogar noch verstärkt werden kann. Der französische Regisseur René Clair bewies in UNTER DEN DÄCHERN VON PARIS, dass der Tonfilm nicht automatisch geschwätzig sein musste. Er befürwortete zunächst einen Tonfilm ohne Dialoge, verwendete aber dafür bereits »Ton-Großaufnahmen«, indem er einzelne Geräusche hervorhob.

Alfred Hitchcock war mitten in der Arbeit zu ERPRESSUNG, als der Tonfilm wie eine Bombe ins Filmgeschäft einschlug. Kurz entschlossen drehte er einige Szenen nochmals mit Ton. Dazu musste er allerdings für seine Hauptdarstellerin eine zusätzliche Stimme engagieren. Anny Ondra stammte nämlich aus Deutschland und sprach kaum Englisch. Also holte Hitchcock die junge englische Schauspielerin Joan Barry, setzte sie in eine Kabine außerhalb des Bildes und ließ sie den Text ins Mikrofon sprechen. Anny Ondra bewegte lediglich möglichst synchron die Lippen. Währenddessen saß Hitchcock mit einem Kopfhörer da: Anny Ondra vor Augen und Joan Barry im Ohr.

Für den Ton wurden jetzt sogar Nachteile in Kauf genommen. Im Laufe der Jahre waren die Kameras immer beweglicher geworden, was natürlich auch eine weniger statische Bildregie möglich machte. Jetzt wurden die Kameras wieder zu unhandlichen Ungetümen, weil man sie in riesige Kästen stecken musste, damit das laute Geräusch des Motors nicht mit auf die Tonspur kam.

Dennoch hatten sich die Verhältnisse rasant auf den Kopf gestellt: Waren Experimente mit Tonfilm lange belächelt worden, so sollte innerhalb kurzer Zeit der Stummfilm zu einem exotischen Vergnügen werden. Wer als Schauspieler beim Film Erfolg haben wollte, musste von nun an nicht nur spielen, sondern auch sprechen können. Nicht wenige Stars der Stummfilmzeit verschwanden deshalb plötzlich in der Versenkung – und neue Stars wurden über Nacht geboren.

AUS TRICKST GE

Trickfilme gab es schon, bevor das Kino geboren wurde. Bereits im frühen 19. Jahrhundert wurde Spielzeug erfunden, das laufende Bilder erzeugen konnte. Eine dieser Erfindungen hieß Wunderscheibe. Sie bestand, ganz einfach gesagt, aus einer vorne und hinten bedruckten Pappscheibe zwischen Schnüren, die man aufzwirbeln konnte. Durch das ruckartige Spannen der Schnur wurde die Pappscheibe in eine schnelle Drehung versetzt. Dadurch verschmolzen das Bild auf der Vorderseite und das Bild auf der Rückseite der Pappscheibe zu einem einzigen Motiv. Aus einem Käfig auf der Vorderseite und einem Papagei auf der Rückseite wurde ein Papagei im Käfig.

Forscher hatten damals entdeckt, dass sich beim Menschen auf der Netzhaut ein Bild für einen Sekundenbruchteil gleichsam einbrennt. Wenn also innerhalb kürzester Zeit ein weiteres Bild folgt, nimmt das Auge nicht die Pause dazwischen wahr, sondern fügt die beiden Bilder nahtlos zusammen. Wenn sich die Bilder kaum unterscheiden, dann verschmelzen sie zu einer Bewegung. Am einfachsten lässt sich dieser Effekt mit einem Daumenkino zeigen, wo man ein Buch mit Abbildungen mit dem Daumen so schnell durchblättert, dass die Bilder zu laufen beginnen.

Auf dem gleichen Prinzip entwickelte man immer raffinierteres optisches Spielzeug, dessen fantasievolle Namen heute noch verführerisch klingen: Phantasmoscope, Phenakistiskop, Periphanoscope, Phorolyt. Bei der Schlitztrommel, auch Zoetrop genannt, konnten sich sogar mehrere Menschen gleichzeitig einen »Film« anschauen.

Schließlich entdeckte der Franzose Emile Reynaud 1877, wie man mit Spiegelungen die Illusion noch vollkommener gestalten kann. Er nannte seine Erfindung Praxinoskop und baute sie immer weiter aus. Dabei begann er sogar mit Toneffekten zu experimentieren und zog zwischen 1892 und 1900 mit seinen Vorführungen insgesamt 500 000 Zuschauer an. Als das Kino aufkam, konnte er allerdings mit dem neuen Medium nicht mehr Schritt halten. Ihm widerfuhr ein ähnliches Schicksal wie seinem Landsmann George Méliès. 1910 soll er in einem Akt der Verzweiflung die meisten seiner Apparaturen in der Seine versenkt haben. 1918 starb Reynaud völlig verarmt und vergessen in einer Heilanstalt.

Wer zeichnen konnte, der konnte also schon lange vor der Erfindung des Films auch bewegte Bilder schaffen. Zwar büßte das optische Spielzeug nach der Erfindung des Films schnell an Beliebtheit ein. Aber der Zeichentrick war damit noch lange nicht am Ende, sondern eroberte sich auch die neue Technik. Heute ist er die vielseitigste Filmgattung, der scheinbar keine Grenzen gesetzt sind. Filme können außer mit Zeichnungen auch mit Puppen, Plastilin oder Scherenschnitten entstehen. Aber ganz egal, mit welcher Technik gearbeitet wird, immer muss Bild für Bild geschaffen werden, ungefähr 100 000 für ein abendfüllendes Abenteuer. Erst aneinandergereiht wird am Ende aus den starren Bildern ein bewegter Film, den man deshalb auch Animationsfilm nennt.

In dieser Filmgattung waren der Fantasie von Anfang an kaum Grenzen gesetzt: Figuren können sich nahtlos in alles verwandeln, was ihre Schöpfer sich ausdenken. Wer aus Versehen den Boden unter den Füßen verliert, rennt einfach durch die Luft, um wieder festen Halt zu finden. Tiere haben unvermutet Ähnlichkeit mit

Filmstars und Prominenten. Physikalische Gesetze und nüchterne Logik sind außer Kraft gesetzt – stattdessen regieren die Fantasie und die Freude, das Unmögliche nicht nur zu denken, sondern auch zu zeigen.

◉ ◉ ◉

Lotte Reiniger war noch nicht zwanzig Jahre alt, da wusste sie schon, dass sie zum Film wollte. Zunächst hatte sie sich zwar als Schauspielerin versucht, dann aber schnell entdeckt, dass sie eine ganz andere Begabung hatte: Weil sie nur kleine Rollen erhielt und deshalb häufig hinter der Bühne warten musste, begann sie zum Zeitvertreib von ihren Mitspielerinnen und -spielern Schattenrisse zu schneiden. Bereits als Kind hatte sie das Schattentheater fasziniert. Da kam ihr die Idee, dass sich mit Scherenschnitten ja auch Filme gestalten ließen. Dazu benötigte sie einen Tricktisch, bei dem man die Scherenschnitte auf eine von unten beleuchtete Glasplatte legen konnte, und eine Filmkamera, mit der sich auch Einzelbilder fotografieren ließen. Eine solche Spezialkamera war bereits 1907 in Amerika erfunden worden.

1919 »schnitt« Lotte Reiniger ihren ersten Kurzfilm, und 1922 entstand die erste Märchenverfilmung. Von 1923 an arbeitete sie zusammen mit einer Handvoll Assistenten an einem Werk, das in die Filmgeschichte eingehen sollte: DIE ABENTEUER DES PRINZEN ACHMED, der erste abendfüllende Trickfilm der Filmgeschichte.

Drei Jahre lang arbeitete sie an ihrem Meisterwerk. In dieser Zeit entstanden am Tricktisch etwa 250 000 Einzelaufnahmen, von denen ungefähr 96 000 im Film tatsächlich Verwendung fanden.

DIE ABENTEUER DES PRINZEN ACHMED verknüpft geschickt verschiedene Motive aus Tausendundeiner Nacht: Achmed kämpft um die schöne Peri-Banu, die unglücklicherweise immer wieder aufs Neue in Gefangenschaft gerät. Er befreit sie zwar unermüdlich, sei es vom chinesischen Kaiserhof, sei es aus den Klauen eines bösen Zauberers oder vor der Bedrohung durch Dämonen. Ein endgültiges Happy End rückt jedoch erst in Reichweite, als ihm eine missgestaltete, aber herzensgute Hexe zu Hilfe kommt und er sich mit Aladin verbündet, der seinerseits auch nicht eben vom Glück begünstigt wird. Aladin hatte einst eine Wunderlampe besessen und damit eine Prinzessin für sich gewonnen. Als ihm aber die Lampe gestohlen wurde, verschwand auch sein Glück. Natürlich ist dafür derselbe böse Zauberer verantwortlich, der bereits Achmed zur Verzweiflung treibt.

Es ist schwierig genug, einen Film zu drehen. Ebenso aufwendig kann es sein, einen Film zu konservieren. Die Originale von vielen Filmen – besonders aus den ersten drei Jahrzehnten des Kinos – haben sich buchstäblich selbst zerstört, weil sich die Filmrollen aus Nitrat zersetzten. Andere Filme wiederum sind schlicht verschwunden. Bis heute werden verloren geglaubte Werke per Zufall in den Untiefen irgendwelcher Archive entdeckt. Auch das Originalnegativ von Lotte Reinigers Meisterwerk ist längst verschollen. Dennoch können wir heute wieder eine Fassung sehen, die dem ursprünglichen Film sehr nahe kommt. Möglich wurde das, weil man im Archiv des Britischen Filminstituts eine sehr gut erhaltene Kopie fand, die wahrscheinlich vom Originalnegativ stammte. Um diese wertvolle Kopie zu sichern, hatte man ungefähr alle zehn Jahre eine neue Negativkopie hergestellt. Mit Hilfe der Zensurkarte und der Originalpartitur der Filmmusik ließen sich am Ende sogar Zwischentitel und Akteinteilung rekonstruieren.

Dass heute ausgerechnet Zensurkarten zu einem der wichtigsten Werkzeuge für Filmrestauratoren gehören, das hätte sich in den 1920er Jahren niemand träumen lassen. Damals wollte der Staat das Publikum vor verwerflichen Szenen »bewahren« und begutachtete deshalb sämtliche Filme, bevor man sie öffentlich vorführen durfte. So entstanden Zensurkarten, auf denen ziemlich detailliert festgehalten wurde, was wann auf der Leinwand zu sehen war und was davon der Zensurbehörde nicht in den Kram passte. Die Zensur hat sich damit im Nachhinein doch noch als ein Segen erwiesen – wenigstens für die Restauratoren.

DIE ABENTEUER DES PRINZEN ACHMED in einem Satz: Ein orientalischer Prinz und ein armer Schneider retten ihre Traumfrauen aus den Klauen eines bösen Zauberers.

DIE ABENTEUER DES PRINZEN ACHMED. Deutschland 1926. Regie: Lotte Reiniger. Scherenschnittfilm. 66 Minuten. FSK ohne Altersbeschränkung. DVD: absolut Medien

Wem ein Film nicht genügt: Weitere Scherenschnittfilme von Lotte Reiniger sind auf zwei DVDs zugänglich. Auf **MUSIK UND ZAUBEREIEN** sind ihre Mozart-Filme zu sehen, auf **MÄRCHEN UND FABELN** ihre übrigen Märchenfilme.

In vielen Fällen – etwa bei METROPOLIS – war die Rekonstruktion noch wesentlich komplizierter als bei den ABENTEUERN DES PRINZEN ACHMED, weil man häufig nicht mehr über einen vollständigen Film, sondern nur noch über verschiedene gekürzte, verstümmelte, abgenutzte oder unvollständige Kopien verfügte. Man musste also den Film aus verschiedenen Quellen wie ein Puzzle zusammensetzen. Dafür wurden die Zensurkarten zu einer Art Schnittplan.

Die originale Filmmusik zu PRINZ ACHMED von Wolfgang Zeller ist glücklicherweise ebenfalls erhalten geblieben. Das gilt längst nicht für alle Filme der Stummfilmzeit, so dass teilweise Jahrzehnte später neue Musik komponiert werden musste. Zeller und Reiniger hatten während der gesamten Produktionszeit eng miteinander gearbeitet. Teilweise wurde die Musik sogar geschrieben, noch bevor Reiniger eine Szene drehte. Damit konnte sie die Bewegungen der Figuren ganz genau der Musik anpassen.

Lotte Reiniger blieb trotz ihres frühen Erfolgs ein ganzes Leben lang eine Außenseiterin der Filmbranche, die von vielen anderen Filmkünstlern und -kritikern nie ganz ernst genommen wurde. Ihre Märchenfilme seien zwar kunstvoll, aber auch allzu niedlich und harmlos, hieß es immer wieder. Die Regisseurin kümmerte das wenig. Sie entgegnete auf diesen Vorwurf noch als achtzigjährige Dame mit selbstbewusster Entschiedenheit: »Ich glaube mehr an Märchen als an Zeitungen.«

In WALLACE UND GROMIT – AUF DER JAGD NACH DEM RIESENKANINCHEN steckt genauso viel mühsame Handarbeit wie in Lotte Reinigers Scherenschnittfilmen. Allerdings wird hier nicht geschnitten, sondern geknetet: 250 Mitarbeiterinnen und Mitarbeiter benötigte man für die Hatz durchs Gemüsebeet – bei Lotte Reiniger war es noch ein halbes Dutzend gewesen. Dennoch dauerte es auch in diesem Fall fünf Jahre, bis das Abenteuer kinofertig war. 18 Monate davon verschlangen allein die Dreharbeiten.

Zeitweise wurde gleichzeitig auf 30 Sets gedreht – und dennoch entstanden nur maximal 100 Sekunden Film pro Woche. Ein einzelner Animator, der die Figuren millimeterweise bewegen musste, brachte es gerade mal auf 5 Sekunden Film pro Woche. In mühsamer Kleinarbeit entstanden so 120 000 Bilder, die genau wie achtzig Jahre zuvor bei Lotte Reiniger einzeln fotografiert werden mussten.

Die größte Kulisse in den Aardman-Studios, der Filmknethochburg, erstreckte sich auf 22 mal 12 Meter, die kleinste auf 3 mal 2 Meter. Für die zahllosen Knetfiguren wurden insgesamt 2,8 Tonnen Plastilin verbraucht. Um Zeit zu sparen, stellte man von allen Figuren mehrere Exemplare her. Von Gromit gab es 43 Doppelgänger, und um die Gärten zu füllen, benötigte man über 700 Stück verschiedenstes Knet-Gemüse.

All diese eindrücklichen Zahlen wären nichts wert, wenn uns die Geschichte langweilen würde, die da erzählt wird. Wenn wir im Kino sitzen, wollen wir von der Arbeit, die in den Bildern steckt, gar nichts wissen. Wir wollen uns lediglich köstlich unterhalten. Und das tun wir in der JAGD NACH DEM RIESENKANINCHEN mit Garantie.

Querbeet wird das Gruselkino aufs Korn genommen, Kraut und Rüben fantasievoll durcheinandergemixt, so dass man schon bald keinen Gedanken mehr daran verschwendet, ob dieses Menü wohl nachhaltig sättigt. Es ist wie im Feinschmeckerlokal: Die Gags kommen genau im richtigen Moment, die Ausstattung ist bis ins letzte Plastilinklümpchen ein Leckerbissen und die Tonspur eine Sinfonie. Wer da noch über die absurde Jagd nach einem Riesenkaninchen nachdenken oder die Knete abwägen will, ist selber schuld.

Wen bitte interessiert es, dass der geniale, aber dämliche Erfinder Wallace mit seinem Sicherheitsservice »Anti-Pesto« die Gärten einer englischen Kleinstadt vor Schädlingen, insbesondere vor Kaninchen, schützt? Was kümmert es, dass er die gefassten Übeltäter einer Gehirnwäsche unterzieht, bei der anstatt Anti-Vegetarios ein

nimmersattes Riesenkaninchen herauskommt? Der schießwütige Victor Quartermaine macht darauf Jagd, das Unschuldslämmchen Wallace auch, der Pöbel lechzt nach Rache für sein geschändetes Gemüse, und über allem schmachtet Gräfin Tottington.

Der eigentliche Star ist freilich die treue Hundeseele Gromit. Er hat, was nur die ganz Großen vom Schlage eines Marlon Brando haben: grenzenlose Starpower, weshalb er uns oft bereits durch ein leichtes Zucken des linken Augenlids in Verzückung versetzt. In Sachen Coolness kann es mit ihm kaum ein Kollege aus Fleisch und Blut aufnehmen.

Wie schon in seinen drei vorangegangenen Kurzfilmen mit dem Traumpaar Wallace & Gromit frönt Küchenmeister Nick Park hemmungslos dem Parodiertrieb. Aus jedem Winkel drängen die Pointen ins Rampenlicht: Aus John Steinbecks »East of Eden« wird für den Käseliebhaber Wallace »East of Edam«. Für den passionierten Gärtner Gromit liegt auf dem Plattenteller anstatt Gustav Holsts Suite »The Planets« die »Plants Suite«. Und als Krönung wird uns Lady Trottington als Haute-Couture-Mais-

WALLACE UND GROMIT – AUF DER JAGD NACH DEM RIESENKANINCHEN
in einem Satz: Ein genial-unfähiger Erfinder und sein genial-findiger
Hund jagen ein Riesenkaninchen und hinterlassen beim Versuch, den
traditionellen Gemüsewettbewerb zu retten, eine Spur der Verwüstung.

WALLACE UND GROMIT – AUF DER JAGD NACH DEM RIESENKANINCHEN
(The Curse of the Were-Rabbit). Großbritannien 2005. Regie: Steve
Box, Nick Park. Besetzung: 2,8 Tonnen Knete in allen erdenklichen
Variationen. 94 Minuten. FSK 6. DVD: Universal

Wem ein Film nicht genügt:
CHICKEN RUN – HENNEN RENNEN Großbritannien
2000. Regie: Peter Lord, Nick Park (FSK 6)
AARDMAN COLLECTION Großbritannien
1986–1993. Regie: Peter Lord, Nick Park,
Stephen Johnson, Richard Goleszowski (FSK 6)

kolben serviert. Das Sahnehäubchen allerdings ist Gromits Auftritt im Karussell-Flugzeug. Ohne Unterbrechung und absolut
verschwenderisch werden solche Köstlichkeiten aufgetragen, so
dass man den Mund gar nicht mehr zukriegt – aber der steht im
allgemeinen Gelächter sowieso ständig offen.

Auf den ersten Blick hat ein Zeichentrickfilm, der in sogenannter
3D-Animation am Computer entstanden ist, nichts, aber auch gar
nichts mit Handarbeit zu tun. Als 1995 **TOY STORY**, der erste abendfüllende, vollständig digital entstandene Trickfilm, in die Kinos
kam, war das eine Sensation: Bei aller Euphorie wurden aber auch
Bedenken laut. Viele fürchteten, nun werde der gute alte, von
Hand gemachte Trickfilm durch seelenlose digitale Fließband-
produktion abgelöst. Diese neue Technik werde nie an die Vir-
tuosität des herkömmlichen Zeichentrickfilms heranreichen, hieß
es. Bereits **TOY STORY** sollte alle Skeptiker Lügen strafen – und **TOY
STORY 2** erst recht.

Seither werden zwar weiterhin traditionelle Zeichentrickfilme produziert, aber die großen Publikumserfolge machen die computergenerierten Trickfilme unter sich aus: SHREK, ICE AGE, MONSTER AG oder FINDET NEMO.

Pixar, das Studio, in dem TOY STORY 2 entstanden ist, gibt nach wie vor den Ton an. Erstaunlicherweise sind die Trickfilmer bei Pixar aber gar nicht so sehr in technische Spielereien vernarrt, wie man meinen könnte, und ihr überwältigender Erfolg hängt nur zum Teil von leistungsfähigen Computern ab. Bei Pixar zählt nach wie vor, was schon immer am wichtigsten war: Die Geschichte muss toll sein, und man muss sie packend erzählen. In beiden Disziplinen sind die Pixar-Filmer Spitze, und ihr Boss John Lasseter ist in mancher Hinsicht ein würdiger Nachfolger Walt Disneys.

TOY STORY 2 beginnt im Kinderzimmer von Andy: Hier ist alles lebendig, und nur wenn Menschen in der Nähe sind, stellt man sich tot – schließlich wollen die Spielsachen keiner Menschenseele etwas zuleide tun oder ihnen die Illusion vom unbelebten Spielzeug rauben. Andys Spielsachen kennt man aus allen Kinderzimmern: die Cowboypuppe, das Kartoffelgesicht, die Quietsche-Entchen, der Plastikdinosaurier, das Magnet-Zeichenbrett und der furchtlose Space-Ranger Buzz Lightyear, der sich Abenteuer bis zur Unendlichkeit wünscht – »und noch viel weiter«.

Er ist zusammen mit der Cowboypuppe Woody der unbestrittene Star im Kinderzimmer, und nach gewissen Startproblemen – von denen der erste Film erzählt hat – sind die beiden nun ein absolutes Dream-Team. Dieses droht jedoch brutal auseinandergerissen zu werden, als Woody in die Fänge eines Sammlers gerät, der schon ewig nach genau dieser legendären Cowboypuppe sucht. Zusammen mit dem Cowgirl Jessie, dem Goldgräber Stinke-Piet und dem Pferd Bully will er Woody für viel Geld an ein Museum in Japan verkaufen.

Die Aussicht, für alle Zeit geschützt und unantastbar hinter Glas zu stecken, ist für Woody ein Albtraum. Er will gebraucht

werden, selbst wenn er dadurch alt, abgegriffen und am Ende verbraucht wird. Also versucht er, seine Mitgefangenen zur Flucht zu bewegen, während der unerschrockene Buzz Lightyear zusammen mit einem Spielzeug-Stoßtrupp in den Großstadt-dschungel aufbricht, um seinen Freund zu befreien. Damit dies gelingt, besinnt sich jedes Spielzeug auf seine Spezialfähigkeiten, und selbst eine Barbie-Puppe bietet als Reiseleiterin ihre guten Dienste an.

Man mag es kaum glauben, aber ursprünglich war TOY STORY 2 gar nicht fürs Kino geplant. Er sollte nur auf Video erscheinen, billig und schnell produziert, um im Fahrwasser von TOY STORY nochmals die Kassen zu füllen. Es gibt unterschiedliche Spekula-tionen, weshalb aus TOY STORY 2 dann doch kein müder Abklatsch geworden ist. Die einen vermuten, bei Pixar habe man im rich-tigen Augenblick erkannt, dass man sich für so etwas doch nicht hergeben wollte. Die anderen behaupten, bereits die ersten Muster des neuen Films seien überwältigend gewesen, und plötzlich hät-ten alle doch wieder ans große Kino gedacht.

TOY STORY 2 in einem Satz: Ein Spielzeugcowboy will ein Quietsche-Entchen retten und gerät dadurch selbst in Teufels Küche, aus der ihn nur sein Freund Buzz Lightyear und eine große Kinderspielzeug-Armada retten können.

TOY STORY 2. USA 1999. Regie: John Lasseter, Lee Unkrich, Ash Brannon. 94 Minuten. FSK ohne Altersbeschränkung. DVD: Buena Vista Home Entertainment

Wem ein Film nicht genügt:
DER GIGANT AUS DEM ALL USA 2000.
Regie: Brad Bird (FSK 6)
SHREK – DER TOLLKÜHNE HELD USA 2001.
Regie: Andrew Adamson, Victoria Jenson
(ohne Altersbeschränkung)

So oder so ist **TOY STORY 2** eine der wenigen Fortsetzungen, die ihren Vorgänger übertrifft. Es ist das abwechslungsreichste und fantasievollste Abenteuer, das wir je im Spielzeugland erlebt haben. John Lasseter, der selbst ein begeisterter Spielzeugsammler ist, hat seine Vorstellung von lebendigem Spielzeug einmal so beschrieben: »Ein volles Glas, glaube ich, ist ein glückliches Glas, bis es ein leeres wird und sehr traurig wird. Ein Glas, das gerade aus der Spülmaschine kommt, ist sehr optimistisch. Und so weiter. Wir können uns vorstellen, dass es sehr nervös wird, wenn man es an die Tischkante stellt. Es könnte herunterfallen und nie wieder Flüssigkeiten aufnehmen.«

Zeichentrickfilm ohne Walt Disney gibt es nicht. Er ist ein Mythos, und tatsächlich glauben nicht wenige, ein Mensch mit diesem Namen habe gar nie existiert, so hieße lediglich ein Medienkonzern.

Walt Disney hat gelebt, und zwar von 1901 bis 1966. Den Zeichenstift hat er allerdings schon früh aus der Hand gelegt. Auch

Regie hat er kaum je geführt. Dennoch tragen Filme wie **ALICE IM WUNDERLAND, PINOCCHIO, SCHNEEWITTCHEN** oder **FANTASIA** ganz deutlich seine Handschrift. »Ich bin so etwas wie eine Biene«, hat er seine Tätigkeit als Filmemacher beschrieben, »ich schwirre von einer Ecke des Studios zur anderen, sammle Blütenstaub und befruchte damit die Arbeiter.«

Disney muss ein unglaublich mitreißender Erzähler gewesen sein, wenn er gemeinsam mit seinen Mitarbeitern an einem Film gearbeitet hat. Ein nimmermüdes Ideenkraftwerk, das nichts lieber tat, als Geschichten auszutüfteln. Dafür erfand er ein Werkzeug, das heute aus der Filmwelt gar nicht mehr wegzudenken ist: das Storyboard. Dieses sieht auf den ersten Blick wie ein Comic aus. Um die visuelle Umsetzung einer Erzählung genau planen zu können, wird das Drehbuch in eine Folge von Bildern umgesetzt. Solche Storyboards werden längst auch für Realfilme verwendet, vor allem für komplizierte Einstellungen und Szenen, die man von Anfang an minutiös planen muss, weil man sich während der

Dreharbeiten ein kostspieliges Herumprobieren nicht mehr erlauben kann.

Disney hat das Storyboard entwickelt, weil Zeichentrickfilm vor allem Teamarbeit ist. Ein Film wird von unzähligen Zeichnern geschaffen. Die einen sind nur für Hintergründe zuständig, während andere eine einzelne Figur zeichnen – es ist ein gigantisches Puzzle, das da entsteht. Deshalb ist die Abstimmung zwischen den Zeichnern extrem wichtig, denn sonst zerfällt der Film am Schluss leicht in seine Einzelteile.

Disney steckte voller Ideen – auch über das Kino hinaus. Beispielsweise ließ er in den 1950er Jahren die nach ihm benannten Vergnügungsparks bauen. Oder er plante die ideale Zukunftsstadt EPCOT. Mit gut sechzig Jahren wandte sich Disney aber nochmals zwei Filmprojekten zu, von denen er schon lange geträumt hatte. Das eine war eine Verfilmung des Kinderbuchs MARY POPPINS, das andere eine Adaption des DSCHUNGELBUCHS von Rudyard Kipling. Dieser sollte der letzte abendfüllende Zeichentrickfilm werden, der zu Lebzeiten Disneys entstand. Die Uraufführung 1967 erlebte er allerdings schon nicht mehr.

DAS DSCHUNGELBUCH wurde nochmals zum Triumph des genialen Geschichtenerzählers: Der elternlose Mowgli wird im Dschungel von wilden Tieren großgezogen. Bis eines Tages alle erkennen müssen, dass Mowgli ein Mensch und kein Tier ist und deshalb wieder unter seinesgleichen gehört. Der mürrische Panther Baghira übernimmt die Aufgabe, Mowgli in die »Zivilisation« zurückzuführen. Bald erhält er Unterstützung von Balou, einem gemütlichen Bären, der nichts wirklich ernst nimmt und deshalb mit Baghira unweigerlich in Streit gerät. Im Dschungel gibt es aber nicht nur leichtsinnige Bären. Es lauern auch mörderische Gefahren, und die tödlichste ist der Tiger Shir Khan, der Mowgli nach dem Leben trachtet.

Am DSCHUNGELBUCH wirkten nicht nur die besten Zeichner, sondern auch die beiden genialsten Komponisten mit, die Disney je unter Vertrag hatte. Wir verdanken Richard und Robert

DAS DSCHUNGELBUCH in einem Satz: Ein kleiner Junge, der im Dschungel unter wilden Tieren aufgewachsen ist, soll zu den Menschen zurückkehren, was von allerhand kuriose Abenteuern begleitet wird.

DAS DSCHUNGELBUCH (The Jungle Book). USA 1967. Regie: Wolfgang Reitherman. 78 Minuten. FSK ohne Altersbeschränkung. DVD: Buena Vista Home Entertainment

Wem ein Film nicht genügt:
CINDERELLA USA 1950. Regie: Hamilton Luske, Wilfred Jackson, Clyde Geronimi (FSK ohne Altersbeschränkung)
ARISTOCATS USA 1970. Regie: Wolfgang Reitherman (FSK ohne Altersbeschränkung)

DONALD IM WANDEL DER ZEIT. USA 1936–1941. Zeichentrick-Kurzfilme. FSK ohne Altersbeschränkung. DVD: Buena Vista Home Entertainment

Wem eine Kurzfilmsammlung nicht genügt:
MICKEY MAUS IM GLANZ DER FARBE
USA 1935–1938. Zeichentrick-Kurzfilme (FSK ohne Altersbeschränkung)
LOONEY TUNES: BUGS BUNNYS MEISTERWERKE
(FSK ohne Altersbeschränkung)

Sherman einige der bekanntesten und mitreißendsten Songs der Filmgeschichte. Selbst wer **DAS DSCHUNGELBUCH** nicht kennt, wird mit großer Wahrscheinlichkeit schon einmal »Versuch's mal mit Gemütlichkeit« mitgesummt haben.

Disney war allerdings nicht nur ein gemütlicher Märchenonkel, sondern auch ein gerissener Geschäftsmann. Deshalb bemühte er sich beispielsweise um prominente Sprecher, damit seine Zeichentrickfilme noch mehr Publikum anzogen. Für die vier Geier im Dschungelbuch wünschte er sich ursprünglich die Beatles. Diese gaben ihm zwar im letzten Augenblick einen Korb – die äußere Ähnlichkeit der Geier mit den Pilzköpfen ist jedoch geblieben.

Die drei prominentesten und langlebigsten Stars im Disney-Stall haben es übrigens nie geschafft, sich auch im abendfüllenden

Zeichentrickfilm durchzusetzen. Mickey Mouse, Donald Duck und Goofy konnten sich nur im Kurzfilm erfolgreich entfalten. Dort allerdings haben sie für unvergängliche Höhepunkte der Trickfilmgeschichte gesorgt. Insgesamt hat Walt Disney nicht weniger als zwölf Oscars für Zeichentrick-Kurzfilme eingeheimst. Bereits in den 1940er Jahren kam ihm die Idee, seine drei Topstars als Musketiere in ein langes Abenteuer zu verwickeln. Es sollten aber über sechzig Jahre vergehen, bis es 2004, 38 Jahre nach Walt Disneys Tod, so weit war.

Dass nicht nur in den USA und in Europa Trickfilme entstanden, wurde hierzulande erst durch eine Fernsehserie richtig bewusst, die ausgerechnet aus einem klassischen europäischen Kinderbuch ein buntes japanisches Endlosmärchen machte und seither immer irgendwo auf der Welt im Fernsehen läuft. HEIDI von Hayao Miyazaki wurde ein riesiger Erfolg, dem bis heute unzählige weitere japanische Trickfilmserien gefolgt sind. Allerdings galten diese Serien lange als billig produzierte Massenware und wurden von ernsthaften Kinofans hochnäsig übersehen.

Erst in den letzten Jahren laufen abendfüllende Trickfilme aus Japan erfolgreich in unseren Kinos und werden von der Kritik gerühmt. CHIHIROS REISE INS ZAUBERLAND wurde 2002 sogar mit dem Goldenen Bären der Berlinale und ein Jahr später mit einem Oscar ausgezeichnet. In Japan geriet der Film des HEIDI-Machers sogar zum größten Kassenerfolg aller Zeiten und stellte damit selbst TITANIC in den Schatten. Seither gilt Hayao Miyazaki mit seinem Trickfilmstudio Ghibli als der japanische Walt Disney.

DAS WANDELNDE SCHLOSS, ein weiterer Miyazaki-Film, wurde in jahrelanger Arbeit geplant und hat sich mit seinem überbordenden Detailreichtum zu einem wahren Wunderwerk entfaltet. Miyazakis Bilder sind dermaßen üppig und bunt, dass der Film immer haarscharf auf der Kitsch-Kante balanciert – und wunderbarerweise doch nie abstürzt.

Zunächst sieht alles wie im Zuckerguss-Zinnsoldaten-Paradies aus. Allerdings ist genau diese Pracht gefährdet, weil ein Krieg all das zu vernichten droht. Durch Dampfkraft und Technik wird ein Zerstörungswerk entfesselt, das jegliche Farbe wegradiert. In diesen furchtbaren Kampf wird die ahnungslose Hutmacherin Sophie verwickelt, als sie von einer Hexe in eine gebrechliche alte Frau verwandelt wird. Dadurch heimatlos geworden, findet Sophie Unterschlupf in einem seltsamen Schloss, das sich in die Lüfte heben kann und dessen geheimnisvolle Türen mal hier-, mal dorthin führen. Herr dieses wandelnden Schlosses ist Hauru, ein selbstverliebter, aber auf wundersame Weise auch selbstloser Zauberer, der all seine Kräfte gegen das Böse einsetzt, was ihn selbst an den Rand des Abgrunds und in die Dunkelheit treibt.

DAS WANDELNDE SCHLOSS führt im einen Augenblick über idyllische Wiesen und durch prachtvolle Städte und im nächsten durch düstere Weltuntergangsbilder. Es ist wie mit den Türen in Haurus Schloss: Man weiß bei Miyazakis überwältigendem Bilderstrom nie, wohin er als Nächstes fließen wird. Wir sind mitten in eine ewige Verwandlung geraten. Nicht einmal Gut und Böse stehen hier unverrückbar fest. Man kann deshalb nichts als das hinnehmen, wonach es zunächst aussieht.

DAS WANDELNDE SCHLOSS in einem Satz: Eine unscheinbare Hutmacherin wird in eine noch unscheinbarere alte Frau verwandelt, rettet dann aber die Menschheit und einen unglücklichen Zauberer vor dem Ungeheuer »Krieg«.

DAS WANDELNDE SCHLOSS (Hauru no ugoku shiro). Japan 2004. Regie: Hayao Miyazaki. 119 Minuten. FSK 6. DVD: Universum

Wem ein Film nicht genügt:
STEAMBOY Japan 2004. Regie: Katsuhiro Ôtomo (FSK 12)
CHIHIROS REISE INS ZAUBERLAND Japan 2001. Regie: Hayao Miyazaki (FSK 12)

Der Titel klingt gruselig, und das Programm verspricht recht unappetitliche Unterhaltung: Ein Albtraum in der Weihnachtszeit. Halloween-Gespenster, die vor keiner Schandtat zurückschrecken. Eine Frau, deren Gliedmaßen mit Schnüren zusammengehalten werden. Und ein Kartoffelsack, der mit Maden gefüllt ist. Es scheinen Welten zwischen **NIGHTMARE BEFORE CHRISTMAS** und Disney zu liegen.

Dennoch hat Tim Burton, der sich diese Nachtmahr ausgedacht hat, seine Karriere Ende der 1970er Jahre als Zeichner bei Disney begonnen. Dort konnte er seinen ersten eigenen Trickfilm fertigstellen. Später erhoffte man sich von ihm wohl eine Auffrischung des Disney-Stils. Burtons neue Ideen gingen dem Familienfilmkonzern mit dem Kuschelimage dann aber doch zu weit, so dass man sich nicht getraute, **NIGHTMARE BEFORE CHRISTMAS** unter dem Label »Disney« zu veröffentlichen, und den Film an eine Tochterfirma abschob.

Man hätte bei Disney gewarnt sein können, wenn man sich Burtons frühere Filme – die allerdings keine Trickfilme waren – angesehen hätte. **EDWARD MIT DEN SCHERENHÄNDEN** und **BATMAN** waren bereits Nachtschattengewächse mit einer fein abgestuften Farbpalette von graublau bis dunkelschwarz. Zum Glück konnte sich Burton mit NIGHTMARE BEFORE CHRISTMAS dennoch durchsetzen und sein Weihnachtsmärchen genau so erzählen, wie er wollte:

Jack Skellington ist im Reich von Halloween der unbestrittene König. Die schauerliche Show, die er jedes Jahr abzieht, die erschreckend langgezogenen Kreischer, die er immer wieder auslöst, die grellen Schocker, die er sich ausdenkt, all das ergötzt die Monsterschar aufs Gänsehäutigste. Nur Jack selbst wird darüber immer unglücklicher. Er sehnt sich nach mehr – und das ist definitiv nicht mehr Blut, Entsetzen und Grauen.

Als Jack zufällig ins Weihnachtsland gerät, fällt es ihm wie Schnee vom kahlen Schädel: Er will den Weihnachtsmann beerben. Es ist an der Zeit, dass die Halloween-Truppe das Weihnachtsfest ausrichtet. Also wird der Weihnachtsmann gekidnappt, und die Nachtgestalten stellen in emsiger Heimarbeit Geschenke für die lieben Kleinen her. Das Weihnachtsfest »made in Halloween« gerät freilich zur Katastrophe: Die Kinderwelt ist keineswegs erfreut über Schrumpfköpfe, zähnefletschende Quietsche-Entchen, gierige Schlangen und mordlustige Weihnachtskränze.

Für NIGHTMARE BEFORE CHRISTMAS bedient sich Burton wie die Knetmeister der Aardman Studios der Stop Motion-Technik, allerdings verwendet er nicht Knetmasse, sondern bewegliche Puppen. Stop Motion sagt im Grunde schon, wie es funktioniert: Die Puppen und das Dekor werden Stück für Stück verschoben und immer wieder fotografiert: Bewegung (Motion) – Anhalten (Stop) – Fotografieren – Bewegen – Anhalten – Fotografieren und so fort – über hunderttausendmal.

NIGHTMARE BEFORE CHRISTMAS ist gar nicht so gruselig, wie es klingt, sondern vielmehr fantasievoll und märchenhaft, so dass sich niemand zu Tode erschrecken muss. Dank Danny Elfmans Musik und Lieder wird daraus sogar ein Grusical, ja fast schon eine Oper, freilich in gedämpfter Stimmung. Diese ist vielleicht gerade in der Weihnachtszeit hochwillkommen, denn wer wünscht sich nicht

TIM BURTON'S NIGHTMARE BEFORE CHRISTMAS in einem
Satz: Ein unzufriedenes Halloween-Gespenst versucht sich als
Weihnachtsmann und richtet damit ein noch größeres Unheil
an, als geplant.

TIM BURTON'S NIGHTMARE BEFORE CHRISTMAS

USA 1993. Regie: Henry Selick. 76 Minuten. FSK 6.
DVD: Buena Vista Home Entertainment

Wem ein Film nicht genügt:
TIM BURTON'S CORPSE BRIDE
Großbritannien 2005. Regie:
Tim Burton, Mike Johnson (FSK 6)
DIE ADDAMS FAMILY IN VERRÜCKTER
TRADITION USA 1993. Regie:
Barry Sonnenfeld (FSK 12)

hin und wieder, »Jingle Bells« würde im ach so fröhlichen Weih-
nachtszirkus auch mal in Moll erklingen?

In einer Hinsicht hat es Burton übrigens doch wie Disney
gemacht: Weil er nicht gleichzeitig BATMANS RÜCKKEHR und NIGHT-
MARE BEFORE CHRISTMAS drehen konnte, musste Henry Selick für
den Trickfilm die Regie übernehmen. Das hinderte Burton allerdings nicht daran, seine Vorstellungen auch als Produzent ganz
und gar durchzusetzen.

In England erschien vor vielen Jahren ein Artikel mit dem Titel:
»Dieser Mann hat Disney vom Thron gestürzt.« Dieser Mann
hieß Jiří Trnka, und er kam aus der damaligen Tschechoslowakei.
Wie kann es sein, dass jemand mit solchen Superlativen bejubelt
wird, der heute praktisch vergessen ist?

Obwohl die Zeitungsmacher schon damals übertrieben haben,
so stimmt es dennoch, dass der 1912 in Pilsen geborene Trnka mit
seinen Filmen in der ganzen Welt für Aufsehen sorgte. Er war
nicht nur einer der Begründer des Puppenfilms, sondern für lange
Zeit auch sein unbestrittener Meister. Trnka baute gar ein eigenes Filmstudio auf, das er »Jiří Trnka und seine Brüder im Trick«
nannte. Dort entstanden von 1946 bis 1965 zahlreiche lange und
kurze Trickfilme.

Trnka hat Märchen wie DER KAISER UND DIE NACHTIGALL oder
PRINZ BAJAJA verfilmt, den SOMMERNACHTSTRAUM von William
Shakespeare adaptiert und sogar den BRAVEN SOLDAT SCHWEJK als
Puppenfilm realisiert.

1949 entstand der Kurzfilm LIED DER PRÄRIE. Darin machte sich
Trnka über den Western lustig und zeigte gleichzeitig, was alles in
einen richtigen Western gehört: Eine Kutsche, die mit wertvoller
Fracht die Prärie durchquert. Ein komisches Paar auf dem Kutsch-
bock, der eine schielt und raucht seine alten Socken, beim anderen
fließt mehr Whisky als Blut durch die Adern. In der Kutsche sitzt

eine Sängerin, die jedes Staubkorn von ihrem makellosen Porzellangesicht entfernt. Und einmal galoppiert kurz ein strahlender Held nebenher, der mit Inbrunst sein noch strahlenderes hohes C schmettert. Dann aber steigt ein aalglatter Mitreisender zu, der sich als übler Schurke und Räuber entpuppt und die Kutsche überfällt. Danach kommt es, wie es im Western kommen muss: Der Held vereitelt den Raub, der Bösewicht kidnappt die Schöne, der Held nimmt furcht- und rastlos die Verfolgung auf. Und der Bösewicht wird vom Helden zum tödlichen Duell gefordert.

Trnkas Film ist lustig, weil er sich äußerlich an die Regeln hält, aber dabei alles ein wenig übertreibt: Der Böse ist ein wenig zu schleimig, der Held ein wenig zu furchtlos und sein Pferd ein wenig zu traumwandlerisch sicher. Und der trinkfeste Kutscher sieht ein wenig zu sehr nach Jiří Trnka aus. Damit erklärt dieser kurze Film nicht nur, wie ein Western funktioniert, er demonstriert gleichzeitig glänzend, was eine Parodie ist. Bei so viel geistreicher Übertreibung stört es gar nicht, dass LIED DER PRÄRIE ein Stummfilm ist, gewissermaßen ein Lied ohne Worte.

Dass Trnka nicht nur ein gemütvoller Künstler war, der hübsche Puppenfilme herstellte, wird in seinem letzten Werk erschütternd sichtbar. DIE HAND zeigt auf beklemmende Weise, wie ein Künstler von einer Diktatur in seiner Freiheit unterdrückt wird. Obwohl Trnka diese bittere Erfahrung in ein trauriges Märchen ohne konkrete Hinweise umformte, haben ihn die kommunistischen Machthaber in der ČSSR sofort verstanden und DIE HAND verboten. Trnka hat es kaum ertragen, dass der friedliche Aufstand gegen die Diktatur, der sogenannte Prager Frühling, 1968 gewaltsam unterdrückt wurde. Er starb 1969 – noch nicht einmal sechzig Jahre alt.

Durch den Einsatz des Computers sind Zeichentrickfilm und Realfilm vermischt worden – für uns Zuschauer meist unbemerkt. Ob Action, Fantasy oder Science-Fiction, viele Filme sind nur

LIED DER PRÄRIE in einem Satz: Eine schöne Sängerin, ein furchtloser Held, ein gerissener Schurke und eine Kiste mit Gold geben richtig gemixt einen herrlichen Kurz-Western.

LIED DER PRÄRIE (Arie prerie). ČSSR 1949. Regie: Jiří Trnka. 23 Minuten. FSK ohne Altersbeschränkung. DVD: IME Image Entertainment

Wem ein Film nicht genügt:
DIE HAND ČSSR 1965. Regie: Jiří Trnka (FSK ohne Altersbeschränkung)
PRINZ BAJAJA ČSSR 1950. Regie: Jiří Trnka (FSK ohne Altersbeschränkung)

000016

Lied der
Prärie
Kurzinformation

noch durch den pausenlosen Einsatz von Bildern möglich, die im Computer entstehen und die deshalb CGI (Computer Generated Images) genannt werden. Bei SPIDER-MAN wird man als Zuschauer unsicher, ob man nun in einem Realfilm mit aufwendigen Tricksequenzen sitzt – oder in einem Trickfilm, zu dem auch Schauspieler zugelassen wurden. Umgekehrt nähern sich Trickfilme in ihrer Detailfreudigkeit immer mehr dem Realfilm an.

Ein Film wie DAS GROSSE RENNEN VON BELLEVILLE scheint deshalb aus einer längst vergangenen Welt zu stammen. Die Bilder von Sylvain Chomet sind gerade nicht realistisch, sondern bizarr und surreal. Da scheint ein Ozeandampfer wie auf einer Kufe über das Wasser zu balancieren. Da wachsen Wolkenkratzer endlos krumm in den Himmel. Und wenn ein Panzerknacker auftritt, dann sieht er auch wie ein Panzerschrank aus. Sein Zeichenstil ist erfrischend unkonventionell, aber auch gewöhnungsbedürftig.

Genau wie die Geschichte, die ebenfalls ihre Ecken und Kanten hat: Champion wächst bei seiner Großmutter Madame Souza auf. Der pummelige Junge scheint sich für nichts zu interessieren und stiert nur traurig aus der Wäsche, bis seine Großmutter spitzkriegt, dass er für Fahrradrennen schwärmt.

Urplötzlich entwickeln beide einen gewaltigen Ehrgeiz. Madame Souza wird zur Fahrradexpertin und formt aus ihrem Enkel einen Modellathleten, der irgendwann einmal die Tour de France gewinnen soll. Bei seiner ersten Teilnahme quält er sich allerdings am Ende des Feldes über die Berge und verschwindet dann sogar spurlos. Champion wurde von der Rennstrecke weg nach Übersee in die glitzernde und stinkige Metropole Belleville entführt.

Aber Madame Souza nimmt mit nie erlahmendem Enthusiasmus die Verfolgung auf. In Belleville angekommen, trifft sie auf drei Landsfrauen, die einst als »Triplettes de Belleville« eine Varieté-Sensation waren, inzwischen aber reichlich abgetakelt scheinen und sich aufs Jagen von Fröschen mittels Handgranaten verlegt haben. Dennoch kommt Madame Souza durch den kleinen Nachtclub, in dem die drei gerade gastieren, ihrem Champion wieder auf die Spur. Er fährt noch immer Rennen, aber nicht als gefeierter Held der Landstraße, sondern als Sklave eines skrupellosen Gangsters, der ihn wie einen Rennhamster im Laufrad hält.

DAS GROSSE RENNEN VON BELLEVILLE ist von A bis Z ein eigenwilliger Film. Es wird kaum ein verständliches Wort gesprochen, weshalb man der Handlung problemlos auch in der französischen Originalfassung folgen kann. Stumm ist er allerdings gleichwohl nicht. Wie beim großen französischen Komödienmeister Jacques Tati, dem wir noch begegnen werden, ist die Tonspur fein abgemischt und reich an Überraschungen. Genau wie bei Tati wird man auch bei Chomet immer wieder auf neue Details stoßen, kleine Gags, die man leicht übersieht und die doch das Vergnügen beträchtlich erhöhen, wenn man sie entdeckt.

Technisch ist DAS GROSSE RENNEN VON BELLEVILLE übrigens gar nicht so altmodisch, wie man meinen könnte. Chomet hat darin geschickt ganz traditionelle Zeichentrickkunst mit moderner 3D-Technik gemischt. Einmal mehr bewahrheitet sich, was der Guru des Computer-Trickfilms, John Lasseter, behauptet: »Die Technik ist sowieso zweitrangig. Auf die Story kommt es an.«

DAS GROSSE RENNEN VON BELLEVILLE in einem Satz: Mitten aus der Tour de France wird ein Radfahrer entführt und von Gangstern verschleppt, die allerdings die Rechnung ohne die Großmutter des Champions und drei Ex-Varieté-Stars gemacht haben.

DAS GROSSE RENNEN VON BELLEVILLE (Les triplettes de Belleville). Belgien, Frankreich, Kanada 2003. Regie: Sylvain Chomet. 81 Minuten. FSK 6. DVD: Eurovideo/Concorde

Wem ein Film nicht genügt:
TOKYO GODFATHERS Japan 2003.
Regie: Satoshi Kon (FSK 12)
DAS GEHEIMNIS DER FRÖSCHE
Frankreich 2003. Regie:
Jacques-Remy Girerd
(FSK ohne Altersbeschränkung)

Kriminalfilm

PASS DOCH
AUF!

Jede Filmgattung hat ihre Regeln – und Regisseure, die damit meisterhaft jonglieren. Im Reich des Thrillers ist Alfred Hitchcock der unbestrittene Herrscher. Längst ist sein Name auch außerhalb der Filmwelt zum Inbegriff für Spannung geworden. Als Hitchcock-Finale bezeichnet man heute jede knappe Entscheidung im Sport oder in der Politik. Die Regeln zur Erzeugung von Spannung, die Hitchcock aufgestellt hat, muss man kennen, wenn man Kriminalfilme drehen will, oder wenn man versucht, sich beim Zuschauen als Geheimnis-Enthüller zu beweisen.

Eine der ehernen Hitchcock-Regeln lautet: Man nehme ganz gewöhnliche Menschen und stelle sie vor außergewöhnliche Herausforderungen. Beispielsweise einen biederen Hausarzt, wie in **DER MANN, DER ZUVIEL WUSSTE,** dessen Sohn entführt wird.

Weiter nehme man alltägliche Situationen und mache daraus etwas Unvergessliches: Eine Frau wird in **PSYCHO** unter der Dusche von einem Messerstecher attackiert.

Schließlich verwende man alltägliche Gegenstände und verleihe ihnen eine ungewohnte Funktion: Das Blitzlicht einer Kamera wird in **DAS FENSTER ZUM HOF** zur Verteidigungswaffe. Diese Regeln funktionieren selbst dann, wenn man sie ins Gegenteil verkehrt.

Man nehme also exotische Schauplätze wie die Freiheitsstatue in SABOTEUR und mache sie zum Schauplatz einer Verfolgungsjagd. Kurz und gut: Thriller müssen überraschen und mit unseren Erwartungen Katz und Maus spielen.

Hitchcock hat dieses Prinzip auf die Spitze getrieben und dafür den Fachbegriff »Suspense« geprägt, was mit »Spannung« nur andeutungsweise aus dem Englischen übersetzt werden kann. In seinem legendären Gespräch mit dem Filmkritiker und Regisseur François Truffaut hat Hitchcock ausführlich erklärt, was er unter Suspense versteht: Wenn in einem Raum eine Bombe hochgeht, dann löst das einen heftigen Schock aus, der aber nach wenigen Sekunden bereits wieder vorbei ist. Falls wir Zuschauer jedoch wissen, dass in diesem Raum eine Bombe ist, die in wenigen Minuten hochgehen wird, dann entsteht jene unerträgliche Spannung, bei der wir am liebsten aufspringen und den Personen auf der Leinwand eine Warnung zurufen möchten. Suspense ist also ein raffiniertes Spiel mit dem Publikum, bei dem wir zwar mehr wissen als die Figuren im Film, aber weniger als der Regisseur. Hat ein Filmemacher die Regeln dieses Spiels begriffen, kann er seine Zuschauer minutenlang auf die Folter spannen. Wir werden an den Nägeln kauen und voller Angstlust zwischen den Fingern hindurchblinzeln.

Einer weiteren Grundregel hat Hitchcock den seltsamen Namen »McGuffin« gegeben und diesen folgendermaßen erklärt: Zwei Männer sitzen in einem Zug nach Schottland. Fragt der eine den anderen: »Was ist das für ein Ding in diesem Futteral im Gepäcknetz?« – »Das ist ein McGuffin.« – »Wozu soll der gut sein?« – »Damit werde ich im schottischen Hochland Löwen jagen.« – »Aber dort gibt es doch gar keine Löwen.« – »Tja, dann ist es wohl auch kein McGuffin.«

Ein McGuffin ist also buchstäblich gar nichts. Im Thriller dient er lediglich dazu, einen Anlass zu haben, damit die Menschen einander jagen und bedrohen. Besonders wichtig ist jedoch, dass der McGuffin niemals allzu ernst genommen wird und er nicht zu viel Gewicht erhält. Es reicht, wenn wir glauben, dass alle Welt ein Regierungsgeheimnis unbedingt haben will – worin dieses Geheimnis im Detail besteht, das ist vollkommen egal.

Zum Schluss dieses kleinen Einführungskurses in die Regeln des Thrillers noch dieses: Nicht nur der Held muss überzeugen – auch der Bösewicht sollte »gut« sein. Je überzeugender der Bösewicht nämlich ist, desto glaubwürdiger ist die Gefahr, die von ihm ausgeht. Sympathisch wirkende Verbrecher, denen man ihre Untaten gar nicht zutraut, sorgen ebenfalls für weitere Überraschungsmomente.

Wer all diese Regeln – und selbstverständlich noch ein paar mehr – einhält, der kann es getrost wagen, den Mörder früh zu entlarven und damit scheinbar seine Karten aufzudecken. Er kann sogar so weit gehen wie Alfred Hitchcock in der frechsten Kinovorschau aller Zeiten: Darin steht der »Meister des Suspense« in einem Badezimmer vor einer Dusche und erzählt munter, dass hier ein grausamer Mord stattfinden werde. Er verrät damit im Voraus die berühmteste Mordszene der Filmgeschichte, nämlich jene aus PSYCHO. Hitchcock war sich seiner Sache so sicher, dass er den Zuschauern den Duschen-Mord ankündigen konnte – gekreischt haben dennoch alle.

Ein Mann hat anderthalb Stunden Zeit, einen Mord zu begehen. Gelingt ihm das nicht, wird seine kleine Tochter getötet. Aus dieser schlichten Idee wird unter der Regie von John Badham ein nervenzerreißender Thriller. Mit den Rahmenbedingungen hält er sich vorbildlich an Hitchcock: Gene Watson ist ein harmloser Steuerberater, der mit seiner Tochter auf einem Bahnhof abgefangen wird. Zwei vermeintliche Polizisten, die sich schnell als Verbrecher entpuppen, nehmen seine Tochter in ihre Gewalt und erpressen Watson. Er soll die Gouverneurin von Kalifornien umbringen, die für eine Wahlveranstaltung in einem gewaltigen Hotelkomplex weilt. Dafür bleiben ihm nicht einmal mehr neun-

🎬 **Kriminalfilm**

GEGEN DIE ZEIT in einem Satz: Einem harmlosen Steuerberater bleiben neunzig Minuten, um einen Mord zu begehen, den er nicht begehen will, und ein Komplott aufzudecken, von dem er nichts weiß.

GEGEN DIE ZEIT (Nick of Time). USA 1995. Regie: John Badham. Besetzung: Johnny Depp, Christopher Walken, Peter Strauss, Marsha Mason u. a. 85 Minuten. FSK 16. DVD: Paramount

Wem ein Film nicht genügt:
DER MANN, DER ZUVIEL WUSSTE USA 1955.
Regie: Alfred Hitchcock (FSK 12)
ZEUGE GESUCHT USA 1943. Regie:
Robert Siodmak (FSK 16)

zig Minuten, denn die Uhr tickt unerbittlich. Damit hat Watson gleich mehrere Probleme am Hals: Er muss mit allen Mitteln versuchen, seine Tochter zu retten; er will dennoch keinen Mord begehen; er hat keine Ahnung, wie man mit Waffen, Gangstern und Erpressern umgeht; und die Zeit, all dies zu lernen, zerrinnt rasend schnell.

Während Watson verzweifelt einen Ausweg aus seiner katastrophalen Lage sucht, wird er auf Schritt und Tritt überwacht. Alles, was er ausheckt, scheinen seine Erpresser bereits zu wissen.

GEGEN DIE ZEIT funktioniert, weil Johnny Depp in der Rolle des Gene Watson einen absolut glaubwürdigen Normalbürger abgibt und weil John Badham die Regeln des Suspense perfekt beherrscht. Zusätzlich gewinnt der Thriller an Reiz, weil die Einheit von Ort, Zeit und Handlung eingehalten wird. Die Handlung dauert genauso lange wie der Film und beschränkt sich auf einen Hotelkomplex.

GEGEN DIE ZEIT kommt ohne bombastische Verfolgungsjagden und Action-Szenen aus, es gibt keine romantische Liebesgeschichte, und der Showdown wird nicht fünfmal wiederholt. Alles wird ganz auf Spannung getrimmt in diesem schlanken Thriller. Derart gut gelungen ist das, dass man selbst dann noch hingerissen zuschaut, wenn man den Film zum x-ten Mal sieht.

In GEGEN DIE ZEIT – und im Grunde in jedem Thriller – spielt der Wettlauf gegen die Zeit eine wesentliche Rolle. In LOLA RENNT bleiben lächerliche zwanzig Minuten, um Manni zu retten. Dieser hat sich auf krumme Touren eingelassen und dabei jämmerlich versagt. Jetzt ruft er aus einer Telefonzelle verzweifelt seine Freundin Lola um Hilfe. In zwanzig Minuten muss er 100 000 Mark bar auf den Tisch legen können, andernfalls droht ihm von seinen Geschäftspartnern das Schlimmste.

Das nun folgende Rennen gegen die Zeit wird gleich dreimal durchgespielt – und geht jedes Mal anders aus. Was immer gleich bleibt, das steht bereits im Filmtitel: Lola rennt. Dank seiner außergewöhnlichen Form ist LOLA RENNT nicht nur ein mitreißender Actionfilm, sondern auch ein Film über die Gesetze und das Wesen des Kinos. Denn genauso unerbittlich, wie die Zeit verrinnt, genauso strikt ist auch das Kino, wenn es ums Tempo geht. Der Film gibt die Zeit vor. Wir können nur hin- oder wegschauen, aber nichts an der Geschwindigkeit und an der Geschichte ändern: Es läuft, wie's läuft.

Wie ein Magier zaubert Regisseur Tom Tykwer in LOLA RENNT so allerhand aus dem Hut: Er benutzt unterschiedliche Filmformate und fügt Trickfilmsequenzen ein. Er teilt die Leinwand in verschiedene Felder auf, sogenannte Splitscreens, damit mehrere Szenen parallel laufen können. Tykwer verwendet wie ein übermütiger Zauberlehrling alle möglichen Tricks, auch solche, die aus den Anfängen der Kinogeschichte stammen.

Dieses scheinbar wilde Durcheinander fügt sich zu einem Bildstrom zusammen, der in einem rastlosen Stakkato an uns vorüberzieht. Lediglich alle zwanzig Minuten kommt LOLA RENNT kurz

zur Ruhe. Dann dürfen wir
nach Luft schnappen, bevor
die nächste Achterbahnrunde
startet.

Dass Lolas und Mannis
Geschichte drei unterschiedliche Ausgänge nimmt, ist
kleinen Zufälligkeiten zuzu-
schreiben, die allerdings große
Wirkung zeigen. Dahinter
steckt ein Gedankenspiel, das
wohl alle schon einmal aus-
probiert haben: Was wäre wenn? Was wäre geschehen, wenn ich
heute fünf Minuten später nach Hause gegangen wäre? Ich wäre
vielleicht einem Menschen begegnet, der mein Leben verändert
hätte, wäre auf der Straße über 100 Euro gestolpert, könnte in
einen Verkehrsunfall verwickelt worden sein – in Gedanken tut
sich lawinengleich eine unübersehbare Palette von Möglichkeiten
auf.

Diese Gedankenspielerei treibt Tykwer nicht nur mit seinen Hauptfiguren Lola und Manni. Im Vorüberhasten begegnet
Lola auf ihrem Weg Menschen, die sie nur flüchtig wahrnimmt.
Es folgt die Einblendung »Und dann ...«, worauf in Sekunden-
schnelle mit ein paar Standbildern eine ganze Lebensgeschichte
im Zeitraffer erzählt wird. Die Botschaft ist offensichtlich: Selbst
wenn das Zusammentreffen mit Lola zufällig war und nur einen
Augenschlag lang gedauert hat, so wird sie dennoch ihre Auswir-
kungen haben.

Man kann sich zu LOLA RENNT also sogar philosophische Gedanken machen. Aber man muss sich auf jeden Fall gedulden, bis der
Film aus ist, denn während Lolas Rennen läuft, fehlt für tiefschür-
fendes Nachdenken schlicht die Zeit. Abgesehen davon sollte man
diesen Film ganz einfach als ein Stück Kinokonfekt genießen,
ohne sich dabei viel Kluges zu denken. Es verhält sich wie mit den

LOLA RENNT in einem Satz: Schafft es Lola, in zwanzig Minuten 100 000 Mark zu besorgen und damit durch die halbe Stadt zu rennen – und das dreimal hintereinander?

LOLA RENNT. Deutschland 1998. Regie: Tom Tykwer. Besetzung: Franka Potente, Moritz Bleibtreu u. a. 75 Minuten. FSK 12. DVD: Laser Paradise

Wem ein Film nicht genügt:
DIE UNGETREUE USA 1948. Regie: Preston Sturges (FSK 12)
HERO Hongkong, China 2002. Regie: Zhang Yimou (FSK 12)

beiden legendären Zitaten des Fußballtrainers Sepp Herberger, die **LOLA RENNT** als Motto vorangestellt sind und die genauso platt wie tiefsinnig sein können: »Der Ball ist rund« und »Das Spiel dauert 90 Minuten«.

Für Alfred Hitchcocks Regel, spektakuläre Schauplätze und überraschende Gegensätze zu nutzen, findet **DER EINZIGE ZEUGE** eine außergewöhnliche Lösung, indem der Thriller im Milieu der Amischen angesiedelt wird, einer christlichen Sekte, die jegliche Gewalt ablehnt.

Rachel, die eben Witwe geworden ist, und ihr Sohn Samuel reisen nach Baltimore. Das ist für beide ein Abenteuer, denn die Amischen leben wie im 18. Jahrhundert, verzichten auf jeden technischen Fortschritt und kommen nur selten in Berührung mit der Welt da draußen und den Menschen, die sie »die Englischen« nennen.

Auf dem Bahnhof von Philadelphia warten Rachel und Samuel auf einen Zug. Als Samuel zur Toilette muss, beobachtet er dort einen brutalen Mord – ohne dabei selbst entdeckt zu werden. Der Polizist John Book versucht daraufhin, von seinem einzigen Zeugen Hinweise auf die Täter zu erhalten. Mit einem unerwarteten

und brisanten Resultat: Es war ausgerechnet ein Polizist, der den Mord begangen hat. Wem soll sich Book in dieser heiklen Lage anvertrauen? Doch wohl am ehesten seinem Mentor und Vorbild Paul Schaeffer. Aber Book hat sich zielstrebig den Falschen ausgesucht, denn Schaeffer steckt selbst mit drin, und prompt wird als Nächstes ein Anschlag auf Book verübt, den er nur schwerverletzt überlebt. Damit wird aus dem Jäger ein gnadenlos Gejagter.

Zunächst allerdings will Book die zwangsläufig ebenfalls bedrohten Zeugen Rachel und Samuel in Sicherheit bringen: Er lässt ihre Namen aus den Akten verschwinden und fährt sie zurück auf ihre Farm. Damit ist er jedoch bereits am Ende seiner Kräfte angelangt. Weil seine Verwundung schwerer als erwartet ist, muss er sich von den Amischen pflegen lassen. In dieser Zeit wird er für Samuel zum Ersatzvater, verliebt sich in Rachel und hilft, wieder einigermaßen genesen, in der Gemeinde als Zimmermann aus. Fast scheint es, als habe Book alles hinter sich gelassen, sogar den Mord – bis ihn der Fall brutal einholt und die Gewalt dort Einzug hält, wo sie nach Überzeugung der Amischen nie hinkommen darf.

DER EINZIGE ZEUGE in einem Satz: Ein mit allen Wassern gewaschener Cop landet schwerverletzt bei einer religiösen Sekte, die jede Form von Gewalt ablehnt – und davon schließlich doch eingeholt wird.

DER EINZIGE ZEUGE (Witness). USA 1985. Regie: Peter Weir. Besetzung: Harrison Ford, Kelly McGillis, Lukas Haas, Danny Glover, Josef Sommer u. a. 112 Minuten. FSK 12. DVD: Paramount

Wem ein Film nicht genügt:
COOGANS GROSSER BLUFF USA 1967. Regie: Don Siegel (FSK 12)
MATTO REGIERT Schweiz 1946. Regie: Leopold Lindtberg (FSK 16)

Fast alle großen Regisseure haben ein Thema, das sie stetig beschäftigt und dem sie immer wieder neue Variationen abgewinnen. Das ist auch beim Australier Peter Weir nicht anders. Sein Leitmotiv ist das Fremdsein. Was geschieht, wenn man sich in einer unbekannten Umgebung durchschlagen muss? Oder wenn fremde Kulturen aufeinanderprallen? In **DER EINZIGE ZEUGE** sind es zunächst die Amischen, die in eine fremde Welt geraten. Kaum haben sie ihre vertraute Umgebung verlassen, sind sie plötzlich auf die Hilfe eines hartgesottenen Polizisten angewiesen, der ganz selbstverständlich mit einer Waffe hantiert und nicht davor zurückschreckt, auch mal prophylaktisch einen Verdächtigen zusammenzuschlagen.

Nach diesem Einstieg folgt völlig überraschend die Umkehrung der bisherigen Sichtweise. Nun fragt man sich plötzlich gespannt: Was passiert, wenn ein Raubein wie John Book von den friedliebenden Amischen aufgenommen wird? Sie pflegen ihn zwar hilfsbereit, sind aber insgeheim gar nicht erfreut über den Eindringling. Nur widerwillig lassen sie zu, dass er ihre Kultur kennen lernt.

Dass Book und die Amischen verschiedene Sprachen sprechen, gilt nicht nur im übertragenen Sinn, es wird sogar tatsächlich hörbar – allerdings nur in der amerikanischen Originalfassung. Weil die Amischen von Süddeutschen und Deutschschweizern abstammen, sprechen sie heute noch einen eigenen Dialekt, der mit vielen deutschen Wörtern durchsetzt ist. Wenn Samuel erklärt, der Täter sei nicht »stumpig« gewesen, dann versteht das Book erst, als ihm Rachel erklärt, dass dieses Wort »klein« bedeutet. Erst als Book seine Fertigkeiten als Zimmermann unter Beweis stellt, wird er allmählich akzeptiert.

Aus lauter Faszination über die fremde Welt der Amischen scheint Peter Weir seinen Thriller zeitweise regelrecht zu vergessen. Es macht den Eindruck, als richte er sich nun an diesem paradiesisch friedlichen Ort ein. Doch nicht nur die Verbrecher auf der Jagd nach Book machen dieser Illusion ein Ende. Auch unter den Amischen selbst herrscht längst nicht immer eitel Sonnenschein.

DER EINZIGE ZEUGE ist also kein typischer Thriller, und deshalb ist der eigentliche Höhepunkt des Films auch keine Action-Szene, sondern die Errichtung einer Holzscheune, die nach alter Tradition an einem einzigen Tag geschehen muss. Damit dies gelingt, werden alle Mitglieder der Gemeinde zusammengerufen. Für ein paar Minuten öffnet sich ein Fenster in eine Welt, in der Hilfsbereitschaft über alles andere triumphiert. Dennoch werden zum Schluss alle enttäuscht, die auf ein süßes Happy End hoffen. Bei Peter Weir begegnen sich zwar fremde Welten und sie lernen manchmal sogar voneinander, aber sie kommen nie ganz zusammen – wenigstens nicht im ersten Anlauf.

Wie kompliziert die Produktionsgeschichte eines Films sein kann, zeigt ein kurioses Detail der Kinovorschau. Darin ist nämlich eine Szene zu sehen, die im fertigen Film nicht mehr vorkommt. Wie das passieren konnte? Bei vielen Filmproduktionen werden Vorschauen meist geschnitten und gezeigt, lange bevor der Film fertig ist. So kann es geschehen, dass dafür Bildmaterial verwendet wird, das später im Schneideraum doch noch der Schere zum

Opfer fällt. Und noch häufiger kommt es vor, dass für die Vorschau in der Eile Musik aus bereits bestehenden Filmen verwendet wird, weil die neue Filmmusik noch gar nicht existiert. Man täuscht sich deshalb nur selten, wenn man bei Kinovorschauen das Gefühl nicht loswird, eine Melodie bereits zu kennen.

Die erfolgreichste Kriminalschriftstellerin aller Zeiten war eine höchst kritische Zuschauerin, wenn es um die Verfilmung ihrer eigenen Werke ging. Nur einmal war sie wirklich zufrieden: Als die 84-jährige Agatha Christie ein Jahr vor ihrem Tod die Filmpremiere von **MORD IM ORIENT-EXPRESS** besuchte, war sie von Regisseur Sidney Lumets Bemühungen durchaus angetan. Vor allem mit Albert Finney als Meisterdetektiv Hercule Poirot konnte sie sich anfreunden. Ganz anders als beispielsweise mit Margaret Rutherford, die in den 1960er Jahren in vier Filmen Miss Marple verkörpert hatte. Durch deren Interpretation war damals aus der unscheinbaren alten Dame, wie sie Christie beschrieben hatte, ein regelrechtes Schlachtross geworden. Das ist zwar bis heute vergnüglich anzuschauen, aber bestimmt nicht im Sinne der Autorin. Albert Finney hingegen spielte den belgischen Detektiv genauso brillant, verschroben und herzlich unsympathisch, wie es sich die Autorin ausgedacht hatte – obwohl der 38-jährige Finney auf zwanzig Jahre älter geschminkt werden musste und deshalb kaum wiederzuerkennen ist.

MORD IM ORIENT-EXPRESS glänzt mit einem Riesenaufgebot an Stars – eines der Mittel, mit denen ab den 1950er Jahren die Zuschauer vom Fernseher weg in die Kinos gelockt werden sollten. Fast jedes Mitglied des illustren Ensembles war schon für den Oscar nominiert gewesen, sieben Mal war die Auszeichnung gar schon gewonnen worden, und mit **MORD IM ORIENT-EXPRESS** kam eine achte Statuette dazu. Allerdings erhielt diese nicht der blendend aufspielende Albert Finney, sondern Ingrid Bergman, die da-

MORD IM ORIENT-EXPRESS in einem Satz: Der Meisterdetektiv Hercule Poirot löst mit seiner genialen Kombinationsgabe einen Mordfall im Luxuszug, für den jeder der Reisenden infrage kommt.

MORD IM ORIENT-EXPRESS (Murder on the Orient-Express). Großbritannien 1974. Regie: Sidney Lumet. Besetzung: Albert Finney, Lauren Bacall, Ingrid Bergman, Jacqueline Bisset, Jean-Pierre Cassel, Sean Connery, John Gielgud, Anthony Perkins, Vanessa Redgrave, Richard Widmark, Michael York u. a. 125 Minuten. FSK 12. DVD: Kinowelt

Wem ein Film nicht genügt:
16 UHR 50 AB PADDINGTON Großbritannien 1961. Regie: George Pollock (FSK 12)
DAS LETZTE WOCHENENDE USA 1945. Regie: René Clair (FSK 16)

mit für eine Nebenrolle geehrt wurde, die sich praktisch auf einen einzigen großen Auftritt beschränkte. Der stellte allerdings eine enorme Herausforderung dar, weil die Szene in einer einzigen Einstellung von fast fünf Minuten gedreht wurde. Zudem musste sich Ingrid Bergman für ihre Rolle als ehemaliges Kindermädchen mit Hilfe eines Coaches einen schwedischen Akzent antrainieren. Das klingt geradezu absurd, weil sie doch eine gebürtige Schwedin war. In ihrer langen Hollywood-Karriere hatte sie aber allzu akzentfrei Englisch gelernt, so dass man ihr die Schwedin nicht mehr ohne weiteres abnahm.

    MORD IM ORIENT-EXPRESS ist ein altmodischer und beinahe gemütlicher Krimi. Alfred Hitchcock nannte das etwas abschätzig »Whodunit«, also »Wer hat's getan?«. Tatsächlich wird die Spannung vor allem durch eine Frage aufrechterhalten: Wer hat Samuel E. Ratchett ermordet? Der wurde nämlich im luxuriösen Orient-Express auf der Fahrt von Istanbul nach Calais mitten in der Nacht erstochen. Weil der Zug durch einen Wintereinbruch aufgehalten

wird, führt Meisterdetektiv Hercule Poirot, der sich zufällig an Bord befindet, die Ermittlung. Dazu muss er sich kaum bewegen, von Action ganz zu schweigen – lediglich die kleinen grauen Zellen des Belgiers arbeiten rasend schnell. Seine Verdächtigen sitzen gezwungenermaßen im Zugwaggon fest, und einer oder eine unter ihnen ist des Mordes schuldig. Ein überschaubarer Kreis von Verdächtigen und ein abgeschotteter Raum, auch das sind wichtige Elemente des »Whodunit«. Genauso wie der Showdown, bei dem der Meisterdetektiv alle Verdächtigen in einem Raum versammelt und genüsslich seinen Scharfsinn ausbreitet. Der Reihe nach gerät jeder schwer in Verdacht, bis zum Schluss der Täter oder die Täterin entlarvt wird. **MORD IM ORIENT-EXPRESS** hält sich treu an das übliche Muster – bis auf seine überraschende Schlusspointe.

Die Inspiration für ihren Roman erhielt Agatha Christie übrigens durch einen tatsächlichen Kriminalfall, nämlich die Entführung des Lindbergh-Babys. Das Kind des berühmten Fliegers Charles Lindbergh und der Schriftstellerin Anne Morrow Lind-

bergh war 1932 entführt worden und konnte nur noch tot auf-
gefunden werden. Die Täterschaft konnte nie endgültig geklärt
werden. Und genau hier hakte Agatha Christie ein, denn schließlich war das ein klassisches »Whodunit«, ein echtes »Wer hat's
getan?«.

Wer sich nicht um Suspense zu kümmern braucht, hat Freiraum
für anderes. Deshalb eignen sich Detektivromane, die nach dem
klassischen Whodunit-Muster gestrickt sind, ganz ausgezeichnet
für Kriminalkomödien. **MORDSACHE DÜNNER MANN** ist mäßig spannend, und wer am Ende als Täter überführt wird, ist eigentlich
uninteressant. Hier dreht sich fast nichts um das Verbrechen und
beinahe alles um das Detektivpaar Nick und Nora Charles.

Vor seiner Heirat mit der stinkreichen Nora war Nick ein win-
diger Privatschnüffler, und selbst wenn er sich jetzt alle Mühe gibt,
wie ein Gentleman aufzutreten, so wird er seine alte Profession
und die alten zwielichtigen Bekanntschaften nie ganz los. Das ist
seiner Gattin mehr als recht, denn die Dame aus der High Society
täte ihrerseits nichts lieber, als in schmutzigen Geheimnissen her-
umzustochern.

Als ein Erfinder auf geheimnisvolle Weise spurlos verschwin-
det, erhalten beide Gelegenheit, sich als Spürnasen zu beweisen.
Aber wie gesagt, das ist nur Beiwerk. In erster Linie sind Nick und
Nora reiche Müßiggänger, die lässig von Cocktail zu Cocktail, von
Party zu Party und von Wortgefecht zu Wortgefecht schlendern.

Als man den Film mit William Powell und Myrna Loy in den
Hauptrollen plante, dachte man an schnell und preiswert pro-
duziertes »Kinofutter«, ein sogenanntes B-Movie, für das man
lediglich drei Wochen Drehzeit vorsah. Der Regisseur W. S. van
Dyke schaffte es dann sogar in zwölf Tagen und für vergleichsweise lächerliche 230 000 Dollar. Zur Überraschung aller Beteilig-
ten wurde aus dem Billigfilm ein Hit, der mehr als das Fünffache
seiner Kosten einspielte. Myrna Loy und William Powell waren

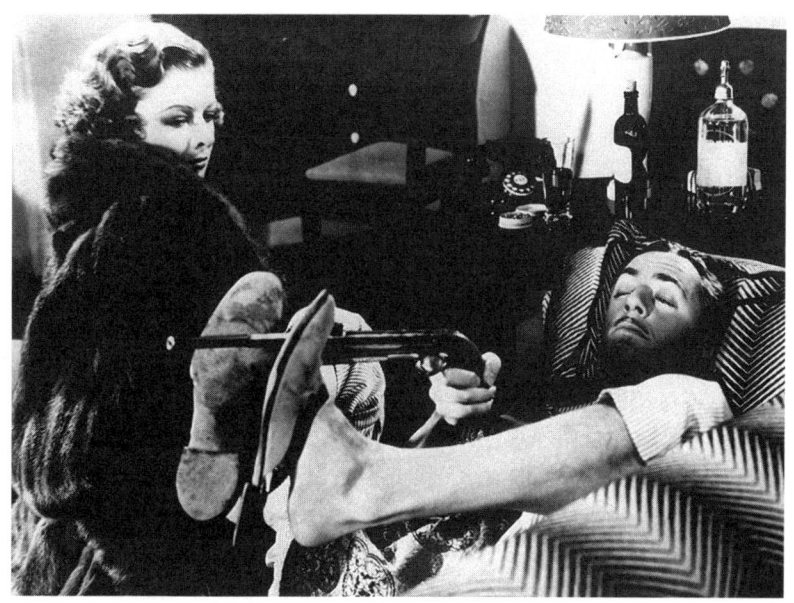

MORDSACHE DÜNNER MANN in einem Satz: Ein Ehepaar zieht von Party zu Party, stürzt sich begierig auf jedes schlagfertige Wortduell und löst ganz nebenbei einen mysteriösen Kriminalfall.

MORDSACHE DÜNNER MANN (The Thin Man). USA 1934. Regie: W. S. van Dyke. Besetzung: Myrna Loy, William Powell, Maureen O'Sullivan u. a. FSK 12. DVD: Warner

Wem ein Film nicht genügt:
NACH DEM DÜNNEN MANN USA 1936.
Regie: W. S. van Dyke (FSK 6)
UNDERCOVER BLUES USA 1993. Regie:
Martin Ritt (FSK 12)

über Nacht das neue Traumpaar Hollywoods. Nicht weniger als zwölf Mal standen sie gemeinsam vor der Kamera – ohne außerhalb ihrer Filme je ein Liebespaar gewesen zu sein. Von 1934 bis 1947 kamen insgesamt sechs Kriminalfälle für Nick und Nora in die Kinos.

Das Rezept für diesen einzigartigen Erfolg ist ganz einfach und gleichzeitig einmalig: Myrna Loy und William Powell harmonierten auf der Leinwand perfekt. So schwungvoll und präzise wie sie hat sich vor- und nachher kaum ein Paar die Pointen zugespielt. Zwischen ihnen scheinen unsichtbare Fäden zu verlaufen, selbst wenn sie sich den Rücken zukehrten. Und kein anderes Leinwand-Ehepaar führt derart scharfzüngige Wortgefechte wie Nick und Nora. Sie sind sich treu ergeben und dennoch keinem Flirt abgeneigt. Sie umsorgen sich liebevoll und teilen dennoch mit diebischer Freude entzückende kleine Boshaftigkeiten aus. In ihrer Ehe knistert es reizvoller als in den meisten Liebesromanzen. Dafür verstoßen sie zwar gegen sämtliche guten Sitten, aber sie tun es so charmant, dass man selbst dann neidisch zuschaut, wenn Nick mit einem Luftgewehr auf Christbaumkugeln schießt.

Dalton Russell erklärt gleich zu Beginn, wo's langgeht: »Ich sage nie etwas zweimal, also hören Sie genau zu!« Er hat nichts weniger als den perfekten Bankraub geplant. INSIDE MAN gibt sich nicht mit den langwierigen und meistens auch langweiligen Vorbereitungen auf den großen Einbruch ab, sondern geht sofort aufs Ganze. Kaum hat der Film begonnen, sind wir auch schon drin in der noblen Geldanstalt eines Bankiers, der sich später als gar nicht so nobel herausstellen wird.

Wenn Dalton im abgeriegelten Gebäude Besucher, Angestellte und Räuber in dieselbe Einheitskluft steckt und kräftig durchmischt, beginnen wir zu ahnen, dass sein Selbstbewusstsein nicht völlig grundlos sein kann. Hier geht offenkundig ein ganz Raf-

finierter ans Werk, einer, dem gelingen könnte, was es im Kino kaum je gibt, weil es gegen jede Moral verstößt: das perfekte Verbrechen.

Natürlich wird auf das Superhirn ein Gegenspieler aus Polizeikreisen angesetzt: Keith Frazier ist ein Spezialist für Geiselbefreiung, der Dalton zumindest in Sachen Selbstverliebtheit ebenbürtig ist. Als sich auch noch die undurchsichtige Anwältin Madeline White im Auftrag des Bankiers einschaltet, wird das Verwirrspiel derart trickreich über die Banden gespielt, dass man sich den Puck bis zum Schluss staunend um die Ohren fliegen lässt. Im Minutentakt werden die Karten neu gemischt: Plötzlich sind nicht mehr die Millionen im Tresor das Ziel, sondern ein geheimnisvolles Schließfach. Anstatt der Polizei schindet unvermutet der Meisterdieb Zeit. Und kaum haben wir uns auf den amüsanten Raubzug eines Gentleman-Gauners eingelassen, wird's auch schon ernsthaft gefährlich.

An Spike Lees INSIDE MAN können die Wahrscheinlichkeitskrämer nach Belieben herummäkeln – alle anderen amüsieren sich köstlich. Wenn das Bankgebäude abgeriegelt wird, tritt die

INSIDE MAN in einem Satz: Ein offensichtlich genialer Bank-
räuber narrt Polizei, Bankdirektion, eine gerissene Anwältin
und in erster Linie sein treu ergebenes Publikum.

INSIDE MAN. USA 2006. Regie: Spike Lee. Besetzung:
Clive Owen, Denzel Washington, Jodie Foster u. a.
129 Minuten. FSK 12. DVD: MCA/Universal

Wem ein Film nicht genügt:
TOPKAPI USA 1963. Regie: Jules Dassin (FSK 12)
SNEAKERS – DIE LAUTLOSEN USA 1991.
Regie: Phil Alden Robinson (FSK 12)

Polizei als professioneller Event-Manager auf. Was offiziell der
Sicherheit der Menschen dient, ist in Wirklichkeit die Errichtung
einer Bühne, vor der wir uns als lustvolle Zuschauer in Position
bringen können. Dann erst geht der Vorhang richtig hoch, und
der Blick ins Spiegelkabinett wird freigegeben. Der Rest ist Täuschung, nichts als Täuschung.

Es ist nur selten von all jenen Ideen, Drehbüchern und Filmprojekten die Rede, die gar nie realisiert wurden. Sie verschwinden in einer Schublade und tauchen nie mehr auf. Es gibt sogar
etliche Filme, die noch während der Dreharbeiten oder im Schneideraum in den Müll gewandert sind. Aber gerade die Episoden
um gescheiterte Projekte sind besonders spannend, weil sie eine
Menge über das Filmemachen und seine Schwierigkeiten preis-
geben.

Aus **CHARADE** ist zwar ein Film geworden, aber erst über
Umwege. Das Drehbuch von Peter Stone lehnten nicht weniger als
sieben Studios ab. Davon ließ sich der Autor jedoch nicht entmu-
tigen. Er setzte sich hin und machte aus seinem Misserfolg einen

Kriminalroman, der dann tatsächlich gedruckt wurde. Das Buch war so erfolgreich, dass daraus erneut ein Drehbuch entstand – und plötzlich waren alle sieben Studios, die den Stoff zuvor abgelehnt hatten, Feuer und Flamme.

Stanley Donen, der CHARADE schließlich inszeniert hat, kopierte unverkennbar das Erfolgsrezept von Hitchcock: Regina, eine junge Frau, wird unerwartet Witwe. Als sie in ihre Wohnung nach Paris zurückkehrt, findet sie diese vollständig leergeräumt vor. Allmählich kommt sie dahinter, dass ihr vermeintlich harmloser Ehemann ein Doppelleben und sie damit hinters Licht geführt hat. Nichts am heldenhaften Bild, das sie von ihm hatte, stimmt mehr. Er war in eine finstere Sache verwickelt und selbst ein rechter Finsterling.

Kein Wunder, dass die junge Amerikanerin ziemlich durcheinander gerät, zumal sie noch nicht lange in Paris lebt und dort kaum Freunde hat. Sie ist deshalb dankbar, als ihr Landsmann Peter Joshua, eine Ferienbekanntschaft, seine Hilfe anbietet. Joshua ist zwar ein paar Jahre älter als sie, aber er sieht blendend aus und strahlt eine beruhigende Sicherheit aus – bis Regina erkennen muss, dass auch dieser Strahlemann nicht immer die Wahrheit erzählt. Ein Beamter der amerikanischen Botschaft warnt sie: Joshua sei genau wie alle anderen nur hinter dem Vermögen her, das ihr Mann versteckt habe. Wie alle anderen? Ganz recht: Eine gefährliche Bande von finsteren Gestalten jagt Regina einen Schrecken nach dem anderen ein. Gehört Joshua dazu? Ist er ein Wolf im Schafspelz? Oder doch der edle Ritter, nach dem sie sich so sehr sehnt? Wenn Peter nicht so verflucht charmant wäre, fiele es wesentlich leichter, ihm zu misstrauen. So aber geht die Scharade munter weiter – zuweilen allerdings auch tödlich.

CHARADE ist ein spannender Thriller mit makabren Unglücksfällen und Verbrechen, und immer wieder witzig und ironisch. Die beiden Hauptdarsteller Audrey Hepburn und Cary Grant fühlen sich offensichtlich pudelwohl in ihren Rollen und spielen sich die Pointen mit eleganten Pässen zu. Grant war bei den Dreh-

arbeiten bereits 59 Jahre alt – Hepburn gerade mal 34, also jung genug, um seine Tochter zu sein. Grant hatte deshalb nicht ohne Grund die Sorge, diese Liebesgeschichte könnte lächerlich wirken. Also bestand er darauf, dass er ausnahmsweise nicht den Verführer spielte, sondern den Verführten. Ein Überraschungscoup, der auch Hitchcock gefallen hätte.

Für Thriller wird bis heute mit dem Namen Hitchcock geworben, obwohl er 1980 gestorben ist. Es heißt dann etwa »spannend wie von Hitchcock« oder »garantiert mit Hitchcock-Touch«. Zu jenen, die Hitchcocks Regeln offensichtlich genau studiert haben und denen die Nachahmung ziemlich gut gelungen ist, gehört der Regisseur Peter Yates. **DAS HAUS IN DER CARROLL STREET** ist ein Thriller ohne blutige Details, ohne wilde Schießereien, mit nur einem

CHARADE in einem Satz: Eine junge Witwe erfährt, dass ihr Mann ein Gauner war, und muss sich all jenen Gaunern stellen, die hinter dem gut versteckten Vermögen des Verstorbenen her sind – unterstützt wird sie von einem Charmebolzen, der möglicherweise auch wieder ein Gauner ist.

CHARADE. USA 1963. Regie: Stanley Donen. Besetzung: Cary Grant, Audrey Hepburn, Walter Matthau, James Coburn u. a. 113 Minuten. FSK 12. DVD: Universal

Wem ein Film nicht genügt:
ARABESKE USA 1966. Regie: Stanley Donen (FSK 12)
ÜBER DEN DÄCHERN VON NIZZA USA 1955. Regie: Alfred Hitchcock (FSK 12)

einzigen Showdown. Dem Kameramann Michael Ballhaus gelang es mit seiner wunderbaren Bildregie und Lichtgestaltung, den Stil eines Krimis aus den 1950er Jahren perfekt einzufangen. Ein brillantes Kunststück gelang Regie und Kamera zudem mit einer Verfolgungsjagd in der Grand Central Station von New York, die in der Kuppel endet. Sie allein hebt diesen Film über den Durchschnitt hinaus und steht Meister Hitchcock in nichts nach.

Im **HAUS IN DER CARROLL STREET** dreht sich alles um ein Motiv, das in jeden Thriller gehört: Die Spannung zwischen Angst und Vertrauen. Wer ist mein Freund? Wo bin ich sicher? Wo lauern meine Feinde? Als 1951 zwischen den USA und der Sowjetunion der sogenannte Kalte Krieg herrschte, gehörte Misstrauen geradezu zum guten Ton. In den USA wurde zeitweise alles bekämpft, was auch nur entfernt nach Kommunismus roch und damit als »un-amerikanisch« galt. Selbst ein lebendes Denkmal wie Charles Chaplin war vor solchen Angriffen nicht sicher. Er hatte 1952 die

DAS HAUS IN DER CARROLL STREET in einem Satz: Eine junge Frau kommt einer Organisation auf die Spur, die als Juden getarnte Nazis in die USA einschleust, und gerät dadurch in große Gefahr, aus der sie nur ein Polizist retten kann, den sie verachtet.

DAS HAUS IN DER CARROLL STREET
(House on Carroll Street). USA 1988. Regie:
Peter Yates. Besetzung: Kelly McGillis,
Jeff Daniels, Mandy Patinkin, Jessica Tandy u. a.
97 Minuten. FSK 12. DVD: MGM

Wem ein Film nicht genügt:
SCHULDIG BEI VERDACHT USA 1991. Regie: Irwin Winkler (FSK 12)
ARLINGTON ROAD USA 1998. Regie: Mark Pellington (FSK 12)

USA für eine kurze Reise nach England verlassen. Der mächtige J. Edgar Hoover, Chef des FBI, nutzte diese Gelegenheit skrupellos aus. Ihm war Chaplin nämlich seit Jahren ein Dorn im Auge, spätestens seit dieser 1936 in **MODERNE ZEITEN** für die Arbeiterschaft Partei ergriffen hatte. Hoover gelang es, Chaplin als Kommunisten anzuschwärzen und damit die Rückkehr des berühmtesten Mannes der Welt in die USA zu verhindern. Chaplin ließ sich darauf in der Schweiz am Genfersee nieder, verarbeitete seine Erfahrung in der bitteren Abrechnung **EIN KÖNIG IN NEW YORK** und kehrte erst 1972 für wenige Tage in die USA zurück, weil ihm ein Ehren-Oscar verliehen wurde. Es war übrigens der erste Oscar in seiner gesamten Karriere.

Im Gegensatz zu Chaplin ist die Bildredakteurin Emily Crane eine fiktive Figur. Sie wird in **DAS HAUS IN DER CARROLL STREET** vor einen Ausschuss gezerrt und aufgefordert, die Namen der Mitglieder einer Bürgerrechtsbewegung preiszugeben. Als sie sich weigert, verliert sie ihre Stelle und wird fortan vom FBI wie eine Staatsfeindin beschattet. Um sich finanziell über Wasser zu halten, nimmt Emily bei einer alten Dame eine Stelle als Vorleserin an.

Dort beobachtet sie im Nachbarhaus seltsame Gestalten, darunter ausgerechnet jenen Mann, von dem sie vor dem Untersuchungsausschuss besonders unfair bedrängt worden war. Neugierig versucht sie zu erfahren, was hier vorgeht. Dabei kommt sie einer Organisation auf die Spur, die Naziverbrecher als Flüchtlinge getarnt ins Land schleust. Weil Emily sich beim Spionieren aber nicht besonders geschickt anstellt, gerät sie in Lebensgefahr. Jetzt wird ausgerechnet jener FBI-Agent zu ihrem Verbündeten, der sie beschattet und den sie als Helfer eines ungerechten Staates verachtet.

Aus der Zwangsgemeinschaft wird sogar eine kurze Liebesbeziehung, obwohl das ungleiche Paar wie Öl und Wasser aufeinander reagiert. Das wirkt nicht nur auf der Leinwand so. Auch im wirklichen Leben waren sich die beiden Hauptdarsteller Kelly McGillis und Jeff Daniels spinnefeind und mussten oft sogar überredet werden, gemeinsam vor die Kamera zu treten. Dem Film hat diese Feindschaft nicht geschadet, im Gegenteil – die Realität hat die Fiktion nur noch glaubwürdiger aussehen lassen.

Selbst reizende alte Damen haben manchmal ihre Leichen im Keller. Bei den Brewster-Schwestern ist das ganz wörtlich zu verstehen: Sie bringen frisch-fröhlich einsame alte Männer um die Ecke. Daraus ziehen sie keinen anderen Vorteil als die Gewissheit, damit ein gutes Werk getan zu haben. Wer des Lebens müde geworden ist, dem gewähren sie ewigen Frieden. Für ihre Opfer hebt ein weiteres Mitglied der Brewster Familie, das sich für Präsident Theodore Roosevelt hält, im Keller ein Grab aus, denn dort befindet sich der Panamakanal, und das Gelbfieber fordert leider immer wieder neue Opfer.

Es ist ganz offensichtlich, dass die Brewsters schon lange nicht mehr alle Tassen im Schrank haben. Der durchschnittlich normale Neffe Mortimer ahnt jedoch weder von der kriminellen Mildtätigkeit seiner Tanten etwas, noch vom Panamakanal. Erst als er sich verabschieden will, um auf Hochzeitsreise zu gehen, kommt er der grausigen Mildtätigkeit auf die Spur. Das ist allerdings erst der Beginn einer wahren Schockwelle, die nun über ihm zusammenschlägt. Zu allem Übel kreuzt nämlich mit Jonathan ein weiteres gestörtes Familienmitglied auf, das es bis zum Schwerverbrecher gebracht hat.

Von nun an hat Mortimer alle Hände voll zu tun: Er versucht, seine Tanten samt »Cousin Roosevelt« in einer Heilanstalt unterzubringen, weicht den Anschlägen des durchgeknallten Jonathan aus und hält seine frisch angetraute Ehefrau von diesem Gruselkabinett fern.

So aberwitzig, wie es klingt, so rabenschwarz ist der gesamte Film von Frank Capra. Die beiden alten Damen wären wirklich allerliebst, wenn da nicht ihre Manie wäre, andere Menschen ungefragt in die ewigen Jagdgründe zu schicken. Cary Grant wetzt als Mortimer immer um die entscheidende Haaresbreite dem Geschehen hinterher. Jedes Mal, wenn er glaubt, endlich Herr der Lage zu sein, wird ihm von neuem der Boden unter den Füßen entzo-

ARSEN UND SPITZENHÄUBCHEN in einem Satz: Im Hause Brewster türmen sich die Leichen – arrangiert von zwei reizenden alten Damen, die nie etwas Böses im Sinn haben, aber damit einen brav-einfältigen und einen bös-skrupellosen Neffen schier in den Wahnsinn treiben.

ARSEN UND SPITZENHÄUBCHEN (Arsenic and Old Lace). USA 1941. Regie: Frank Capra. Besetzung: Cary Grant, Priscilla Lane, Josephine Hull, Raymond Massey, Peter Lorre, Jean Adair, Edward Everett Horton u.a. 115 Minuten. FSK 12. DVD: Warner

Wem ein Film nicht genügt:
IMMER ÄRGER MIT HARRY USA 1955.
Regie: Alfred Hitchcock (FSK 12)
LADYKILLERS Großbritannien 1955.
Regie: Alexander Mackendrick (FSK 12)

000026 Arsen und Spitzenhäubchen Kurzinformation 038440

gen. Später fand Cary Grant zwar, er habe nie so übertrieben und unglaubwürdig gespielt wie in diesem Film, aber das kann uns egal sein, denn seine Unglaubwürdigkeit ist unser Vergnügen.

Zwischendurch wird's allerdings richtiggehend schauerlich, denn Frank Capra hat einzelne Szenen genauso gedreht, wie wir es von alten Gruselfilmen gewohnt sind: mit gespenstischen Schatten, hypnotischem Schwarzweiß und geheimnisvoller Musik. Bei allem Gelächter bleibt ARSEN UND SPITZENHÄUBCHEN eben immer auch ein Krimi.

Thriller, die in die Filmgeschichte eingehen, sind meist verblüffend einfach gestrickt. Zum Beispiel: Ein Mann ist im Auto unterwegs und wird von einem Sattelschlepper belästigt. Was zunächst nach einem Kräftemessen und Piesacken zwischen zwei nervösen Fahrern aussieht, wird allmählich zu einem mörderischen Zweikampf.

Genau auf dieser simplen Idee baute Steven Spielberg seinen ersten Spielfilm auf. Er war damals erst 25 Jahre alt und hatte den Auftrag, fürs Fernsehen einen preiswerten Thriller zu drehen. Mit einem minimalen Budget, nur wenigen Schauspielern und keinerlei technischem Firlefanz wurde DUELL in lediglich 16 Tagen abgedreht.

All diese Einschränkungen haben dem Film gutgetan. Aber obwohl DUELL bei seiner Fernsehausstrahlung 1971 hervorragende Kritiken erhielt, wurde Spielberg erst später richtig berühmt und ernst genommen, als der Film 1973 in Europa im Kino lief und begeistert gefeiert wurde. In amerikanischen Kinos wurde DUELL erst mit großer Verspätung gezeigt, als Spielberg längst einer der erfolgreichsten Regisseure aller Zeiten war.

David Mann ist ein ganz gewöhnlicher Mensch, ein Durchschnittstyp ohne besondere Ausstrahlung. Genau wie ihm bleibt uns Zuschauern schleierhaft, weshalb er einmal vom Sattelschlepper überholt und dann wieder ausgebremst wird. Genau wie er bekommen wir den Fahrer des Lastwagens nie zu Gesicht. Dadurch wird der Sattelschlepper zu einem seelenlosen Ungeheuer mit einer Kühlerhaube, die wie eine bösartige Fratze grinst. Bald wird dieses Monstrum zur tödlichen Bedrohung für David, der in seinem Pkw hoffnungslos unterlegen scheint.

Wie bewusst Spielberg den Lkw vermenschlichen wollte, belegt eine Anekdote aus der Vorbereitungszeit des Films. Spielberg ließ damals jede Menge Lastwagen vorfahren, um daraus den richtigen Charakter auszuwählen – so wie man normalerweise Schauspieler vorsprechen lässt.

In einer der unerträglichsten Szenen des Films schiebt der böse Lastwagen einen stehengebliebenen Schulbus an. Natürlich muss man in diesem Moment das Schlimmste befürchten – aber auch Spielberg ist ein gelehriger Hitchcock-Schüler: Gerade solche Spannungsmomente müssen sich in Nichts auflösen. Der Lastwagen schiebt den Schulbus ganz sanft wieder an, und man möchte fast glauben, er sei bei aller Monsterhaftigkeit doch kinderlieb.

DUELL hat Spielberg die Türen zu Hollywood weit geöffnet. Aber selbst als gefeierter und mächtiger Regisseur hat er nie mehr ähnlich kompromisslos Regie geführt. Als Spielberg vom Fahrer

des Lastwagens, den wir gar nie zu Gesicht bekommen, gefragt wurde, weshalb er den armen David derart zu quälen habe, antwortete Spielberg: »Du bist ein bis auf die Knochen böser Schweinehund!« Mit anderen Worten: In DUELL geht es um den minimalsten McGuffin überhaupt: um Spannung und sonst gar nichts.

Solche Spannung pur liegt ganz nahe bei Kino pur, und deshalb kommt DUELL fast ohne Dialog aus. In den Augen vieler Filmfans wäre ein Film, der seine Geschichte nur mit Bildern erzählt, nach wie vor das vollkommene Kunstwerk. »Am liebsten hätte ich einen abendfüllenden Stummfilm gemacht – ohne jeden Dialog!«, hat Spielberg gestanden. Aus kommerziellen Gründen war daran aber nicht im Traum zu denken. Für die Kinofassung verlangte die Produktionsfirma sogar eine Viertelstunde neues Material, da der Fernsehfilm lediglich 74 Minuten dauerte. So kam es, dass im Kino plötzlich nicht nur David am Telefon zu sehen ist, sondern auch seine Frau, mit der er spricht. Später sah Spielberg ein, dass er damit die Einfachheit und Konsequenz der ursprünglichen Fassung durchbrochen und seinen Film nur durchschnittlicher gemacht hatte.

DUELL in einem Satz: Ein ganz gewöhnlicher Durchschnittsbürger, der in seinem Auto unterwegs ist, wird aus unerfindlichen Gründen von einem Lastwagen zu einem Duell auf Leben und Tod herausgefordert.

DUELL (Duel). USA 1971. Regie: Steven Spielberg. Besetzung: Dennis Weaver u. a. 90 Minuten. FSK 12. DVD: Universal

Wem ein Film nicht genügt:
DAS RETTUNGSBOOT USA 1943. Regie: Alfred Hitchcock (FSK 12)
AN EINEM TAG WIE JEDER ANDERE USA 1955. Regie: William Wyler (FSK 16)

Allen gelehrigen Schülern zum Trotz bleibt Alfred Hitchcock bis auf weiteres der unbestrittene »Meister des Suspense«. Es gibt mindestens ein Dutzend beste Hitchcocks, die es verdient hätten, in dieses Kapitel aufgenommen zu werden. Ich mache meiner Qual der Wahl mit DER UNSICHTBARE DRITTE ein Ende. Dieser Thriller funkelt heute noch genauso brillant wie 1959. Hitchcock verwöhnt uns mit unzähligen Szenen, die in die Filmgeschichte eingegangen sind und seither immer wieder in anderen Filmen zitiert wurden. Und dieses Werk gehört zudem zu jener Handvoll Filme, die der Filmgeschichte eine neue Wendung gegeben haben, denn kurz darauf begann JAMES BOND die Leinwand zu erobern. So wurde DER UNSICHTBARE DRITTE zum Urahnen aller Action-Thriller. Sein Rezept ist schlicht und einfach: Es ist vollkommen egal, weshalb eine wilde Jagd quer durch die Landschaft stattfindet. Und wenn man endlich einen Geheimagenten fragen kann, wonach eigentlich gejagt werde, dann antwortet dieser knapp und absolut nichtssagend: »Sagen wir Import/Export.«

Genau diese Antwort erhält Roger O. Thornhill in DER UNSICHT-BARE DRITTE. Er ist ein biederer New Yorker Werbefachmann, dessen gewagteste Tat bislang darin bestand, jemandem das Taxi wegzuschnappen. Erst als Thornhill durch Zufall in eine Agentengeschichte stolpert, gewinnt sein geruhsames Leben rasant an Fahrt, erst recht, als er entführt, mit Whisky abgefüllt und betrunken in ein Auto gesetzt wird, um dann einen tödlichen »Unfall« zu erleiden. Er entkommt diesem Anschlag zwar knapp, wird aber kurz darauf selbst des Mordes verdächtigt. Es folgt eine Jagd quer durch Amerika von der UNO in New York bis nach Kalifornien zu den in Fels gehauenen Präsidentenköpfen. Hinter Thornhill sind nicht nur Polizisten her, die ihn verhaften wollen, sondern auch Spione, die ihm nach dem Leben trachten.

Thornhill ist jedoch ein erstaunlich gelehriger Schüler in diesem »Jagdspiel«. Und in der verführerischen Eve Kendall findet er glücklicherweise eine Verbündete. Wenigstens glaubt er das. Bis sich herausstellt, dass ihm auch Eve nicht ganz zufällig über den

Weg gelaufen ist. Es bleibt also dabei: Thornhill kann niemandem trauen, und die Gefahr lauert überall, erst recht an einer einsamen Kreuzung mitten in der Wüste, weitab vom Schuss.

DER UNSICHTBARE DRITTE ist ein Triumph der Form über den Inhalt, der Spannung über die Wahrscheinlichkeit. Wir werden nicht vom »Was« gepackt und nicht einmal vom »Wer«. Wir wollen nur möglichst atemberaubend das »Wie« erleben. Wie entkommt man aus einem Raum, wenn alle Eingänge von Verbrechern verstellt sind? Wie gewinnt ein unbewaffneter Fußgänger das Duell gegen ein Flugzeug? Und wie inszeniert man eine Verfolgungsjagd auf Präsidentenköpfen? Nachdem all diese Fragen von Hitchcock so spektakulär beantwortet wurden, verwundert es nicht, dass der Hauptdarsteller Cary Grant zunächst als Wunschkandidat für die Rolle von James Bond gehandelt wurde. Da Grant 1959 bereits 55 Jahre alt war, bekam er als Fast-Pensionär am Ende aber doch nicht die »Lizenz zum Töten«.

Hitchcock war damals auf dem Höhepunkt seiner Karriere. Scheinbar alles, was er anpackte, verwandelte sich garantiert in einen Knüller und nebenbei auch noch in einen Klassiker. Die Kunst, sein Publikum zu manipulieren, beherrschte er derart virtuos, dass er sich fast alles leisten konnte, was dem seriösen Handwerker eigentlich verboten war.

Aber er ordnete in seinen Thrillern alles dem temporeichen Suspense unter und zog damit sein Publikum so sehr in Bann, dass diesem gar keine Zeit blieb, sich über Wahrscheinlichkeit und Logik der Handlung Gedanken zu machen. Genauso wenig bemerkte in der Aufregung jemand, dass es von handwerklichen Fehlern nur so wimmelte. Dazu gehörten sogenannte Anschlussfehler, also Ungereimtheiten zwischen zwei aufeinanderfolgenden Szenen. Wenn beispielsweise jemand in einem Bild aus seinem Glas trinkt und in der nächsten Einstellung plötzlich mehr anstatt weniger Flüssigkeit darin ist, dann hat die Regie zwischen den Szenen nicht aufgepasst. Den schönsten Anschlussfehler im UNSICHTBAREN DRITTEN hat Hitchcock voller Stolz gleich selbst ver-

DER UNSICHTBARE DRITTE in einem Satz: Ein harmloser Werbefachmann wird von Agenten und der Polizei möglichst spektakulär quer durch die USA gejagt – ohne je zu wissen, worum es eigentlich geht.

DER UNSICHTBARE DRITTE (North by Northwest). USA 1959. Regie: Alfred Hitchcock. Besetzung: Cary Grant, Eva Maria Saint, James Mason, Leo G. Carroll, Martin Landau u. a. 131 Minuten. FSK 12. DVD: Warner

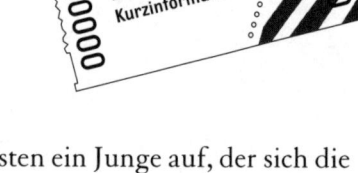

raten: Einmal taucht unter den Statisten ein Junge auf, der sich die Ohren zuhält, obwohl er von der Handlung her gar nicht wissen kann, dass gleich ein Schuss fallen wird.

Genauso wenig wie uns solche Fehler auffallen, werden wir bemerken, wie viel Hitchcock im Studio gedreht hat. Weil er keine Erlaubnis erhielt, in den Gebäuden der UNO zu filmen, drehte er dort mit versteckter Kamera, um danach eine möglichst originalgetreue Kulisse im Studio nachbauen zu lassen. Und weil es auch für den Mount Rushmore keine Drehgenehmigung gab, wurde dieses Monument ebenfalls im Studio imitiert.

Bis heute ist Hitchcock, obwohl er nie Schauspieler war, einer der bekanntesten Filmstars der Geschichte. Er wurde so sehr zum Markenzeichen für Spannung, dass die Buchreihe »Die drei ???« unter seinem Namen veröffentlicht wurde, obwohl er dafür nie auch nur eine Zeile geschrieben hat. Lediglich die Silhouette seines Gesichts hat der gelernte Zeichner Hitchcock selbst entworfen. Er besaß wie kaum ein anderer Regisseur das Talent, sich selbst zum Star zu machen.

Bereits 1926 hatte der Charakterkopf mit der unübersehbaren Leibesfülle damit begonnen, sich selbst zum Markenzeichen zu machen, als er in **DER MIETER** zum ersten Mal als Statist auftrat.

Danach hat er jeden seiner Filme auf diese Weise signiert. Wo er in **DER UNSICHTBARE DRITTE** zu sehen ist, muss jeder selbst entdecken. Nur so viel als Hinweis: Wenn der Vorspann vorbei ist, hat der Meister seine Unterschrift bereits hinterlassen.

Hitchcock kontrollierte seine Filme dermaßen, dass beinahe übersehen wird, wie groß der Anteil anderer Genies am meisterhaften Resultat war. Eines davon war der Filmkomponist Bernard Herrmann. Die Zusammenarbeit zwischen ihm und Hitchcock ist in der Filmgeschichte einzigartig. Er war bei nicht weniger als acht Hitchcock-Thrillern für die Musik verantwortlich, und jedes Mal wurde dadurch der Film noch spannender und einprägsamer. Das Gespann Hitchcock-Herrmann war so legendär, dass sich später Hitchcock-Verehrer wie François Truffaut, Brian de Palma und Martin Scorsese an Bernard Herrmann wandten und bei ihm Filmmusik bestellten. Die Eckdaten der langen Karriere Herrmanns sprechen für sich: Seine erste Musik komponierte er 1941 für **CITIZEN KANE** von Orson Welles – seine letzte 1975 für **TAXI DRIVER** von Martin Scorsese.

Hitchcock hat in seiner über fünfzig Jahre dauernden Karriere 53 Kinofilme gedreht. In dieser langen Zeit hat er sich offiziell nur einmal wiederholt, nämlich mit **DER MANN, DER ZUVIEL WUSSTE**, dessen Original aus dem Jahr 1934 stammt, und das Remake von 1956. Wenn man genau hinschaut, hat Hitchcock jedoch etliche Geschichten in mehreren Variationen erzählt. Häufig tat er das, weil er in einer kreativen Krise steckte und deshalb einen Stoff suchte, mit dem er sich sicher fühlen konnte. Auch **DER UNSICHTBARE DRITTE** ist ein solches inoffizielles Remake, das allerdings nicht aus der Not heraus entstand. Das Motiv des unschuldig Verfolgten, der selbst zum Jäger wird, faszinierte Hitchcock zeitlebens so sehr, dass er es immer wieder aufgegriffen hat. **DIE 39 STUFEN**, das direkte Vorbild für **DER UNSICHTBARE DRITTE**, entstand 1935 in England. Richard Hannay wird von einer unbekannten Frau, die sich verfolgt fühlt, um Hilfe gebeten. Als die geheimnisvolle Unbekannte bei ihm zu Hause ermordet wird, gerät natürlich Hannay in Verdacht. Er flieht vor der Polizei und versucht gleichzeitig, die wahren Täter zu finden. Das führt ihn von London bis ins schottische Hochland. Hannay ist zwar unschuldig, aber dennoch gerissen und auf seine charmante Art skrupellos. Um der Polizei zu entgehen, wirft er sich im Zug spontan der Blondine Pamela an den Hals und gibt vor, sie sei seine Freundin. Da allerdings hat er die Rechnung ohne die Frau gemacht. Sie verrät ihn prompt, und Hannay bleibt als Ausweg nur noch der riskante Sprung von der Eisenbahnbrücke in den Fluss. Selbstverständlich kreuzen sich die Wege der beiden bald erneut, und diesmal geht Hannay kein Risiko mehr ein: Er spielt Pamela den eiskalten Killer vor, was umso wirksamer ist, als die beiden durch Handschellen aneinandergefesselt sind.

DIE 39 STUFEN ist ebenso einfallsreich und unterhaltsam wie DER UNSICHTBARE DRITTE, obwohl Hitchcock 1935 natürlich noch nicht über dieselben finanziellen Mittel und technischen Möglichkeiten verfügen konnte wie 1959. Aufschlussreich ist der Vergleich der beiden Filme vor allem, weil sich beim 1899 in London geborenen Hitchcock die englische Phase, die bis 1939 dauerte, deutlich von der amerikanischen Phase danach unterscheidet. Seine englischen Thriller sind bei allem Suspense auch witzig und locker. In den amerikanischen Filmen dagegen wird die Grundstimmung ernster und oft sogar pessimistisch. Während Richard Hannay in den 39 STUFEN die Verfolgungsjagd als eine sportliche Herausforderung genießt, scheint Roger Thornhill ein ausgebrannter Zyniker zu sein, der sich auf dieses gefährliche Spiel nur deshalb einlässt, weil er vom Leben ohnehin nicht mehr viel zu erwarten hat.

DIE 39 STUFEN in einem Satz: Ein Mann wird des Mordes
verdächtigt und hetzt auf der Flucht vor der Polizei und
gleichzeitig auf der Jagd nach den wahren Schuldigen von
London bis ins schottische Hochland.

DIE 39 STUFEN (The Thirty-Nine Steps). Großbritannien 1935.
Regie: Alfred Hitchcock. Besetzung: Robert Donat, Madeleine
Carroll u. a. FSK 16. DVD: EuroVideo

Wem zwei Filme nicht genügen:
TRANSAMERIKA-EXPRESS USA 1976.
Regie: Arthur Hiller (FSK 12)
DIE UNSICHTBARE FALLE USA 1997.
Regie: David Mamet (FSK 12)

🎬 **Kriminalfilm**

Komödie

ZUM
SCH REI EN
K OMISCH

Komödien zu schreiben und zu drehen ist lange nicht so lustig, wie das, was die Zuschauer nachher zu sehen bekommen. Bei den Dreharbeiten zu **DIE MARX BROTHERS IN DER OPER** musste Harpo Marx so lange im Schnürboden über einer Opernbühne herumturnen, dass seine Hände danach geschwollen und blutig gescheuert waren. Geniale Komödianten sind meistens knallharte Perfektionisten und unermüdliche Schwerarbeiter. Was auf der Leinwand spielend leicht aussieht, wird endlos geprobt, damit garantiert die großen Lacher aus uns herausplatzen.

»Wetten, dass es uns gelingt, 15 Personen in eine winzige Schiffskabine zu stopfen?« Damit hätten die Marx Brothers bei Gottschalk antreten können – und sie hätten die Wette gewonnen. Wenn Mrs. Claypool die Türe zur Kabine öffnet, bricht es wie ein Wasserfall über sie herein: Mr. Driftwood, die blinden Passagiere Fiorello, Tomasso und Riccardo, zwei Zimmermädchen, ein Heizungsmonteur, die Maniküre, der Assistent des Heizungsmonteurs, eine junge Frau, die auf der Suche nach ihrer Tante ist, und eine Raumpflegerin. Das ist nur einer von zahlreichen großen Lachern, die wir der absurden Nacht in der Oper verdanken. Da wandert beispielsweise die Möblierung zweier Zimmer unter den Augen eines Polizisten hin und her, ohne dass dieser hinter das Geheimnis der selbstbeweglichen Möbel käme. Und dann treibt uns natürlich die schrägste Aufführung einer Verdi-Oper, die es je zu sehen gab, zu immer neuen Lachsalven an. Offiziell handelt DIE MARX BROTHERS IN DER OPER von einem eitlen Tenor, der aus dem Weg geräumt werden muss, damit ein wirkliches Genie die Bühne und die Sopranistin seines Herzens erobern kann. Aber das Ganze ist lediglich ein Vorwand, um den Marx Brothers eine Bühne für ihr Feuerwerk von Gags zu bieten.

Obwohl die Marx Brothers – die auch im wirklichen Leben Brüder waren – nur Tonfilme gedreht haben, beherrschten sie den handfesten Slapstick perfekt, gerade so, wie man ihn aus Stummfilmzeiten kennt. Wenn sie sich Verdi vorknöpfen, breitet sich das nackte Chaos aus. Und in jedem ihrer Filme bricht irgendwann eine aberwitzige Verfolgungsjagd los. Genauso viele Lacher provozieren ihre Wortwitze – und die wurden im Kino natürlich erst durch den Tonfilm möglich. Viele ihrer Pointen werden bis heute gerne zitiert. »Ich möchte nicht einem Club angehören, der mich aufnimmt.« Oder: »Sind Trinkgelder an Bord erlaubt?« – »Gewiss, Signore.« – »Haben Sie zehn Dollar?« – »Ja, Signore.« – »Dann haben Sie die zehn Cent nicht nötig, die ich Ihnen geben wollte.«

1935, als DIE MARX BROTHERS IN DER OPER entstand, befanden sich die Marx Brothers auf dem Höhepunkt ihrer Karriere. Sie hatten von ihrem Filmstudio einen äußerst lukrativen Vertrag erhalten, und ihre Filme wurden aufwendig ausgestattet. Sogar große Ballett- und Gesangsszenen konnten sie sich jetzt leisten. Das hat dem Tempo und dem Biss ihrer Filme zwar eher geschadet, dennoch blieben Groucho, Harpo und Chico Marx die frechsten Komödianten, die das Kino je unsicher gemacht haben.

Ihre Rollenverteilung ist immer nach demselben Muster gestrickt: Groucho ist der aufgeblasene, um keine Lüge und keine

Frechheit verlegene Hochstapler, dessen grässlicher Schnauzer aufgemalt ist und der eine Intellektuellenbrille ohne Glas trägt. Harpo sorgt als stummer, stets freundlich lächelnder, aber hinterhältiger Clown für Chaos. Und Chico, verkleidet als italienischer Einwanderer, ist ein Stehaufmännchen ohne jeden Sinn für Niederlagen. Die Marx Brothers liefern sich hemmungslos alberne, aber auch bösartige Wortgefechte in einem unglaublichen Tempo. Sie machen alles und jeden lächerlich und erlauben sich unerhörte Gemeinheiten, weil letztlich nur eines zählt: die großen Lacher.

Ein junger Regisseur will mit einer Revue groß rauskommen und sich dadurch das moralische Recht erwerben, ein Mädchen aus reichem Haus zu heiraten. Ole und Chic unterstützen dieses Vorhaben mit allen erdenklichen Mitteln – und sabotieren es gleichzeitig. Das ist ein Widerspruch, der **IN DER HÖLLE IST DER TEUFEL LOS** problemlos funktionieren kann, weil hier sowieso nach eigenen oder, besser gesagt, nach gar keinen Regeln gespielt wird. Es regiert der Nonsens, die Blödelei, die lachhafte Sinnlosigkeit: Plötzlich reiten Indianer durchs Bild, weil der Filmoperateur ein Durcheinander mit den Filmrollen angerichtet hat. Stinky Miller wird von der Leinwand herab ermahnt, den Kinosaal sofort zu verlassen, weil Mutter zu Hause mit dem Spinat wartet. Auf einem Roller rast ein Bär mit einer Tänzerin auf dem Rücken über die Bühne. Und ein Bäumchen, das an eine x-beliebige Mrs. Jones geliefert werden soll, wächst von Szene zu Szene – ohne je sein Ziel zu erreichen.

Dieser Film kracht aus allen Nähten, so prall sind die Gags reingestopft. Will Ole seiner Nachbarin im Theater mit einer gruseligen Maske Angst einjagen, zuckt diese mit keiner Wimper. Aber wenn er die Maske enttäuscht sinken lässt und sein wahres Gesicht zum Vorschein kommt, kreischt sie entsetzt auf.

So funktioniert eine der lustigsten Komödien der Filmgeschichte, ohne je den Versuch zu machen, eine halbwegs inter-

DIE MARX BROTHERS IN DER OPER in einem Satz: Um ein Traumpaar zusammenzubringen, zerstören drei Chaoten mit handfesten Argumenten und rabiatem Wortwitz eine Verdi-Oper.

DIE MARX BROTHERS IN DER OPER (A Night at the Opera). USA 1935. Regie: Sam Wood. Besetzung: Groucho Marx, Chico Marx, Harpo Marx, Margaret Dumont u.a. 90 Minuten. FSK 12. DVD: Warner

Wem ein Film nicht genügt:
EIN TAG BEIM RENNEN USA 1937. Regie: Sam Wood (FSK 6)
DIE MARX BROTHERS IM KRIEG USA 1933. Regie: Leo McCarey (FSK 6)

000030 Die Marx Brothers Kurzinformation

essante Geschichte zu erzählen. Ole Olsen und Chic Johnson sind damit die großen Vorgänger und Vorbilder für Filme wie **DIE NACKTE KANONE** oder **HOT SHOTS**, in denen viele ihrer Gags wieder aufgewärmt wurden. Besonders originell sind die Witze über das Kino selbst, die uns immer wieder die Illusionen zerstören. So ist es keine Überraschung, wenn uns ein Gesicht von einer Fotografie nicht nur entgegenlächelt, sondern auch Antwort gibt, wenn man es anspricht. Oder dass ein Kameramann ermahnt wird, nicht zu lange bei den Schönheiten im Badeanzug zu verweilen, sondern gefälligst den Hauptfiguren zu folgen. Und wenn der Bildausschnitt verrutscht, werden die Personen auf der Leinwand vom schwarzen Balken fast zerquetscht, der nun quer über die Leinwand verläuft. Chic und Ole wissen sich allerdings aus jeder noch so misslichen Lage zu befreien. In diesem Fall rücken sie den Ausschnitt durch Stemmen und Ziehen gleich selbst wieder an die richtige Stelle. In diesem irrwitzigen Chaos ist es kein Wunder, dass auf das Gebrüll des Regisseurs: »Ruhe, wir drehen hier einen Film!« im Hintergrund jemand verzweifelt aufschreit: »Das ist Ansichtssache!«

IN DER HÖLLE IST DER TEUFEL LOS in einem Satz: Keine
Handlung – Chaos pausenlos – Gelächter bis zur Erschöpfung.

IN DER HÖLLE IST DER TEUFEL LOS (Hellzapoppin).
USA 1941. Regie: Henry C. Potter. Besetzung: Ole Olsen,
Chic Johnson, Martha Raye, Mischa Auer u. a. 83 Minuten.
FSK 12. DVD: (Noch) nicht erhältlich

Wem ein Film nicht genügt:
DIE NACKTE KANONE USA 1980.
Regie: David Zucker (FSK 12)
DER SCHUH DES MANITU Deutschland 2001.
Regie: Michael Herbig (FSK 6)

Ist Lachen ansteckend? Darauf liefert ein praktisches Experiment
die vergnüglichste Antwort: In **DIE SITTENSTROLCHE** wird nämlich eine der längsten Lachnummern der Filmgeschichte geboten. Durchs Experiment führen Oliver Hardy und Stan Laurel,
noch bekannter als Dick und Doof. Schon das alberne Fingerspiel
»Kniechen, Näschen, Öhrchen« ist so doof, dass man sich schief-
lacht. Genau das tun Oli und Stan dann auch ausgiebig. Sie lachen
und lachen – und hören nicht mehr auf. Wer sich davon nicht früher oder später anstecken lässt, muss entweder bei seinem Leben
geschworen haben, niemals zu lachen, oder er ist ein unaussteh-
lich ernsthafter Mensch. Alle anderen lachen irgendwann mit,
lachen sich unter den Tisch und haben genau wie Dick und Doof
keine Ahnung, was eigentlich so lustig ist, dass man davon Bauch-
schmerzen kriegt.

Diese Lachorgie ist der Höhepunkt von **DIE SITTENSTROLCHE**,
einer Räuberklamotte, die zu den besten Filmen des Duos gehört.
Laurel und Hardy sind nicht so schnell und so bissig wie die Marx
Brothers, sie sind nicht so elegant wie Buster Keaton oder so herz-
erweichend wie Charles Chaplin. Bei ihnen ist die Komik immer

DICK UND DOOF: DIE SITTENSTROLCHE in einem Satz: Zwei Schmalspurbanditen sollen einem Räuberhauptmann auf seinem Beutezug behilflich sein und lachen sich dabei schier zu Tode.

DICK UND DOOF: DIE SITTENSTROLCHE (The Devil's Brother). USA 1933. Regie: Hal Roach. Besetzung: Stan Laurel, Oliver Hardy, Thelma Todd, James Finlayson u.a. 90 Minuten. FSK 6. DVD: Warner

Wem ein Film nicht genügt:
DICK UND DOOF: DIE WÜSTENSÖHNE
USA 1933. Regie: William A. Seiter, Lloyd French (FSK 6)
DICK UND DOOF: DIE LIEBEN VERWANDTEN
USA 1936. Regie: Harry Lachmann (FSK 6)

etwas gemächlich und schlicht. Sie lieben die simplen Witze, das fröhliche Zerstören von Mobiliar, die kindischen Streitigkeiten, und manchmal hängen ihre Filme auch ganz schön durch. Aber für ein Kabinettstück wie »Näschen, Kniechen, Öhrchen« sind sie immer gut.

Im wirklichen Leben waren die Rollen übrigens ganz anders verteilt als in den Filmen. Da war Stan Laurel der kluge und gewiefte Geschäftsmann, während Oliver Hardy das einfache Gemüt eines Einfaltspinsels besaß. »Wenn es mit dir aus ist, möchtest du dann begraben werden, oder soll ich dich lieber ausstopfen lassen?« Solchen Unsinn gibt Stan im Kino von sich, aber nicht Mr. Laurel im wirklichen Leben.

DIE SITTENSTROLCHE hat ganz nebenbei sogar eine Handlung: Dick und Doof sind kleine Vagabunden, die dem legendären Räuberhauptmann Fra Diavolo in die Falle gehen, der daraufhin mit der unfähigen Konkurrenz kurzen Prozess machen will. Nur mit viel Glück entgehen Dick und Doof der drastischen Maßnahme

und werden zu Kammerdienern des Räuberhauptmanns beför-
dert. Gemeinsam quartieren sie sich daraufhin in einem Wirtshaus
unter falschen Namen ein, um des Nachts die Gäste zu berauben.
Aber Fra Diavolo kann nicht aufhören, ein Weiberheld zu sein,
während Dick und Doof in ihrer Lachorgie versumpfen – also
kommt alles ganz anders, als geplant.

Noch während die Nationalsozialisten ihre Verbrechen begingen,
haben zwei Regisseure diese Schreckensherrschaft in einer Satire
aufs Korn genommen. Charles Chaplin und Ernst Lubitsch haben
damit das Heikelste überhaupt gewagt und gleichzeitig eine
Gratwanderung genial gemeistert: Sie haben die Bösen lächerlich gemacht, ohne das Böse zu verharmlosen. Sowohl DER GROSSE
DIKTATOR von Charles Chaplin wie SEIN ODER NICHTSEIN von Ernst
Lubitsch wurden zunächst dennoch heftig abgelehnt. Kritiker wie

Zuschauer konnten offenbar nicht verstehen, dass Witz eine Frage der Form und nicht des Inhalts ist. Chaplin und Lubitsch konnten etwas witzig inszenieren, und es dennoch völlig ernst meinen. Bei ihnen sind die Nazis keine Monster, denen man ihre Bosheit von weitem ansieht. Umso schrecklicher ist deshalb die Wahrheit, die Lubitsch enthüllt: »Ich gebe zu, dass ich die Nazis nicht so dargestellt habe, wie das Filme, Romane oder Stücke sonst tun, wenn sie Naziterror zeigen. Keine Folterkammer, keine Auspeitschung. Meine Nazis sind anders: Sie sind längst über diese Stufe hinaus. Brutalität, Auspeitschen und Tortur sind ihre Alltagsroutine. Sie reden darüber wie ein Geschäftsmann über den Verkauf einer Handtasche. Sie machen ihre Witze über das KZ und die Leiden ihrer Opfer.« In SEIN ODER NICHTSEIN werden Witze also geradezu gefährlich ernst. Das bekommt auch die polnische Schauspieltruppe zu spüren, die ein satirisches Antinazistück einübt, das einen Lacher nach dem anderen einbringen soll. Noch vor der Uraufführung wird das Stück vorsorglich eingemottet und durch den vermeintlich harmlosen »Hamlet« ersetzt. Als die Deutschen in Warschau einmarschieren, werden die Schauspieler dennoch arbeitslos. Hinter den Kulissen beginnt das Maskenspiel jedoch erst recht. Die ursprünglich geplante Satire auf Adolf Hitler wird zum Drehbuch für die Wirklichkeit: Die Kostüme und Dialoge aus ihrer nie gezeigten Abrechnung mit den Nazis werden zu ihren Waffen in einem bitterernsten Schauspiel. SEIN ODER NICHT-SEIN wird zur Verwechslungs- und Verkleidungskomödie, die bewusst gemischte Gefühle weckt: Es ist zum Schreien komisch, und vor Lachen fließen die Tränen.

Genauso doppeldeutig hat es Lubitsch gewollt. Gut und böse sind bei ihm nicht plump und eindeutig unterschieden. Dafür, dass der eine zum Helden und der andere zum Verbrecher wird, ist nicht das Schicksal verantwortlich. Die Helden der Schauspieltruppe sind genauso eitel und feige wie die Nazis. Aber die einen entscheiden sich bewusst für das Gute und die Menschlichkeit, während die anderen ebenso bewusst dem Bösen und der Unmenschlichkeit dienen.

Der Titel SEIN ODER NICHTSEIN ist deshalb auf vielfältige Weise das Programm dieses Films. Aber Hamlet haben wir nicht nur das zu verdanken, sondern auch einige Pointen, die brillant den sogenannten Lubitsch-Touch illustrieren. Zu Lubitschs Markenzeichen gehörte es nämlich, dass er auf jede gute Pointe immer noch eine bessere draufsetzen konnte. Joseph Tura, der Leiter der Schauspieltruppe, glaubt von sich selbst, ein grandioser Hamlet zu sein. Deshalb ist er tödlich beleidigt, als ein junger Mann ausgerechnet immer dann aufsteht, wenn er zu seinem großen Monolog anhebt. Später wird er erfahren, dass die Schmach noch tiefer geht, denn »Sein oder Nichtsein« war das Stichwort, das seine Frau Maria mit ihrem Liebhaber für ein ungestörtes Schäferstündchen in ihrer Garderobe vereinbart hatte. Über diese Pointe lachen wir herzlich. Aber ganz zum Schluss wird Lubitsch noch komischer. Erneut steht Tura als Hamlet auf der Bühne. Diesmal kennt er die drohende Gefahr und fixiert deshalb bei »Sein oder Nichtsein« seinen Nebenbuhler bedrohlich. Mit Erfolg: Der bleibt sitzen! Als Tura bereits aufatmen will, erhebt sich jedoch ein anderer junger

Mann und verlässt den Saal. Nun sind gleich zwei Männer die Gehörnten.

Eine andere Pointe, die Lubitsch genauso sorgfältig vorbereitet, liefert den Beweis dafür, wie ernst es Lubitsch mit seiner Komödie war. Der kleine Nebendarsteller Greenberg träumt davon, einmal den Shylock aus Shakespeares Stück »Der Kaufmann von Venedig« zu spielen. Auch dort gibt es einen großen Monolog. Und Greenberg erhält tatsächlich seine Chance, allerdings nicht auf der Bühne, sondern im »wirklichen Leben«. Es wird ein großer Auftritt, in dem die Komödie blitzschnell ins Drama kippt. Greenberg muss die Gestapo ablenken, deshalb stellt er sich einem Nazi in den Weg und spricht endlich vor Publikum die Worte des Shylock: »Hat nicht ein Jude Hände, Gliedmaßen, Werkzeuge, Sinne, Neigungen, Leidenschaften? Mit derselben Speise genährt, mit denselben Waffen verletzt, denselben Krankheiten unterworfen, mit denselben Mitteln geheilt, gewärmt und gekältet von eben dem Winter und Sommer als ein Christ? Wenn ihr uns stecht, bluten wir nicht? Wenn ihr uns kitzelt, lachen wir nicht? Wenn ihr uns vergiftet, sterben wir nicht? Und wenn ihr uns beleidigt, sollen wir uns nicht rächen?« Komödie, Theater und Maske – danach mag es in SEIN ODER NICHTSEIN äußerlich aussehen, aber im Innersten meint es Lubitsch so ernst, wie es nur möglich ist.

Lubitsch hätte ohne weiteres zugegeben, dass SEIN ODER NICHT-SEIN eine gewagte Satire sei. Aber das ist eine Notwendigkeit, denn eine Komödie, die nichts wagt, kann keine Satire sein. Deshalb hat die Satire in Diktaturen keine Chance. Diktatoren wollen bewundert und noch mehr gefürchtet werden, aber sicher nicht ausgelacht. Wer über etwas lacht, der nimmt es nicht mehr ganz so ernst und spricht ihm damit die Allmacht ab. Das können Diktatoren nicht dulden, und deshalb zählt die Satire immer zum Ersten, was in einer Diktatur verboten wird. Welch ein Glück, dass Ernst Lubitsch schon vor der Machtergreifung der Nazis in die USA entkommen ist.

SEIN ODER NICHTSEIN in einem Satz: Für eine polnische Schauspieltruppe wird nach dem Einmarsch der Deutschen in Warschau aus dem Spiel auf der Bühne ein zum Schreien komischer Kampf hinter den Kulissen, den sie mit allen Mitteln der Verkleidung und des Theaters führen.

SEIN ODER NICHTSEIN (To Be or Not to Be). USA 1942. Regie: Ernst Lubitsch. Besetzung: Jack Benny, Carole Lombard u. a. 98 Minuten. FSK 12. DVD: Kinowelt

Wem ein Film nicht genügt:
NINOTSCHKA USA 1939.
Regie: Ernst Lubitsch (FSK 6)
DER GROSSE DIKTATOR USA 1940.
Regie: Charles Chaplin (FSK 12)

Der französische Komiker und Regisseur Jacques Tati sucht sich mit Vorliebe völlig harmlose, ganz alltägliche und auf den ersten Blick überhaupt nicht komische Motive aus. Im verschlafenen Badeort am Atlantik geschieht nichts Aufregendes: Man bezieht sein Zimmer im Hotel, genießt – soweit es der Koch zulässt – das Essen, liegt am Strand, und als äußerste Aufregung muss ein Gruppenausflug mit Picknick reichen oder ein zahmes Feuerwerk. Dennoch sind **DIE FERIEN DES HERRN HULOT** überhaupt nicht langweilig. Dafür sorgt der staksige Hulot, den Jacques Tati selbst spielt. Aber Hulot ist nicht etwa komisch, weil er das so will. Im Gegenteil, der schüchterne Junggeselle ist immer ganz ernsthaft, will möglichst unauffällig seinen Urlaub verbringen und allzeit zuvorkommend sein. Darin ist er so versunken, dass er nichts vom Chaos mitkriegt, das seine Bemühungen veranstalten. Wie kommt es, dass er nach einer Reifenpanne plötzlich mit einem Schlauch, an dem nasses Laub klebt, mitten in einer Beerdigung steht und einen vermeintlichen Trauerkranz überreicht? Hulot hat nicht den leisesten Schimmer und wird ihn auch niemals haben!

DIE FERIEN DES HERRN HULOT in einem Satz: Ein schüchterner Junggeselle macht Ferien am Meer und merkt gar nicht, welches Chaos er in seinem Bemühen um Unauffälligkeit anrichtet.

DIE FERIEN DES HERRN HULOT (Les vacances de M. Hulot). Frankreich 1953. Regie: Jacques Tati. Besetzung: Jacques Tati, Nathalie Pascaud u. a. 89 Minuten. FSK 6. DVD: Universumfilm

Wem ein Film nicht genügt:
TATIS SCHÜTZENFEST Frankreich 1947.
Regie: Jacques Tati (FSK 6)
MEIN ONKEL Frankreich 1958.
Regie: Jacques Tati (FSK 6)

Aber aufgepasst: Tati trägt seine Gags nicht auf dem Serviertablett vor sich her. Dennoch gibt es nur wenige Filme, die mit mehr Gags aufwarten können als **DIE FERIEN DES HERRN HULOT**. Selbst wenn man den Film schon ein Dutzend Mal gesehen hat, wird man stets aufs Neue etwas zum Lachen oder Schmunzeln entdecken. Häufig spielt sich ein Gag gar nicht im Vordergrund ab, wo man es erwartet, sondern im Hintergrund oder am Rande des Bildes, und manchmal müssten wir sogar simultan über verschiedene Witze lachen können. So werden wir zu Entdeckern, genau wie Tati, der seine Gags nicht erfunden, sondern durch genaues Hinschauen im scheinbar harmlosen Alltagsleben entdeckt hat.

Der Siegeszug des Fernsehens in den 1950er Jahren setzte das Kino gewaltig unter Druck. Was konnte man den Zuschauern bieten, damit sie den Fernsehschirmen wenigstens zeitweise den Rücken kehrten? Es musste doch möglich sein, den damals noch lächerlich kleinen schwarzweiß flimmernden Bildschirm zu übertrumpfen. Also wurde die Leinwand noch größer und breiter, die

DIE TOLLKÜHNEN MÄNNER IN IHREN FLIEGENDEN KISTEN in einem Satz: 1910 wird der Wettflug über den Ärmelkanal zum pannenreichen Wettkampf der Nationen.

DIE TOLLKÜHNEN MÄNNER IN IHREN FLIEGENDEN KISTEN
(Those Magnificent Men in Their Flying Machines or How I Flew From London to Paris in 25 Hours 11 Minutes). England 1964. Regie: Ken Annakin. Besetzung: Stuart Whitman, Sarah Miles, James Fox, Gert Fröbe, Alberto Sordi, Robert Morley, Jean-Pierre Cassel, Terry-Thomas u. a. 131 Minuten. FSK 6. DVD: 20th Century Fox

Wem ein Film nicht genügt:
EINE TOTAL, TOTAL VERRÜCKTE WELT
USA 1962. Regie: Stanley Kramer (FSK 12)
DAS GROSSE RENNEN RUND UM DIE WELT
USA 1964. Regie: Blake Edwards (FSK 12)

Filme wurden beinahe ausschließlich in Farbe gedreht, und die Produktionen protzten mit monumentalen Kulissen und beeindruckenden Staraufgeboten. Das galt nicht nur für Abenteuer- und Bibelfilme oder aufwendige Musicals, es wurden auch Komödien nach dem genau gleichen Muster aufgemotzt. Während sie bis dahin vergleichsweise preiswert produziert worden waren und im Normalfall nicht länger als 90 Minuten dauerten, geriet im Kampf gegen das Pantoffelkino auch die Komödie zum Spektakel.

DIE TOLLKÜHNEN MÄNNER IN IHREN FLIEGENDEN KISTEN treibt es bereits mit seinem überlangen Titel auf die Spitze. Der englische Originaltitel ist geradezu monumental und bringt es auf sagenhafte zwanzig Wörter – einer der längsten Titel der Filmgeschichte, wenn nicht sogar der alleinige Rekordhalter.

Auch die Handlung wurde mit der großen Kelle angerichtet: 1910 wird ein Flugrennen von England nach Frankreich ausgerufen. Wer den Flug über den Kanal und nach Paris am schnellsten zurücklegt, hat gewonnen. Jede Nation, die etwas auf sich hält,

schickt ein Flieger-As nach England. Im Mittelpunkt bekämpfen sich ein draufgängerischer, leichtsinniger Amerikaner und ein stocknüchterner, bis zum Abwinken edelmütiger Brite. Diese beiden liefern sich nicht nur um den Sieg ein Duell auf Biegen und Brechen. Der Preis, auf den sie es wirklich abgesehen haben, ist die schöne Patricia. Daneben wetteifern ein zackiger deutscher Offizier, der sich selbst beim Gang ins Strandbad noch den Marsch bläst; ein lebensfroher Franzose, der jedem Frauenrock hinterherjagt; ein cholerischer Italiener, der bei jeder Zwischenlandung ein Bambino mehr in seine Arme schließt; und ein stoischer Japaner, der asiatisch bescheiden hochstapelt. Und dann ist da noch der windige Sir Percy, der vor keiner Schandtat zurückschreckt, um das Rennen zu gewinnen. Seine Sabotageakte verleihen dem Flugfest erst die richtige Würze.

Diese Inhaltsangabe zeigt bereits an: Solche Monumentalkomödien schwelgen in pompöser Ausstattung, sind meist bis zum Rand mit Klischees abgefüllt und dauern zwangsläufig länger als zwei Stunden.

Zunächst hatte Regisseur Ken Annakin übrigens einen ganz ge-
wöhnlichen Fliegerfilm geplant, ein spannendes Abenteuer ohne
Ironie und doppelten Boden. Als seine Produktionsfirma jedoch
Pleite ging, sattelte Annakin um und schuf stattdessen diese vergnügliche und zugleich sündhaft teure Fliegerkomödie. Die Flugzeuge waren originalgetreue und flugtüchtige Nachbildungen
von historischen Maschinen, natürlich mit einem etwas besseren
Motor versehen. Nicht weniger als zwanzig solcher neu-alten
Flugmaschinen ließ man für den Film bauen.

In den sechziger und siebziger Jahren waren die Disney-Studios
nicht mehr nur für ihre Trickfilme bekannt. Sie boten auch harmlose Spielfilm-Unterhaltung für die ganze Familie. Als Kulisse
wurde häufig ein College gewählt, etwas Sport gehörte dazu, ein
schüchterner, ungeschickter junger Mann auf der Suche nach Erfolg
und Frau – alles mit ein paar Spezialeffekten hübsch garniert.

KÄPTEN BLACKBEARDS SPUKKASCHEMME in einem Satz: Der Geist eines Piraten verfolgt den Trainer einer hoffnungslos unsportlichen Leichtathletikmannschaft und bietet sich als unsichtbares Doping an.

KÄPTEN BLACKBEARDS SPUKKASCHEMME (Blackbeard's Ghost). USA 1967. Regie: Robert Stevenson. Besetzung: Peter Ustinov, Dean Jones, Elsa Lanchester u. a. 107 Minuten. FSK 6. DVD: Walt Disney

Wem ein Film nicht genügt:
DER FLIEGENDE PAUKER USA 1960.
Regie: Robert Stevenson (FSK 6)
DIE TOLLKÜHNE HEXE IN IHREM FLIEGENDEN BETT USA 1972.
Regie: Robert Stevenson
(FSK ohne Altersbeschränkung)

In **KÄPTEN BLACKBEARDS SPUKKASCHEMME** wurde dieses Erfolgsmuster immerhin sehr einfallsreich gestrickt. Wir fiebern mit Steve Walker, einem Leichtathletiktrainer, der krampfhaft versucht, eine hoffnungslos unsportliche Mannschaft zum Erfolg anzutreiben. Und das in Godolphin, einem College, wo seit Menschengedenken American Football Trumpf ist. Da hat sich Steve etwas aufgebürdet! Und die Last nimmt sogar noch beträchtlich zu, als ihm der Geist eines rüpelhaften Piraten hilfreich unter die Arme greift, dabei aber jeglichen Anstand und Sportsgeist vermissen lässt. Ausgerechnet an Steve, diesem dürren, braven und wohlerzogenen Bürschchen, hat Blackbeard einen Narren gefressen.

Weil Blackbeard nur für Steve sichtbar ist, kommt es zu gespenstischen Szenen: Ein Motorrad macht sich selbständig; Speere fliegen endlos durch die Luft; Whiskyflaschen leeren sich gleich reihenweise wie von Geisterhand; und alle glauben, Steve verliere allmählich den Verstand, weil er ohne sichtbaren Anlass in unkontrollierte Zuckungen verfällt oder barsche Schimpftiraden an sich selbst richtet. Als Blackbeard ihm anbietet, den entscheidenden Wettkampf zu türken, um Godolphin endlich zu einem grandiosen Sieg zu führen, steht der rechtschaffene Sportsmann vor einem Dilemma: Einerseits ist er ein penetranter Fairplayer, andererseits will er ein paar reizenden alten Damen dabei helfen, ihr Hotel vor den Klauen eines Gauners zu bewahren. Und das könnte tatsächlich gelingen, falls die Damen mit einer Wette auf die krassen Außenseiter Godolphin einen Haufen Geld gewinnen würden. Steven kann es drehen und wenden, wie er will: Zuletzt hängt alles von einem verlogenen, ungehobelten und schlitzohrigen Piraten ab.

◎◎◎

Inspektor Clouseau ist von Sherlock Holmes mindestens so weit entfernt wie der Nord- vom Südpol. Während Holmes seine Fälle mit messerscharfem Verstand und Kombinationsgabe löst, ist Clouseau der Volltrottel vom Dienst, der rein zufällig von Erfolg zu Erfolg stolpert. Seine Unfähigkeit macht ihn sowohl für die Unterwelt wie für den Polizeiapparat zur unberechenbaren, ja sogar mörderischen Bedrohung. Clouseau jedoch ahnt davon gar nichts. Er hangelt sich traumwandlerisch sicher von Missgeschick zu Katastrophe, von Chaos wieder zu Missgeschick und wird am Ende doch immer als Held gefeiert. Mit Holmes teilt Clouseau lediglich die Vorliebe für extravagante Verkleidungen, wobei selbst hier nichts so klappt, wie es sollte.

Der britische Komiker Peter Sellers hat als unfähiger Fahnder, dem nichts und niemand das Selbstvertrauen erschüttern kann, seine Paraderolle gefunden. Insgesamt fünf Mal hat ihn Regisseur Blake Edwards als Clouseau auf die Leinwand geschickt – in der bis heute erfolgreichsten Komödienserie der Filmgeschichte. Die Zusammenarbeit mit Sellers war allerdings kein Zuckerschlecken. Nach jedem Film schwor sich Edwards, nie mehr mit diesem Irren zusammenzuarbeiten. Der perfektionistische und gleichzeitig von Selbstzweifeln geplagte Sellers brachte Edwards immer wieder an den Rand eines Nervenzusammenbruchs. Dennoch hat Edwards seinen Schwur immer wieder gebrochen, bis der frühe Tod von Sellers dieser Hassliebe gewaltsam ein Ende bereitete.

Der erste Film erzählt noch die halbwegs glaubwürdige Geschichte von einem sagenhaften Diamanten, dem Rosaroten Panther, den der Meisterdieb Sir Charles Lytton in die Finger kriegen will, während der tolpatschige Inspektor Clouseau genau das zu verhindern versucht. Die unübersichtliche Verfolgungsjagd, die sich daraus ergibt, wird in den späteren Abenteuern immer absurder – aber auch immer komischer.

In **DER ROSAROTE PANTHER KEHRT ZURÜCK**, dem dritten Film, wird der Diamant aus einem Museum im orientalischen Fantasiestaat Lugasch geklaut. Für die Wiederbeschaffung kommt selbstverständlich nur Clouseau in Frage. Sehr zum Leidwesen von Chefinspektor Dreyfus, der wegen seines ebenso verblödeten wie erfolgreichen Mitarbeiters immer wieder von Neuem den Verstand verliert. Aber natürlich gelingt es Clouseau auch diesmal, in aller Unschuld eine Spur der Verwüstung zu hinterlassen und ohne jeden Scharfsinn sämtlichen Anschlägen zu entgehen.

Selbst wenn Clouseau nach getanem Zerstörungswerk in sein Heim zurückkehrt, ist noch nicht Ruhe, denn sein Diener Kato muss nicht nur den Haushalt des Meistertrottels in Schuss halten, sondern auch dessen Kampffähigkeit auf die Probe stellen und stärken. Dabei geht, wen wundert's, regelmäßig die gesamte Wohnungseinrichtung zu Bruch.

Die Clouseau-Reihe war so erfolgreich, dass Edwards sogar noch nach dem Tod seines Hauptdarstellers einen weiteren Film herausbrachte – mit Peter Sellers als Clouseau. Das war nur möglich geworden, weil Edwards von früheren Dreharbeiten reichlich unverwendetes Material hatte, so dass er daraus einen ganzen Film zusammenschustern konnte, den er mit einer neu gedrehten Rahmenhandlung notdürftig zusammenpappte. Es wurde allerdings ein löchriges Flickwerk, ein allzu offensichtlicher und deshalb billiger Trick, um noch einmal große Kasse zu machen. Auch Versuche, Clouseau mit anderen Schauspielern wieder auferstehen zu lassen, scheiterten. Weder Ted Waas, Alan Arkin, Roberto Benigni noch Steve Martin sind für Peter Sellers eine ernsthaft komische Konkurrenz. Am ehesten gelang das noch John Candy, der als Harry Crumb mit Bravour einen ähnlich vertrottelten Detektiv verkörperte.

Fast genauso legendär wie die Spielfilme ist die Trickfilmserie, die in Deutschland als **PAULCHEN PANTHER** lief. Sie ist ein Nebenprodukt der Filme, denn zunächst wurden die Trickfilmfiguren lediglich für den Vorspann der Spielfilme erfunden. Diese kurzen Auftritte waren jedoch dermaßen amüsant, dass von 1964 bis 1980 nahezu hundert Trickfilme entstanden.

DER ROSAROTE PANTHER KEHRT ZURÜCK in einem Satz: Ein vollkommen unfähiger Inspektor soll einen gestohlenen Diamanten wiederbeschaffen und bringt dabei Freund und Feind über den Rand des Nervenzusammenbruchs hinaus.

DER ROSAROTE PANTHER KEHRT ZURÜCK (The Return of the Pink Panther). England 1974. Regie: Blake Edwards. Besetzung: Peter Sellers, Christopher Plummer, Herbert Lom u. a. 113 Minuten. FSK 12. DVD: Universal

Wem ein Film nicht genügt:
EIN SCHUSS IM DUNKELN USA 1964.
Regie: Blake Edwards (FSK 12)
WER IST HARRY CRUMB? USA 1988.
Regie: Paul Flaherty (FSK 12)

Monsieur Pivert ist Rassist mit Leib und Seele. Er schimpft über alles, was nicht französisch oder katholisch ist. Als er erfährt, dass sein Chauffeur Jude ist, wirft ihn das deshalb kurzzeitig aus der Bahn – und prompt landet sein Auto mit dem schnittigen Boot auf dem Dach verkehrt herum im See, nun ein schnittiges Boot mit Auto huckepack. Doch es kommt noch schlimmer für Monsieur Pivert: Er wird von Slimane gekidnappt, einem arabischen Oppositionspolitiker, der auf der Flucht vor einem Killerkommando ist. Als dann der Araber Slimane und der Fremdenhasser Pivert sich auch noch als jüdische Rabbiner verkleiden müssen, ist die Verwirrung komplett. Ausgerechnet Monsieur Pivert wird als Rabbi Jacob aus dem fernen New York stürmisch gefeiert – im jüdischen Viertel von Paris.

Der französische Komödienspezialist Gérard Oury wagt sich scheinbar unbekümmert an ein äußerst heikles Thema heran. Darf man über Rassismus Witze machen? Dürfen religiöse Bräuche die Kulisse für eine rasante Komödie abgeben? Oury schafft die Gratwanderung scheinbar spielend leicht. Über den Rassisten Monsieur Pivert lachen wir Tränen – aber das Judentum wird nicht lächerlich gemacht. Louis de Funès zappelt und grimassiert wie verrückt. Er ist wie immer eine unfaire Kanaille, ein ungenießbarer Despot, den man eigentlich verachten sollte.

Dennoch gewinnt dieser Giftzwerg nach und nach unsere Sympathie, denn je weiter er sich in seine Maskerade verstrickt, desto besser bekommt ihm das. Am Schluss überlässt er seine Tochter dem Araber und schließt dafür die jüdische Familie ins Herz. Der Rassist hat seine Lektion gelernt. Und weil das so ist, darf diese Lektion auch lustig sein. Eine Verfolgungsjagd in der Kaugummifabrik, eine Begegnung der grimassigen Art mit einem Polizisten und seinem schwarzen Pickel, das Behandlungszimmer einer Zahnärztin als Folterkammer – DIE ABENTEUER DES RABBI JACOB sind von Anfang bis Ende eine vergnügliche Lektion darin, dass auch ernste Dinge komisch sein können.

DIE ABENTEUER DES RABBI JACOB in einem Satz: Als ein
unverbesserlicher Rassist zufällig ins Fadenkreuz eines
Killerkommandos gerät, wird er zur Nacherziehung in die
Verkleidung eines Rabbiners gesteckt.

DIE ABENTEUER DES RABBI JACOB (Les Aventures de Rabbi
Jacob). Frankreich 1973. Regie: Gérard Oury. Besetzung:
Louis de Funès, Marcel Dario, Suzy Delair, Claude Piéplu u.a.
95 Minuten. FSK 6. DVD: MCP

Wem ein Film nicht genügt:
BALDUIN, DER TROCKENSCHWIMMER Frankreich, Italien
1967. Regie: Robert Dhéry (FSK 12)
HASCH MICH, ICH BIN DER MÖRDER Frankreich 1971.
Regie: Jean Girault (FSK 12)

◉◉◉

Es geht um vier identisch aussehende Taschen, die jedoch ganz unterschiedlich gefüllt sind: Die eine birgt musikwissenschaftliches Urgestein, in einer anderen werden Juwelen aufbewahrt, die dritte enthält geheime Dokumente, und in der vierten herrscht ein fröhliches Durcheinander von gebrauchten Kleidern. Dieses Durcheinander gehört Judy Maxwell, die nicht nur in ihrer Tasche für unübersichtliche Zustände sorgt. Zielstrebig und effizient verwandelt sie das Leben des schüchternen, zerstreuten und lebensuntauglichen Musikwissenschaftlers Howard Bannister in einen Albtraum. Dabei war Howard eigentlich nach San Francisco gekommen, um dank seiner Theorie über die musikalischen Versuche der Urzeitmenschen ein Stipendium zu gewinnen.

Treu umsorgt und auf den rechten Weg gebracht wird Howard von seiner Verlobten Junice. Dem Wirbelsturm, den Judy auslöst, ist allerdings auch sie nicht gewachsen: Da sitzt plötzlich eine ganze Tischrunde unterm Tisch statt am Tisch; da lässt ein Hausdetektiv seinen Charme krachen, dass die Knochen brechen; da geht eine ganze Hoteletage in Flammen auf – und derweil wechseln die Taschen munter ihre Besitzer, bis niemand mehr weiß, wem nun was gehört und wer hinter wem her ist. Also bricht man zu einer rasanten Verfolgungsjagd quer durch San Francisco auf – per Auto, Fahrrad und chinesischem Drachen.

Als IS' WAS, DOC? Anfang der 1970er Jahre ins Kino kam, wussten Kenner der Kinogeschichte sofort, bei welchem Meister der junge Regisseur Peter Bogdanovich abgekupfert hatte: Bei Howard Hawks und dessen legendärer Screwball-Comedy LEOPARDEN KÜSST MAN NICHT. Hawks war ein Meister dieser besonderen Art von Komödie, die wie ein Schneeballsystem funktioniert. Was zunächst wie eine Lappalie aussieht, wird immer größer, legt unwiderstehlich an Tempo zu, bis es nicht mehr zu steuern und zu bremsen ist. Der Schluss kommt immer sehr abrupt: Der Riesen-Schneeball knallt gegen ein Hindernis – und wenn sich der

Schneestaub gelegt hat, ist nichts Aufregendes mehr da. Viel witziger Lärm um nichts.

Peter Bogdanovich wollte die Screwball-Comedy, dieses klassische Genre der 1930er und 1940er Jahre, wieder aufleben lassen. Dass sein Film ein großer Erfolg werden sollte, war allerdings nicht vorauszusehen. Erstens stand ihm nur wenig Geld zur Verfügung, und zweitens glaubte niemand so recht daran, dass man in den 1970er Jahren über das Gleiche lachen würde wie Jahrzehnte zuvor. Die Hauptdarstellerin Barbra Streisand jedenfalls war zunächst gar nicht scharf darauf, in diesem Film mitzuspielen, und behauptete sogar, er sei alles andere als komisch und werde bestimmt ein gewaltiger Flop. Sie sollte sich gewaltig irren.

Bogdanovich zitierte im Übrigen nicht nur legendäre Klassiker, sondern auch taufrische Kinoerfolge, allerdings ohne dieselbe große Bewunderung. Wenn Judy ihren Howard endlich kriegt, ermahnt sie ihn treuherzig: »Liebe ist, niemals um Verzeihung bitten zu müssen.« Und sie klimpert dabei ganz furchtbar mit den Wimpern. Der angebetete Howard, gespielt von Ryan O'Neal, blickt geradewegs in die Kamera und bemerkt trocken: »Das ist der größte Schwachsinn, den ich je gehört habe!« Die Pointe versteht nur, wer LOVE STORY von 1969 kennt, denn von dort hat Bogdanovich diese »Lebensweisheit« geklaut. Und der Hauptdarsteller in LOVE STORY, der solchen Schwachsinn zum Besten gibt, ist niemand anderer als Ryan O'Neal.

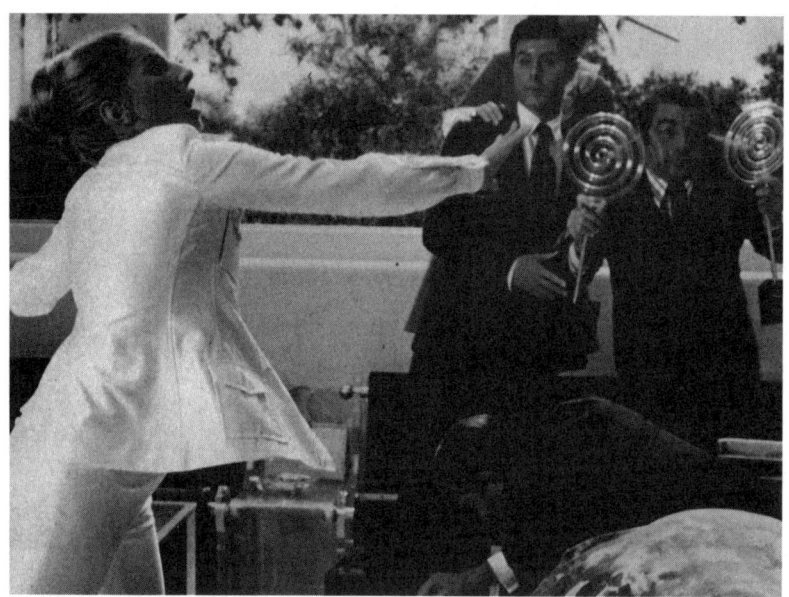

IS' WAS, DOC? in einem Satz: Vier gleiche Taschen und ein weiblicher Wirbelsturm lösen ein Verwechslungschaos aus, das in einer Verfolgungsjagd quer durch San Francisco gipfelt.

IS' WAS, DOC? (What's Up Doc?). USA 1971. Regie: Peter Bogdanovich. Besetzung: Ryan O'Neal, Barbra Streisand, Madeline Kahn u.a. 94 Minuten. FSK 12. DVD: Warner Home Video

Wem ein Film nicht genügt:
LEOPARDEN KÜSST MAN NICHT USA 1938.
Regie: Howard Hawks (FSK 12)
NOISES OFF! USA 1992. Regie: Peter Bogdanovich (FSK 6)

000039 Is' was, Doc? Kurzinformation

HART WIND AM

»Alle Mann an Deck! Setzt die Segel! – Kommt näher, meine Freunde, kommt näher. Ihr seid zur letzten Reise des ›Roten Korsaren‹ geschanghait worden. Er hat sie vor langer Zeit im Karibischen Meer gemacht. Vergesst nicht: Auf einem Piratenschiff, in Piratengewässern, in einer Piratenwelt! Stellt keine Fragen! Glaubt nur, was ihr seht! – Nein, glaubt nicht einmal die Hälfte davon! – Männer am Spill, hievt Anker! Vorwärts, auf große Fahrt!«

Was Käpt'n Vallo seinen Männern zuruft, richtet sich gleichzeitig an uns alle, die wir im Kino sitzen. Vallo blickt deshalb direkt in die Kamera, mitten in den Zuschauerraum.

Das Motto, unter dem DER ROTE KORSAR segelt, passt für sämtliche Abenteuerfilme. Sie funktionieren tatsächlich wie Kidnapping: Wir werden gezwungen mitzusegeln und lassen alles hinter uns, woran wir uns sonst halten. Über Bord mit Wahrscheinlichkeit, Logik und guten Manieren! Wir tauchen in eine Welt der unglaublichsten Abenteuer ein. Das funktioniert allerdings nur, wenn wir keine Fragen stellen. Falls wir Pech haben und neben uns ein Wahrscheinlichkeitskrämer sitzt, der ständig meckert: »Das ist unrealistisch!«, dann bleibt nur eins zu tun: Über die Planke mit ihm!

136

In puncto Wahrheitsgehalt ist Käpt'n Vallo übrigens absolut ehrlich. »Glaubt nicht einmal die Hälfte von dem, was ihr seht!«, warnt er uns – und grinst breit. Der gerissene Fuchs weiß genau, wie gefahrlos solche Ehrlichkeit ist. Selbst wenn unser Kopf weiß, dass wir im Kino sitzen und sich alles nur auf der Leinwand abspielt, so sagt unser Gefühl (und manchmal auch unser Magen) doch etwas ganz anderes: Wir sind mittendrin und wollen mittendrin sein. »Hievt Anker! Vorwärts, auf große Fahrt!«

DER ROTE KORSAR ist nicht nur wegen seiner Eröffnung das Flaggschiff aller Piratenfilme und ein Prachtexemplar von einem Abenteuerfilm. Obwohl bereits über fünfzig Jahre alt, steckt hier immer noch alles drin, was wir an dieser Art von Filmen lieben.

Vallo ist ein hinreißend leichtsinniger Pirat, der sich auf einer Karibikinsel mit Aufständischen verbündet, die ihren skrupellosen Gouverneur stürzen möchten. Seine Mannschaft erhofft sich davon eine hohe Belohnung – er selbst allerdings hat sich in die Tochter des Widerstandsführers verliebt. Als er sich für die Liebe und gegen die Beute entscheidet, meutert die Mannschaft und bringt damit alle in des Teufels Küche.

Käpt'n Vallo und sein stummer Gefährte Ojo nehmen selbst dort sämtliche Widrigkeiten auf die leichte Schulter und turnen sich wie rotzfreche Lausebengel durch die Piratenwelt, stets auf der Suche nach ausweglosen Situationen. Die beiden Hauptdarsteller Burt Lancaster und Nick Cravat waren dafür genau das richtige und bestens eingespielte Team: Die ehemaligen Schulkollegen waren in den 1930er Jahren als Trapezkünstler im Zirkus aufgetreten. Ihre Akrobatik im Film ist also hausgemacht – weder Tricks noch Stuntmänner waren dafür nötig.

Als DER ROTE KORSAR in die Kinos kam, war die große Zeit der Piratenfilme im Grunde bereits vorbei, und so wurde daraus der vorerst krönende Abschluss einer Gattung. Zwar hatte man immer wieder versucht, sie neu zu beleben – jedoch ohne Erfolg. Als in den 1990er Jahren die beiden Drehbuchautoren Ted Elliot und

DER ROTE KORSAR in einem Satz: Ein akrobatischer Pirat narrt zu Wasser und zu Lande all seine Widersacher und hat dabei immer noch reichlich Zeit für ein freches Grinsen.

DER ROTE KORSAR (The Crimson Pirate). USA 1952. Regie: Robert Siodmak. Besetzung: Burt Lancaster, Nick Cravat, Eva Bartok u. a. 101 Minuten. FSK 12. DVD: Warner

FLUCH DER KARIBIK in einem Satz: Käpt'n Sparrow vertraut auf dasselbe Rezept wie einst Käpt'n Vallo und bereitet es unter Szenenapplaus noch bombastischer zu.

FLUCH DER KARIBIK (Pirates of the Caribbean: The Curse of the Black Pearl). USA 2003. Regie: Gore Verbinski. Besetzung: Johnny Depp, Orlando Bloom, Keira Knightley u. a. 143 Minuten. FSK 12. DVD: Buena Vista

Wem zwei Filme nicht genügen:
UNTER PIRATENFLAGGE USA 1935. Regie: Michael Curtiz (FSK 12)
DER HERR DER SIEBEN MEERE USA 1940. Regie: Michael Curtiz (FSK 12)

Terry Rossio die Disney-Filmstudios für eine Piratengeschichte zu begeistern versuchten, winkte man dort nur müde ab: Mit Piraten waren keine sagenhaften Schätze mehr zu gewinnen.

Erst 2003 wurde aus der scheinbaren Schnapsidee doch noch ein Film – und ein gigantischer Erfolg für die Disney-Studios. Mit FLUCH DER KARIBIK erhielt DER ROTE KORSAR endlich einen würdigen Nachfolger. Von der bombastischen Musik über die prächtige Ausstattung bis zu den gelenkigen Darstellern stimmte einfach alles. Und mit Johnny Depp war ein Pirat aus echtem Schrot und Korn an Bord, einer, der sich ebenso leichtfertig in jedes Kampfgetümmel stürzte wie Käpt'n Vallo.

Die Autoren von FLUCH DER KARIBIK wussten im Übrigen sehr genau, wie viel sie dem ROTEN KORSAREN zu verdanken hatten, und fügten deshalb in ihren Leinwandkracher ein hübsches Zitat als Verneigung vor dem großen Vorbild ein: Käpt'n Sparrow und Will Turner werden gerettet, weil sie im Hohlraum eines gekenterten Ruderboots Luft kriegen und so unter Wasser gehen können. Diese Szene hat man eins zu eins aus dem ROTEN KORSAREN übernommen.

Nach dem gigantischen Erfolg dieses Wiederbelebungsversuchs des Piratenfilms war klar, dass es eine Fortsetzung geben würde. Leider kann FLUCH DER KARIBIK 2 dem ersten Film bei weitem nicht das Wasser reichen. Abgesehen von zwei aberwitzigen Action-Slapstick-Szenen ist eine überlange Nummernrevue daraus geworden, die nur noch notdürftig durch so etwas wie eine Handlung zusammengehalten wird.

Die Warner Studios waren durch harte Gangsterfilme berühmt und erfolgreich geworden. In diesen waren die Verbrecher zwar abgrundtief böse und am Ende auch meist tot, aber gleichzeitig faszinierend und attraktiv. Als sich die Moralapostel durchgesetzt hatten und nur noch Saubermänner auf der Leinwand geduldet wurden, musste sich Warner auf die Suche nach neuen Helden machen, die dennoch keine blutleeren Musterknaben waren.

Robin Hood, der ehrenwerte Gangster aus Sherwood Forest, kam da wie gerufen. Um ja nicht zu viel am Erfolgsrezept korrigieren zu müssen, wollte man dafür auch gleich den Gangster-Darsteller Nr. 1 und Top-Star des Studios umpolen: James Cagney, bislang auf schwere Jungs spezialisiert, sollte nun als Rächer der Armen durch die Wälder streifen. Allerdings verließ Cagney das Studio im Streit, und so wurde aus seiner wundersamen Verwandlung nichts. Dafür kam nun Errol Flynn zu Ehren. Er stieg beherzt in die Strumpfhosen und machte seine Sache dermaßen gut, dass er fortan ein Leben lang darunter zu leiden hatte, auf diese eine Rolle fixiert zu werden.

Inzwischen haben DIE ABENTEUER DES ROBIN HOOD zwar an die siebzig Jahre auf dem Buckel, dennoch sind sie immer noch erstaunlich frisch, obwohl die Tricktechnik damals im Vergleich zu heute wenig ausrichten konnte und auch die Stunts noch nicht so gewagt waren.

Immerhin konnte man sich aber auf einen Meister des Bogenschießens verlassen. Howard Hill taucht im Bild zwar nie leibhaftig auf, aber die entscheidenden Pfeilschüsse hat alle er abgegeben. Er wurde als Bogenschütze engagiert und war darin so brillant, dass es ihm vor laufender Kamera gelang, einen bereits steckenden Pfeil mit einem weiteren Pfeil zu spalten. Und das im ersten Versuch, ohne jegliche Tricks. Auf die Stuntmen durfte der Meisterschütze sogar richtig schießen, allerdings trugen sie unter ihren Kostümen einen Panzer, der mit Holz beschichtet war, so dass die Pfeile darin stecken blieben und niemanden verletzten.

Damals war es üblich, sogar einen actiongeladenen Abenteuerfilm größtenteils im Studio zu drehen. Das bedeutete jedoch nicht, dass man dadurch Geld gespart hätte. Aus England wurden Pflanzen nach Kalifornien gebracht, und das Gras wurde sogar eingefärbt, damit alles noch saftiger aussah – so wie im grünen England.

Weniger Aufwand wurde bei der historischen Genauigkeit betrieben. Es war den Filmemachern egal, ob hier ein realistisches Bild des Mittelalters entstand. Der Film musste einfach bunt und aufregend sein. Und eine tolle Filmmusik haben. Dafür holte man den berühmten Komponisten Erich Wolfgang Korngold. Der hatte zuvor klassische Konzertmusik und Opern komponiert. Als Oper betrachtete er auch DIE ABENTEUER DES ROBIN HOOD und all seine weiteren Filme. Er schrieb Musik für praktisch jede Sekunde des Films. Das war und ist außergewöhnlich, brachte Korngold aber einen Oscar ein. Fast vierzig Jahre später fand er in John Williams einen Nachahmer, als dieser aus KRIEG DER STERNE eine Weltraumoper machte, und nochmals dreißig Jahre später schuf Howard Shore für die HERR DER RINGE-Trilogie einen ebenso gelungenen Musikteppich.

Dass Robin Hood auch auf der Leinwand schön bunt auftrat, war der Verdienst von sämtlichen elf Technicolor-Kameras, die es damals weltweit gab. Diese Geräte waren so wertvoll, dass sie nach jedem Drehtag zur Herstellerfirma zurückgebracht werden mussten.

DIE ABENTEUER DES ROBIN HOOD ist bis heute die beste Version dieser klassischen Abenteuergeschichte und einer der vergnüglichsten und leichtfüßigsten Ritterfilme dazu. Die Geschichte ist weitgehend dieselbe wie in allen anderen Fassungen: England wird Ende des 12. Jahrhunderts von Johann ohne Land ausgebeutet. Dieser nutzt die Abwesenheit seines Bruders Richard Löwenherz, der an einem Kreuzzug nach Palästina teilnimmt, gnadenlos aus. Zu den wenigen treuen Anhängern König Richards gehört Robin von Locksley, der deswegen vom neuen Herrscher geächtet wird. Er versteckt sich in den Wäldern von Sherwood und kämpft von dort aus gegen den Sheriff von Nottingham, einen skrupellosen Handlanger des falschen Königs. Als sich Robin in Lady Marian verliebt, die einen Schurken heiraten soll, der ebenfalls im Solde Johanns steht, erhält sein Kampf ein zweifaches Ziel: Er will für Richard Löwenherz den Thron zurückgewinnen – und für sich die bezaubernde Marian.

Obwohl es um das Glück Englands und das Glück Robins geht, also um ziemlich viel, glänzt Errol Flynn als übermütiger Held, dem stets ein flotter Spruch einfällt. Als Marian ihm vorwirft: »Du lügst!«, antwortet er lachend: »Fließend!«

DIE ABENTEUER DES ROBIN HOOD in einem Satz: Ein geächteter Edelmann wird zum rechtschaffenen Gesetzesbrecher, der seinem König den Thron zurückerobern und sich selbst die Frau fürs Leben erkämpfen will.

DIE ABENTEUER DES ROBIN HOOD (The Adventures of Robin Hood). USA 1938. Regie: Michael Curtiz. Besetzung: Errol Flynn, Olivia de Havilland, Basil Rathbone, Claude Rains u. a. 102 Minuten. FSK 6. DVD: Warner

Die Abenteuer des Robin Hood
Kurzinformation
000042
038646

Wem ein Film nicht genügt:
PRINZ EISENHERZ USA 1954. Regie: Henry Hathaway (FSK 12)
IVANHOE USA 1952. Regie: Richard Thorpe (FSK 12)

＊＊＊

Am Anfang steht das Ende von Zorro: 1821 kann der maskierte
Kämpfer gegen die spanische Besatzungsmacht im späteren Kalifornien zwar die willkürliche Erschießung einfacher Bauern virtuos verhindern, aber als er triumphierend nach Hause zurückkehrt, wird er vom machtgierigen und skrupellosen Gouverneur
Don Rafael Montero erwartet. Zorro, hinter dessen Maske sich der
Edelmann Don Diego de la Vega verbirgt, wird gefangen genommen, seine Frau Esperanza getötet und die kleine Tochter Elena
entführt. Die nächsten zwanzig Jahre schmort Zorro als scheinbar
gebrochener Mann im Kerker, bis er unerwartet entkommen kann
und auf der Flucht dem jungen Taugenichts Alejandro begegnet.
Dieser war vor zwanzig Jahren Zeuge der letzten Großtat des
legendären Zorro, der seither sein Idol ist. Durch diesen Zufall
sieht Don Diego den Augenblick der Rache gekommen: Zorro
soll – in der Gestalt von Alejandro – wieder auferstehen. Dafür
muss er diesem Tagedieb allerdings nicht nur in Sachen Fechtkunst einiges beibringen, auch das edle Benehmen muss dem
ungehobelten Burschen erst noch mühsam eingepaukt werden.
Bis Zorro endlich wieder reitet und dabei nicht nur auf dem Pferd
eine gute Figur macht, gibt es viel zu tun. Natürlich wird dann aus
Alejandro doch noch ein unwiderstehlicher Charmeur, der sogar
das Herz der Ziehtochter des Gouverneurs Don Rafael gewinnt.
Sie ist, wie wir schon längst ahnen, die verschleppte Tochter des
echten Zorro. Am Schluss treffen sich alle zum Kampf auf Biegen
und Brechen: die neuen und die alten Helden mit all ihren treuen
Todfeinden.

Zorro ist eine berühmte Figur des Groschenromans. Sein erstes
Abenteuer erschien 1919 und war von Johnston McCulley ausge-
dacht worden. Zorro ist eine Art Heldeneintopf, in dem von vielen
Helden des Abenteuerromans etwas steckt: Ein wenig von Robin
Hood natürlich, ein bisschen von den Musketieren und auch von
Edmond Dantes, dem Grafen von Monte Christo. Legendär wurde

DIE MASKE DES ZORRO in einem Satz: Ein müder Kämpfer findet in einem jugendlichen Heißsporn seinen »Jungbrunnen« – allerdings muss er aus dem ungehobelten Klotz erst noch einen Helden machen.

DIE MASKE DES ZORRO (The Mask of Zorro). USA 1989. Regie: Martin Campbell. Besetzung: Anthony Hopkins, Antonio Banderas, Catherine Zeta-Jones u. a. 137 Minuten. FSK 12. DVD: Columbia TriStar

Wem ein Film nicht genügt:
DER GRAF VON MONTE CHRISTO Deutschland, Frankreich, Italien 1998. Regie: Josée Dayan (FSK 12)
IM ZEICHEN DES ZORRO USA 1940.
Regie: Rouben Mamoulian (FSK 12)

Don Diegos Maskerade: Bei Tag ist Zorro ein unscheinbarer, tolpatschiger und oft sogar feiger Landedelmann – in der Nacht wird er zum tollkühnen und furchtlosen Kämpfer für die gute Sache. Zorro wurde damit seinerseits zum Vorbild einer ganzen Reihe von Comic-Helden wie Batman, Superman und Spider-Man. Zorro ist so bedenkenlos willkürlich zusammengeschustert, dass er keinem Autor wirklich gehört. Man kann also für ihn nach Belieben neue Abenteuer erfinden. Wichtig ist nur, dass die Hauptelemente vorkommen und Zorro sein Markenzeichen hinterlässt: ein schwungvoll mit dem Degen geschlitztes Z.

Auch Martin Campbell nimmt sich in DIE MASKE DES ZORRO viele Freiheiten. Aber alles, was zu einem richtigen Mantel-und-Degen-Abenteuer gehört, packt er hinein: prachtvolle Kulissen, elegante Kämpfe, witzige Dialoge und selbstverständlich Helden, die nicht einmal das Sterben ernst nehmen. Als besondere Pointe in dieser Version tritt Zorro gleich doppelt auf: Einmal als abgeklärter alter Mann, der seine fehlende Beweglichkeit durch Coolness wettmacht, und dann als junger Heißsporn, der erst noch zum funkelnden Diamanten geschliffen werden muss.

Der französische Schriftsteller Alexandre Dumas sorgte im 19. Jahrhundert für Spannung en masse – und unterhielt dafür ein eigenes Schreibbüro, eine regelrechte Romanfabrik, die in seinem Namen Bücher produzierte. DIE DREI MUSKETIERE ist bis heute sein berühmtestes Werk geblieben, ein Höhepunkt des Abenteuerromans und deshalb auch als Kinostoff heiß begehrt. In über vierzig verschiedenen Versionen haben sich Athos, Aramis und Porthos bis heute auf der Leinwand geschlagen. Ihre spektakuläre Fechtkunst steht dabei meist im Vordergrund, und so fällt es kaum auf, dass sie eigentlich drei Bevölkerungsschichten vertreten: der blasierte Adlige Aramis, der neureiche Bürger Porthos und der rüpelhafte Prolet Athos. Zu dieser verschworenen Gruppe stößt der Bauernsohn D'Artagnan, ein naiver, mitunter sogar tölpelhafter Draufgänger, der aus dem Trio ein Quartett macht.

Unter dem Motto »Einer für alle, alle für einen!« kämpfen sie im 17. Jahrhundert zur Zeit Ludwigs XIII. für ihren König, vor allem aber für ihre Königin. Mit nie erlahmendem Kampfgeist vereiteln sie ein Komplott des mächtigen Finsterlings Kardinal Richelieu, das dieser zusammen mit seinem Günstling Rochefort und der mörderischen Lady de Winter geschmiedet hat. Ein Glück, dass so viele böse Dinge gegen die Königin im Schilde geführt werden, denn dadurch bekommen die vier Haudegen das, was ihr Lebenselixier ist: Abenteuer ohne Ende, je tolldreister, desto willkommener. Die Musketiere wurden dermaßen beliebt, dass Dumas – oder seine Werkstatt – sie in weitere Abenteuer verwickelt hat: »Die vier Musketiere« und »Zwanzig Jahre danach«.

Auch für den Regisseur Richard Lester ist die pompöse Geschichte um Heldentum und Ehre lediglich ein Vorwand für ein überbordendes Mantel-und-Degen-Schauwerk. Er nimmt nicht einmal die Vorlage von Dumas ernst und macht aus seinem Film eine Parodie auf das ernst gemeinte Motto des Romans »Alle für einen und einer für alle«. Bei Lester sind die Musketiere regelrechte Kindsköpfe, die nichts als Prügeln, Fressen und Saufen im Kopf haben. Das allerdings tun sie stilvoll, artistisch und witzig.

Richard Lester konnte für seine Abenteuerkomödie auf ein hochkarätiges Ensemble vertrauen. Vier Hauptrollen und viele wichtige Nebenrollen schrien geradezu nach einem Star-Paket: Michael York, Oliver Reed, Richard Chamberlain, Raquel Welch, Christopher Lee, Jean-Pierre Cassel, Faye Dunaway, Geraldine Chaplin und Charlton Heston – sie alle waren Anfang der 1970er Jahre Garanten für einen Erfolg an der Kinokasse.

Lester gelang es, seine Schauspielercrew auch für die Verfilmung der beiden Nachfolgeromane zu gewinnen. Die erste Fortsetzung **DIE VIER MUSKETIERE** wurde gleichzeitig mit dem ersten Film gedreht, aber erst ein Jahr später ins Kino gebracht. Damit konnte man Kosten sparen. Dieser Trick hat der Produktionsfirma aller-

dings einen Prozess mit den Schauspielern eingetragen, denn man
hatte ihnen weisgemacht, es werde nur ein einziger Film gedreht,
und sie dementsprechend auch nur für einen Film bezahlt. Umso
erstaunlicher ist es, dass es Lester fünfzehn Jahre danach schaffte,
seine vier Musketiere noch einmal zusammenzubringen. Im dritten Teil konnte man den alternden Stars dabei zuschauen, wie sie
sich selbst auf die Schippe nehmen: Als vier faule Säcke, die sich
nur mit Mühe und unter Ächzen noch einmal zum Kampf auf-
raffen, nun aber definitiv zu allerlei unfairen Mitteln greifen müssen, weil der träge gewordene Körper den edlen Fechtkampf nicht
mehr zulässt.

Das hätte alles auch ganz anders kommen können, denn
zunächst hatte Richard Lester ein ganz anderes vierblättriges Klee-
blatt im Kopf. Er wollte die Abenteuer mit vier Stars drehen, die er
bereits von zwei früheren Filmen her kannte. Weil sich diese aber
inzwischen heillos zerstritten hatten, wurde aus Lesters Wunschtraum nichts. Die »Fab Four«, auch »The Beatles« genannt, ritten
nie als Musketiere über die Leinwand.

Abenteuerfilm

DIE DREI MUSKETIERE in einem Satz: Vier Fechtprofis retten die Ehre der französischen Königin und dürfen sich zur Belohnung durch drei Abenteuerfilme prügeln.

DIE DREI MUSKETIERE (The Three Musketeers). Panama, Frankreich, England 1973. Regie: Richard Lester. Besetzung: Michael York, Oliver Reed, Richard Chamberlain, Raquel Welch, Christopher Lee, Jean-Pierre Cassel, Faye Dunaway, Geraldine Chaplin, Charlton Heston u. a. 105 Minuten. FSK 12. DVD: Kinowelt

Wem ein Film nicht genügt:
DIE DREI MUSKETIERE USA 1948.
Regie: George Sidney (FSK 12)
DIE SCHATZINSEL USA 1950.
Regie: Byron Haskin (FSK 12)

Nicolas Philibert hat es Ende des 18. Jahrhunderts geschafft: Er ist vom mittellosen Auswanderer zum schwerreichen Gewürz-händler und begehrten Junggesellen aufgestiegen. Als vorläufige Krönung steht er mit der reichsten Erbin von ganz South-Caro-lina vor dem Traualter – und in den Bänken sitzen mit finsterer Miene all die Bewerber, die er ausgestochen hat. Als der Pastor nach Einwänden gegen diese Ehe fragt, steht einer dieser abge-wiesenen Gockel auf und behauptet, Philibert sei bereits verhei-ratet. Ein Tumult bricht aus, der Brautvater will die Hochzeit dennoch auf jeden Fall über die Bühne bringen, der Pastor beruft sich auf die Gesetze der Kirche, die Braut kreischt hysterisch, und Philibert prügelt sich lustvoll mit dem Rest der Gemeinde. Der Pastor besinnt sich glücklicherweise mitten im Tumult darauf, dass in Frankreich eine Revolution stattgefunden hat, die als eine der ersten Errungenschaften die Scheidung eingeführt hat. Also muss der Franzose Philibert lediglich nach Frankreich segeln und dort den Papierkram mit seiner ersten Frau erledigen.

Das wird selbstverständlich alles viel umständlicher als erwartet: Philibert wird in die Kämpfe zwischen Anhängern der Monarchie und der Revolution verwickelt. Seine Noch-Frau Charlotte glaubt weiterhin daran, was ihr einst eine Zigeunerin prophezeit hat: Dass das Schicksal einen Prinzen für sie bereithält. Diesen glaubt Charlotte in einem aufständischen Marquis gefunden zu haben. Dabei wird sie allerdings eifersüchtig beäugt von dessen Schwester Pauline, die sich wiederum in Philibert verliebt, ohne zu ahnen, zu welchen Verstrickungen das führen wird.

Es geht also für Philibert munter genauso weiter, wie es begonnen hat: turbulent und chaotisch. Er schlägt sich durch die Revolutionswirren und stolpert von einer Katastrophe in die nächste. Am Schluss hat er endlich das lang ersehnte Papier in Händen – und wird dennoch Frankreich nie mehr verlassen.

MUSKETIER MIT HIEB UND STICH hält sich strikt an die Regeln des Abenteuerfilms. Immer cool bleiben, heißt die Devise, selbst wenn die Lage noch so hoffnungslos aussieht. Wer ängstlich fragt: »Und

wenn wir morgen sterben?«, erhält leichthin zur Antwort: »Was macht das, wir bleiben zusammen.«

Selbst die hehre Weltgeschichte wird ungeniert eingeschrumpft: »Nicolas Philibert entdeckte Amerika am 12. April 1787 in Charleston, South-Carolina. Er hatte den Atlantik im Kielraum eines Schiffes der Indischen Handelsgesellschaft überquert. Man hat nie erfahren, aus welchem Grund er Frankreich verlassen hat. Ohne Papiere, ohne Geld, warf man ihn ins Gefängnis. Dort blieb er drei Tage. Fünf Jahre später war er in dem Land, das ihn so spröde empfangen hatte, ein viel umschwärmter Mann.«

Selbst wenn sich vordergründig Feinde und Freunde bekämpfen, so sind sie sich in einem Punkt dennoch alle einig: Ein elegantes, aber nutzloses Degenduell ist allemal einem wichtigen, aber unappetitlichen Sieg vorzuziehen. In **MUSKETIER MIT HIEB UND STICH** bekommen deshalb alle Seiten ihren Teil ab: Einmal der alte Adel, der sich selbst im Kuhstall gediegen höfisch aufführt. Und dann die Revolutionäre, die sich vor allem als Großmaulhelden hervortun und nur darauf warten, die Aristokraten zu beerben und ihrerseits ans große Geld zu kommen. Nur für die kleinen Leute bleibt immer alles beim Alten. Und zu denen gehören all ihren Wunschträumen zum Trotz auch Nicolas Philibert und Charlotte.

Weil die beiden wahre Abenteurer sind, können sie am Schluss nicht einmal mit dem Segen der Scheidung viel anfangen. Es erscheint ihnen wesentlich aufregender, sich ein Leben lang gegenseitig das Leben schwer zu machen.

So wie Nicolas Philibert Amerika entdeckt hat, als es bereits auf der Landkarte verzeichnet war, so hat sich Regisseur Jean-Paul Rappeneau vor einem Film verneigt, der längst ein Klassiker war. **FANFAN, DER HUSAR** ist noch immer der leichtfüßigste aller Mantel- und-Degen-Filme. Der Hauptdarsteller Gérard Philipe ist als rotzfrecher, aber dabei immer stilvoller Glücksritter und Draufgänger eine Traumbesetzung. Seinen Charme-Attacken kann bis heute niemand widerstehen.

Bei allem Abenteuerspaß, den FANFAN, DER HUSAR bietet, lässt der Regisseur Christian-Jaque allerdings keine Zweifel aufkommen, was er vom Kriegshandwerk hält: »Damals lebte man glücklich und zufrieden – sozusagen wie Gott in Frankreich. Die Frauen gaben sich ihrer Hauptbeschäftigung hin: der Liebe. Und die Männer widmeten sich ihrer Lieblingsbeschäftigung: dem Krieg – die einzige Unterhaltung der Könige, an der teilzuhaben auch das Volk die Ehre hatte.« Und er fährt genauso ironisch fort: »Als die Zahl der Toten diejenige der Lebenden allmählich überstieg, schloss man daraus, dass die Truppenstärke sich verrin-

MUSKETIER MIT HIEB UND STICH in einem Satz: Ein schlagfertiger Abenteurer will sich von seiner Frau scheiden lassen, gerät jedoch mitten in die französischen Revolutionswirren – und fühlt sich im allgemeinen Chaos pudelwohl.

MUSKETIER MIT HIEB UND STICH (Les mariés de l'an II). Frankreich, Italien, Rumänien 1970. Regie: Jean-Paul Rappeneau. Besetzung: Jean-Paul Belmondo, Marlène Jobert, Laura Antonelli u. a. 98 Minuten. FSK 12. DVD: Universum

FANFAN, DER HUSAR in einem Satz: Ein Frauenheld und Großmaul wird von der Armee eingezogen, hat aber nicht im Sinn, tapfer zu sterben, sondern kämpft sich elegant und charmant bis zu seiner Bestimmung durch: die Tochter des Königs zu heiraten.

FANFAN, DER HUSAR (Fanfan-la-tulipe). Frankreich, Italien 1951. Regie: Christian-Jaque. Besetzung: Gérard Philipe, Gina Lollobrigida u. a. 100 Minuten. FSK 6. DVD: Concorde

Wem zwei Filme nicht genügen:
CYRANO DE BERGERAC Frankreich 1990.
Regie: Jean-Paul Rappeneau (FSK 12)
CARTOUCHE, DER BANDIT Frankreich, Italien 1961.
Regie: Philippe de Broca (FSK 12)

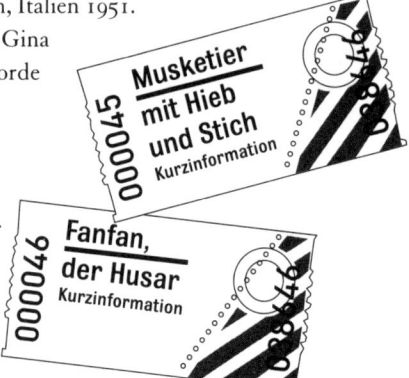

000045 Musketier mit Hieb und Stich Kurzinformation

000046 Fanfan, der Husar Kurzinformation

gert haben müsse. Alsbald machten Rekrutenwerber die schönen Straßen Frankreichs unsicher.« Dadurch erst kommt Fanfan in den Genuss dieser königlichen »Unterhaltung«, denn er lässt sich für den Kriegsdienst anwerben, um einer Heirat zu entgehen. Die wunderschöne Zigeunerin Adeline hat ihm prophezeit, er werde eine Königstochter heiraten. Also beschließt Fanfan, nicht als Kanonenfutter zu enden. Es stört ihn auch nicht weiter, dass Adeline die Tochter des Rekrutenwerbers ist und ihn mit einer falschen Prophezeiung in den Kriegsdienst gelockt hat. Fanfan wird es schon schaffen, dass aus einer Lüge ein wahres Happy End wird.

Nicht nur der Tonfall in MUSKETIER MIT HIEB UND STICH ist derselbe wie in FANFAN, DER HUSAR, sogar das Grundgerüst ist identisch. Allerdings hält das locker zwei Filme aus, so dass sich uns keine schwerwiegende Entscheidung aufdrängt: Man muss beide Filme gesehen haben.

Was ist ein »Cliffhanger«? Man stelle sich vor: Ein Reiter verfolgt einen Panzer. Dann stürzt sich der Held vom Pferd auf das Fahrzeug. Es kommt zu einer Schlägerei auf dem Gefährt, das unaufhaltsam auf einen Abgrund zurast. Davon kriegen die Kämpfenden aber nichts mit. Schließlich stürzt der Panzer mit Getöse in die Tiefe – und scheint alle in den Tod mitgerissen zu haben. Selbst unser Held dürfte rettungslos verloren sein.

Das ist der Augenblick, in dem das Fernsehen gerne Werbung einschiebt, weil wir Zuschauer ganz bestimmt nicht wegzappen. Wir wissen zwar alle, dass der Held überlebt haben muss. Aber wie hat er es einmal mehr geschafft, dem Tod zu entkommen? Nach der Werbeunterbrechung folgt die Auflösung: Er ist im letzten Moment vom Panzer gesprungen und hängt nun an einem Felsvorsprung über der Schlucht. Das nennt man einen »Cliffhanger«. Ein zum Zerreißen spannender Moment also, in dem ein Held weder vor- noch rückwärts kann, wo scheinbar alles verloren ist. Der Cliffhanger, den ich eben beschrieben habe, ist nicht meine Erfindung. Er stammt aus **INDIANA JONES UND DER LETZTE KREUZZUG.**

Der Regisseur Steven Spielberg wollte schon immer einen Film drehen, der an billige Abenteuerserien und Comic-Hefte erinnern und eine lustvolle Aneinanderreihung von »Klippen-Hängern« bieten sollte. Der Legende nach entstand die Figur Indiana Jones, als Spielberg und sein Kumpel George Lucas am Strand beim Sandburgenbauen aus dem Stegreif Geschichten erfanden. Aus purer Fabulierlust wurden daraus drei Filme, in denen Harrison Ford sich von Abenteuer zu Abenteuer hangelt. Offiziell ist Indiana Jones zwar ein Professor für Archäologie, der hin und wieder sogar in einer Uni auftaucht, aber in Wirklichkeit ist das nur ein Vorwand, um als Abenteurer auf der Spur von legendären Schätzen wie der Bundeslade oder dem Heiligen Gral durch die Welt zu jagen.

Spielberg und Lucas haben glücklicherweise in **JÄGER DES VERLORENEN SCHATZES,** dem ersten Abenteuer von Indiana Jones, nicht all ihr Pulver verschossen. Der zweite Film, **INDIANA JONES UND DER TEMPEL DES TODES,** fiel zwar deutlich ab, dafür liefen Spielberg und Lucas in **INDIANA JONES UND DER LETZTE KREUZZUG** nochmals zur Hochform auf und landeten zudem einen listigen Besetzungscoup.

Natürlich war schon nach dem ersten Abenteuer offensichtlich, dass Indiana Jones und James Bond sich nahe standen. Aber jetzt wurde es offiziell: Der Ur-Bond Sean Connery trat als Vater von Harrison Ford auf den Plan. Und das ist nicht der einzige Fingerzeig, den uns Spielberg gibt: Es tauchen frühere Bond-Verbündete, Bond-Feinde und natürlich auch ein ehemaliges Bond-Girl auf.

Connery spielt einen Hobbyforscher, der trotzdem viel seriöser ist als sein Sohn. Daher findet er dessen wilde Abenteuer seit jeher ziemlich kindisch. Jetzt gerät er aber selbst in einen haarsträubenden Wettlauf: Schon ein Leben lang hat Jones senior den Heiligen Gral gesucht, jenen Kelch, aus dem Jesus Christus beim letzten Abendmahl getrunken haben soll. Kurz vor dem Ziel seiner Suche kommen ihm jedoch die Nazis in die Quere, die sich vom Gral unermessliche Macht versprechen.

Am Anfang eines jeden Indiana-Abenteuers steht wie in jedem James Bond-Film ein rasantes Kurzabenteuer, das mit dem Rest des Films nur lose verknüpft ist. Es wirkt vielmehr wie das Ende eines vorangegangenen Abenteuers, ist also eigentlich ein Showdown. Dadurch werden wir sofort gepackt, es gibt keine Aufwärmphase, und wer etwas Realistisches erwartet hat, weiß ab sofort, dass er im falschen Film sitzt.

In DER LETZTE KREUZZUG werden in diesen ersten Minuten ganz nebenbei einige Geheimnisse um Indiana Jones gelüftet: Seine Angst vor Schlangen wird erklärt, seine Narbe am Kinn, die Herkunft des Schlapphuts und seine Leidenschaft für Archäologie.

Es gibt aber auch Dinge, die man auf der Leinwand nicht zu sehen bekommt: Beispielsweise, dass Harrison Ford und Sean Connery ohne Hosen in einem mondänen Luftschiff sitzen. Das Studio war während der Dreharbeiten dermaßen aufgeheizt, dass die beiden Schauspieler möglichst wenig anziehen wollten. Also ließen sie die Hosen weg, weil sie in dieser Szene ohnehin nur oberhalb der Tischkante gefilmt wurden.

Die Hitze provozierte übrigens auch eine der witzigsten Szenen der gesamten Trilogie: Im ersten Film steht Indiana in der Wüste unter der prallen Sonne einem mächtigen Kämpfer gegenüber, der wild entschlossen seinen Säbel schwingt. Indiana greift nicht wie erwartet nach seiner Peitsche, sondern zur Pistole und macht mit seinem Gegner reichlich unehrenhaft kurzen Prozess. Das ist so unüblich und überraschend, dass der ganze Kinosaal in Gelächter ausbricht. Geplant war es anders: Im Drehbuch ging alles noch mit echt heldenhaften Dingen zu, mit Peitsche im Kampf gegen Säbel und allem, was danach ansteht. Nach einem anstrengenden Drehtag in der brütenden Hitze war Harrison Ford jedoch derart erledigt, dass er diese Szene so schnell wie möglich hinter sich bringen wollte. Und so kam es zum unsportlichen Griff zur Pistole.

So großartig die Dinge sind, denen Indiana Jones hinterherjagt, am Ende steht er dennoch immer mit leeren Händen da. Würde er tatsächlich mit dem Gral nach Amerika zurückkehren, wäre

INDIANA JONES UND DER LETZTE KREUZZUG in einem Satz:
Ein abenteuerlustiger Archäologe und sein missmutiger Vater
räumen auf der Jagd nach dem Heiligen Gral sämtliche Hindernisse mit Witz, Grips und harten Bandagen aus dem Weg.

INDIANA JONES UND DER LETZTE KREUZZUG (Indiana Jones
and the Last Crusade). USA 1989. Regie: Steven Spielberg.
Besetzung: Harrison Ford, Sean Connery, Alison Doody,
Denholm Elliott u. a. 127 Minuten. FSK 12. DVD: Paramount

Wem ein Film nicht genügt:
SAHARA – ABENTEUER IN DER WÜSTE USA, Deutschland,
Spanien 2005. Regie: Breck Eisner (FSK 12)
DAS VERMÄCHTNIS DER TEMPELRITTER USA 2004.
Regie: Jon Turteltaub (FSK 12)

Indiana Jones
Kurzinformation
0700047

er ein Held. Aber die Preise, um die man sich hier balgt, übersteigen die Menschen immer um ein Vielfaches, und wer sie dazu benutzt, seine Macht oder seinen Ruhm zu mehren, der stürzt ins Verderben. In JÄGER DES VERLORENEN SCHATZES bringt Indiana Jones zwar tatsächlich die Bundeslade in seine Heimat. In der letzten Einstellung des Films wird sie jedoch in eine Kiste verpackt und in ein gigantisches Warenlager weggestellt. Eben gefunden, ist der magische Schatz schon wieder für die Guten wie die Bösen auf Nimmerwiedersehen verschwunden.

Die Abenteuer von Indiana Jones funktionieren als Achterbahnfahrten mit immer wiederkehrenden Motiven: Verfolgungsjagden auf allen erdenklichen Gefährten; Fallen, die es zu umgehen gilt; Rätsel, die man lösen muss; und ausweglose Situationen, die nur mit Witz zu meistern sind. Je unwahrscheinlicher die Lage, desto amüsanter das Zuschauen. Das Tempo wird absichtlich hoch gehalten, damit wir auf der Achterbahn, anstatt zu denken, nur noch vor Wonne kreischen und es uns vollkommen egal ist, dass wir zum Schluss am selben Ort aussteigen, an dem wir bereits eingestiegen sind. Solche Abenteuer haben kein Ziel – sie selbst sind alles, was wir begehren.

Die Entstehungsgeschichte von AFRICAN QUEEN ist selbst ein Abenteuer. Die Hauptdarstellerin Katharine Hepburn hat über ihre Erlebnisse ein Buch geschrieben, dessen Titel fast alles sagt: »African Queen oder Wie ich mit Bogart, Bacall und Huston nach Afrika fuhr und beinahe den Verstand verlor«.

Der Regisseur John Huston und sein Hauptdarsteller Humphrey Bogart kannten sich damals schon seit vielen Jahren, aber mit Katharine Hepburn hatten sie beide noch nie gearbeitet. Sie galt als aristokratische Zicke mit einem Sauberkeitsfimmel, die fünfmal am Tag ein Bad nahm. Und bei der ersten Begegnung wurden die zwei Männer, die sich gerne als trinkfeste Machos gebärdeten, prompt in ihren Vorurteilen bestärkt.

Als man sich schließlich dennoch nach Afrika aufmachte, war kaum etwas sorgfältig geplant. Die Finanzierung des Films stand auf höchst wackligen Beinen, und ein Drehbuch hatten die Darsteller immer noch nicht gesehen. Das war auch gar nicht möglich, denn es existierte keines.

Später erzählte Bogart von den ersten Tagen in Afrika. »Mit ihrer Kleinbildkamera durchstreifte Hepburn den Dschungel, rang ihre Hände in Ekstase und rief begeistert: ›Was für eine göttliche Natur! Was für eine göttliche Fauna!‹«

Bogart und Huston fanden diese Begeisterung kindisch und reagierten genauso einfältig, indem sie die harten Typen markierten. »Sie hielt uns für Raufbolde, Säufer und üble Kerle, und wir taten alles, um sie in dieser Ansicht zu bestärken. Wir gaben vor, betrunken zu sein, und schrieben mit Seife dreckige Wörter auf ihren Spiegel«, gestand Huston später.

Wie auch immer, Hepburn war der Ansicht, dass die beiden zu viel becherten. »Ich wollte sie beschämen und trank nur Wasser – und das in reichlichen Mengen. Damals ahnte ich noch nicht, dass darin aber gerade die Erreger der Ruhr waren. Nun, sie blieben gesund, und ich starb beinahe.«

Die Legende behauptet, John Huston habe AFRICAN QUEEN nur gedreht, weil er unbedingt in Afrika auf Elefantenjagd gehen wollte. »Er wollte immer den Eindruck erwecken, er sei ein großer Jäger. Dabei traf er nicht einmal eine Blechdose aus 20 Meter Entfernung«, bemerkte Hepburn mit spitzer Zunge.

Allmählich wurde das Verhältnis untereinander dennoch etwas herzlicher, und es vertauschten sich sogar die Rollen: Bogart begann Afrika von ganzem Herzen zu hassen, Hepburn dagegen erwies sich als erstaunlich zäh. »Während ich nichts lieber wünschte, als so schnell wie möglich aus dem verdammten Dschungel herauszukommen, schien sie die Leiden zu genießen«, musste Bogart später kleinlaut zugeben.

Am Ende dauerten die Dreharbeiten in Afrika allen Problemen zum Trotz nur zwei Tage länger als geplant, der Film wurde ein

AFRICAN QUEEN in einem Satz: Ein bärbeißiger Seemann und eine zickige alte Jungfer schippern in Afrika ewig streitend auf einem baufälligen Kahn einen Fluss hinunter – einem deutschen Kanonenboot entgegen.

AFRICAN QUEEN. USA 1951. Regie: John Huston. Besetzung: Katharine Hepburn, Humphrey Bogart, Robert Morley u.a. 101 Minuten. FSK 12. DVD: EuroVideo

Wem ein Film nicht genügt:
MIT DYNAMIT UND FROMMEN SPRÜCHEN USA 1975. Regie: Stuart Millar (FSK 12)
UNTERNEHMEN PETTICOAT USA 1959. Regie: Blake Edwards (FSK 6)

000048 African Queen
Kurzinformation

großer Erfolg und brachte Humphrey Bogart den einzigen Oscar seiner Karriere ein.

Als Katharine Hepburn nach Hause zurückgekehrt war, wollte sie aller Welt Dias aus Afrika vorführen. Es muss ein zweifelhaftes Glück gewesen sein, wenn man zu einem dieser Abende eingeladen wurde, denn Cary Grant erinnerte sich: »Die meisten Bilder waren überbelichtet, doch Kate bestand darauf, dass in Afrika das Licht eben so sei. Wir waren alle erleichtert, als der Projektor seinen Geist aufgab, doch Kate bestand darauf, dass wir die Dias dann eben gegen das Licht hielten.«

AFRICAN QUEEN ist glücklicherweise weder überbelichtet, noch muss man darauf hoffen, dass die Projektionsanlage ihren Dienst quittiert. Wer die Entstehungsgeschichte des Films kennt, wird erstaunt feststellen, dass sich manches von dem, was während der Dreharbeiten geschah, auf der Leinwand widerspiegelt. Katharine Hepburn spielt die alternde, zickige Jungfer Rose und Humphrey Bogart den ungehobelten, trinkfesten Seemann Charlie. Als der Bruder von Rose stirbt, nachdem seine Missionsstation niedergebrannt wurde, machen sie sich auf einem baufälligen alten Kahn, der »African Queen«, flussabwärts in Richtung »Zivilisation« auf. Die Fahrt ist nicht nur beschwerlich und zeitweise gefährlich, sie zehrt vor allem an den Nerven, weil sich die beiden gegenseitig spinnefeind sind. Charlie ärgert sich über das damenhafte Getue von Rosie – und Rosie verabscheut den ungepflegten Säufer. Allmählich bahnt sich aber auch hier eine Art Rollentausch an. Während Charlie sich nach und nach doch ganz manierlich zu benehmen beginnt, genießt Rosie sichtlich die neue Freiheit und pfeift auf das enge Korsett der braven Missionarsschwester. Spätestens wenn Rose den gesamten Gin-Vorrat über Bord schmeißt, ist klar, wer hier von nun an die Hosen anhat. Dem ungleichen Paar steht allerdings die gefährlichste Bewährungsprobe noch bevor, denn es herrscht der Erste Weltkrieg und ein deutsches Kanonenboot versperrt den englischen Truppen den Weg ins Landesinnere und der »African Queen« die Heimkehr. Sollten sie aus diesem Abenteuer heil herauskommen, wäre das für Charlie ein zweifelhaftes Glück, denn er kann sich wohl schon vorstellen, wie Rose in der Heimat ihre Freunde mit ihren Heldentaten nervt, während sich Charlie im Schlepptau resigniert an einem Drink festhält.

Ein Kapitel über Abenteuerfilme ohne Jules Verne ist undenkbar. Der französische Schriftsteller, der Abenteuerromane am Fließband geschrieben hat, erlebte noch, wie die ersten Verfilmungen seiner Bücher im Kino gezeigt wurden. Seine großen Romane wie »In 80 Tagen um die Welt«, »Reise zum Mittelpunkt der Erde«, »Der Kurier des Zaren« oder »Von der Erde zum Mond« und auch »20 000 Meilen unter dem Meer« wurden mehrfach verfilmt.

Anfang der 1950er Jahre interessierte sich Walt Disney für **20 000 Meilen unter dem Meer** – und er hatte Großes damit vor: Er wollte nach zahllosen Trickfilmen den ersten Film mit richtigen Schauspielern produzieren. Und das gleich in Breitleinwand.

Erstmals hießen die Stars also nicht Mickey, Donald oder Goofy, sondern Kirk Douglas, James Mason und Peter Lorre – und »Nautilus«. Das fantastische U-Boot, mit dem Kapitän Nemo im Pazifischen Ozean kreuzt, ist die Hauptattraktion des Films. Das hätte Jules Verne wahrscheinlich gefallen, denn Fortbewegung und Fortbewegungsmittel sind in seinen Geschichten oft fast wichtiger als die Menschen.

Die Geschichte spielt 1868: Das Schiff des Meeresforschers Pierre Aronnax wird versenkt. Dadurch gerät er zusammen mit seinem Diener Conseil und dem Seebären Ned Land in die Hand des geheimnisvollen Nemo. Dieser ist ein genialer Erfinder, der praktisch nur noch unter Wasser lebt. Der Grund dafür ist nicht in erster Linie Lust auf Abenteuer oder Entdeckungen, sondern ein abgrundtiefer Hass auf die Menschen, die sich mit ihren Kriegen selbst auslöschen. Aber Nemo ist ein widersprüchlicher Despot, der bei seinem Kampf für den Weltfrieden über Leichen geht. Als fremde Mächte das Geheimnis der ungeheuren Energiereserven entdecken, mit denen unter anderem die »Nautilus« angetrieben wird, kommt es zum tödlichen Kampf.

Der Höhepunkt des Abenteuers ist natürlich die entscheidende Schlacht zwischen Nemo und seinen Verfolgern. Als der Regisseur Richard Fleischer diese Szenen gedreht hatte, war er mit dem Resultat zunächst überhaupt nicht zufrieden. Im Lichte eines Sonnenuntergangs und bei ruhiger See waren die Szenen entstanden, unterstützt von vielen Trickaufnahmen. Als er die Muster sah, war Fleischer verzweifelt, weil man allzu deutlich merkte, wie ausgiebig hier getrickst worden war. Kurz: Das Resultat war lächerlich, keineswegs atemberaubend, und deshalb unbrauchbar.

Wer auf die Idee kam, die Szenen nochmals, aber diesmal bei heftigem Sturmwetter, zu drehen, ist bis heute umstritten. Auf jeden Fall war sie nun plötzlich tatsächlich dramatisch und so spannend, dass die Zuschauer keine Gedanken mehr an Tricktechnik verschwendeten.

Motorflugzeuge und das Kino haben dasselbe Alter. Und so wie der Film zum wichtigsten Medium des 20. Jahrhunderts wurde, so waren die Piloten dessen neue Helden und Abenteurer. Howard Hawks liebte die Geschwindigkeit, die Fliegerei, harte Männer – und Frauen, die alles durcheinanderbrachten. In SOS FEUER AN BORD bringt er all seine Leidenschaften unter: Jeff Carter leitet in den südamerikanischen Anden eine neue Fluglinie. Bei ihm Pilot zu sein, ist ein gefährlicher Job, denn die Flugzeuge sind klapprig, die Landebahn notdürftig und der Anflug über einen Pass halsbrecherisch. Fast jeden Monat verliert einer der wagemutigen Piloten sein Leben. Kein Wunder, dass jeder Gedanke an die Gefahren und den Tod eisern verdrängt wird. Wenn wieder einer abgestürzt ist, wird das Steak, das er eben noch per Funk

20 000 MEILEN UNTER DEM MEER in einem Satz: Ein Wissen-schaftler, sein Diener und ein Seemann werden von einem geheimnis-vollen Kapitän auf einem Unterseeboot gefangen gehalten und erleben einmalige Unterwasserabenteuer.

20 000 MEILEN UNTER DEM MEER (20 000 Leagues Under the Sea). USA 1954. Regie: Richard Fleischer. Besetzung: Kirk Douglas, Peter Lorre, James Mason u. a. 128 Minuten. FSK 12. DVD: Buena Vista

Wem ein Film nicht genügt:
DIE PHANTASTISCHE REISE USA 1965.
Regie: Richard Fleischer (FSK 12)
UNTER WASSER UM DIE WELT USA 1965.
Regie: Andrew Marton (FSK 12)

SOS FEUER AN BORD in einem Satz: In die hartgesottene
Männerwelt einer Fliegertruppe platzt ein Showgirl, das alles
ins Wanken bringt – auch die demonstrativ zur Schau
getragene Coolness.

SOS FEUER AN BORD (Only Angels Have Wings). USA 1939.
Regie: Howard Hawks. Besetzung: Cary Grant, Jean Arthur,
Thomas Mitchell u. a. 107 Minuten. FSK 6. DVD:
Columbia Tristar

Wem ein Film nicht genügt:
HÖHE NULL USA 1935. Regie:
Howard Hawks
HATARI! USA 1962. Regie:
Howard Hawks (FSK 12)

bestellt hat, ohne Zögern von einem anderen verzehrt. »Wer ist Joe?«, heißt es leichthin, gerade so, als hätte er nie existiert. In diese hartgesottene Männerwelt platzt das Showgirl Bonnie Lee und verdreht allen den Kopf. Am längsten wehrt sich Jeff gegen ihre Ausstrahlung, denn er hat sich geschworen, nie mehr mit einer Frau etwas anzufangen, die ihn schließlich ohnehin nur vor die Wahl Liebe oder Fliegerei stellen wird. Da entscheidet er sich lieber gleich von vornherein für die Fliegerei. Allerdings täuschen sich sowohl Bonnie wie Jeff im anderen: Sie ist kein wehleidiges Püppchen und er nicht so gefühllos, wie er tut, denn nicht umsonst nennen ihn seine Flieger »Pappa«.

SOS FEUER AN BORD ist nicht in erster Linie deshalb ein packender Abenteuerfilm, weil Hawks einige spektakuläre Flugaufnahmen gelungen sind. Unsere Nerven werden vor allem durch die unheimlich ruhige Anspannung strapaziert, die ständig und überall herrscht. Und bei aller Begeisterung für diese furchtlose Männerwelt lässt Howard Hawks durchblicken, dass hier doch etwas fehlt. Jeff raucht fast pausenlos – und hat doch nie ein Streichholz zur Hand. Bis ihn Bonnie irgendwann herausfordert: »Du könntest dir endlich Streichhölzer besorgen.« Gemeint hat sie damit ziemlich unverblümt, dass selbst Abenteurer Gefühle haben und dazu stehen sollten.

Märchen

EINFACH
M ÄRCHEN
HAFT

Als wir Kinder waren, hat unser Vater oft Märchen vorgelesen. Und immer wieder haben wir ihn gefragt, ob diese Geschichten denn auch wahr seien. Seine Antwort war stets dieselbe: »Sie sind wahrer als wahr.« Wir haben sofort verstanden, was er damit meinte, obwohl das wie aus einem Märchen klang. Wir waren uns bewusst, dass diese Erzählungen erfunden waren. In einem viel tieferen Sinn waren sie dann aber doch wieder wahr. Diese Wahrheit könnte man ebenso gut Weisheit nennen. Oder um es mit den kräftigen Worten des ruppigen und lebensklugen Hub zu sagen – einer Figur, die im folgenden Kapitel noch auftauchen wird: »Teufel noch eins, wenn du an was glauben willst, dann glaub dran. Nur weil irgendwas nicht wahr ist, muss man doch nicht daran zweifeln.«

Ein Drehbuchautor und ein Regisseur nehmen sich vor, die originellste und spektakulärste Fechtszene der Filmgeschichte zu drehen. Zwei Schauspieler trainieren monatelang verbissen, weil sie sich diesen Spaß keinesfalls von Stuntmännern nehmen lassen wollen. Und was kommt dabei heraus? Die originellste und spektakulärste Fechtszene der Filmgeschichte in der BRAUT DES PRINZEN. Bis dahin allerdings ist es noch eine Weile hin, denn eigentlich gehören Märchen gar nicht ins Kino. Sie gehören erzählt. Davon ist auch der Großvater überzeugt, der sich ans Bett seines grippekranken Enkels setzt. Und genau das findet der Junge öde. Zuerst kneift ihn der alte Mann zur Begrüßung kumpelhaft in die Backe. Dann öffnet er umständlich ein Buch. Ein Märchenbuch für kleine Kinder. Zum Vorlesen. Vorgestriger geht's wohl nicht!

Ans Bett gefesselt und vom Fieber ermattet, lässt sich der Junge dennoch auf einen Versuch ein. Und so beginnt DIE BRAUT DES PRINZEN. Aber schon nach wenigen Sätzen schwant dem Jungen Böses: Das ist doch nicht etwa eine Geschichte, in der geknutscht wird? – Nein, nein, es werde noch recht spannend, versichert der alte Mann, dieses Buch habe alles zu bieten: »Fechten, Boxen, Folter, Rache, Riesen, Monster, Verfolgungen, Fluchten, wahre Liebe und Wunder.«

Und dann tauchen wir doch noch ganz tief in die Welt von Florin und Guilder ein, in eine Welt, wo die Prinzessin Buttercup heißt und der Prinz Humperdinck, wo RVAGs (Ratten von außergewöhnlicher Größe) zuschnappen, wo Feuersümpfe, Seeschlangen und Lebensabsaugmaschinen drohen, und wo es einen Wundermax gibt, der behauptet, »tot sein« bedeute normalerweise nur »größtenteils tot sein«.

Natürlich gibt es in dieser Märchenwelt auch die wahre Liebe, die alles andere in den Schatten stellt: Der Stallbursche Westley liebt seine Herrin Buttercup. Aber bevor er sie heiraten kann, muss er in die weite Welt hinaus, um Ruhm und Reichtum zu erwerben, gerade so, wie sich das für angehende Helden gehört. Doch Buttercup kriegt ihren Westley nicht ruhmveredelt zurück. Der Geliebte wird von grausamen Piraten gefangen genommen und für »größtenteils tot« erklärt.

Buttercup versinkt in Trauer und lässt sich scheinbar widerstandslos zur Braut des schleimigen Prinzen Humperdinck machen. Der führt eine widerliche Intrige im Schilde und lässt

DIE BRAUT DES PRINZEN in einem Satz: Um seine Geliebte zu
gewinnen, überwindet ein furchtloser Held sämtliche Hindernisse:
schmierige Prinzen, Klippen des Wahnsinns und Ratten von
außergewöhnlicher Größe.

DIE BRAUT DES PRINZEN (The Princess Bride). USA 1987.
Regie: Rob Reiner. Besetzung: Cary Elwes, Robin Wright Penn,
Peter Falk, Mandy Patinkin u. a. 98 Minuten. FSK 6.
DVD: Concorde

Wem ein Film nicht genügt:
AUF IMMER UND EWIG USA 1998.
Regie: Andy Tennant (FSK 6)
TIME BANDITS Großbritannien 1981.
Regie: Terry Gilliam (FSK 6)

zu diesem Zweck Buttercup entführen: vom Schlaumeier Vizzini,
der nicht so dumm ist, wie er redet, aber auch nicht so klug, wie
er meint; vom dauerbetrunkenen Fechtkünstler Inigo Montoya,
der seit einer Ewigkeit ziemlich erfolglos im Rachegeschäft tätig
ist; und vom bedächtigen Riesen Fezzik, der sich buchstäblich auf
alles seinen Reim macht.

    DIE BRAUT DES PRINZEN ist ursprünglich ein Roman von William
Goldman, einem der erfolgreichsten Drehbuchautoren Hollywoods. Darin erzählt er vordergründig die Geschichte der »Braut-
prinzessin«, von der er allerdings behauptet, sie stamme von einem
gewissen S. Morgenstern. Eine »klassische Erzählung von wahrer
Liebe und edlen Abenteuern« sei das, und er, William Goldman,
habe lediglich die langweiligen Passagen entfernt.

    Immer wieder schaltet sich Goldman aber als Kommentator
ein, der seine Leserschaft auf Nebengleise führt. Er lamentiert
über sein trauriges Schicksal als Autor, über die einfältigen Auto-
renkollegen und besonders herzhaft über all die Idioten, die beim
Film arbeiten und ihm seine tollen Ideen vermasseln.

    Auf diese Kommentare verzichtet die Verfilmung vollständig.
William Goldman selbst hat sie als Drehbuchautor weggelassen.

Trotzdem gelingt auch dem Film, was schon das Buch so vergnüglich macht: Es bringt Dinge zusammen, die sich normalerweise gegenseitig ausschließen. **DIE BRAUT DES PRINZEN** ist ein spannender Fantasyfilm und gleichzeitig eine lustvolle Parodie auf alle Fantasygeschichten. Einerseits werden Märchen veräppelt, und andererseits ist dennoch ein wunderbarer Märchenfilm entstanden. Es geht uns genau wie dem kranken Jungen in seinem Bett: Wir könnten uns über das aufgeblasene Heldengetöse, die kitschigen Bilder und den lächerlichen Rauschebart des regierenden Königs erhaben fühlen, wenn uns nicht die zauberhafte Geschichte um wahre Liebe und edle Abenteuer dann doch ganz fest im Griff hätte.

Selbst ein alter Filmhase wie William Goldman ist nicht davor gefeit, seiner eigenen Fantasie auf den Leim zu gehen. Bei einem Besuch der Dreharbeiten war er vollkommen überrascht, als das Kleid von Prinzessin Buttercup zu brennen anfing. Der eigentlich allwissende Drehbuchautor schrie entsetzt auf: »Ihr Kleid brennt!« – und ruinierte damit natürlich die Aufnahme.

🎬 Märchen

DREI HASELNÜSSE FÜR ASCHENBRÖDEL in einem Satz: Die
Heldin des bekannten Märchens ist diesmal eine selbstbewusste,
gewitzte junge Frau, die einem eher schwerfälligen Prinzen
auf die Sprünge hilft.

DREI HASELNÜSSE FÜR ASCHENBRÖDEL (Tri Orísky pro
Popelku). ČSSR 1973. Regie: Václav Vorlíček. Besetzung: Libuše
Safránková, Pavel Trávníček, Carola Braunbock, Rolf Hoppe u. a.
85 Minuten. FSK 6. DVD: Weltbild

Wem ein Film nicht genügt:
WIE MAN DORNRÖSCHEN WACHKÜSST ČSSR 1977.
Regie: Václav Vorlíček (FSK ohne Altersbeschränkung)
DAS MÄDCHEN AUF DEM BESENSTIEL ČSSR 1971.
Regie: Václav Vorlíček (FSK ohne Altersbeschränkung)

Normalerweise gilt das Fernsehen als der ärgste Feind des Kinos. Dennoch gibt es Fälle, in denen ausgerechnet das Pantoffelkino einem Werk zum Durchbruch verholfen hat, das im Kino kommerziell nicht erfolgreich war. Das legendärste Beispiel dafür ist ein Weihnachtsmärchen – um das es hier eigentlich gar nicht geht. IST DAS LEBEN NICHT SCHÖN? von Frank Capra kam 1947 im Kino überhaupt nicht an. Aus nie geklärten Gründen verpasste es Capra später, sein Werk über Jahrzehnte hinaus urheberrechtlich zu schützen. Genau das fanden findige Fernsehmacher heraus und schlugen daraus Kapital. Auf der Suche nach möglichst günstigen Filmen, mit denen sie das Weihnachtsprogramm füllen konnten, stießen sie auf IST DAS LEBEN NICHT SCHÖN?. Was zunächst lediglich ein Schnäppchen gewesen war, wurde daraufhin völlig unerwartet zum Kultfilm, ohne den heute keine TV-Weihnacht mehr vorstellbar ist.

Nicht ganz so extrem erging es dem Märchen, um das es hier nun tatsächlich geht. Aber auch DREI HASELNÜSSE FÜR ASCHENBRÖDEL wurde dank dem Fernsehen zum Kultfilm und gehört heute in vielen Ländern wie Capras Film zum eisernen Weihnachts-TV-Programm.

Aschenbrödel wird wie im klassischen Märchen von Stiefmutter und Stiefschwestern ausgenutzt und gedemütigt. Sie fristet als Magd ein trauriges und hartes Dasein, bis sie in den Besitz von drei Zaubernüssen kommt. Damit erhält sie sozusagen die Eintrittskarte zum königlichen Hof und die passenden Kleider dazu. Und natürlich gewinnt sie allen Widrigkeiten zum Trotz auch noch den Prinzen für sich. Allerdings hat Aschenbrödel ihr Glück nicht nur märchenhaftem Zauber zu verdanken, sondern auch eigenem Mut und Selbstbewusstsein. Sie ist kein schüchternes Mädchen, das alles demütig hinnimmt, sondern eine gewitzte junge Frau, die weiß, was sie will und wie sie es bekommt. Zwar braucht der Prinz etwas Nachhilfeunterricht, aber schließlich begreift sogar er, dass diese junge Frau für ihn bestimmt ist.

Der tschechische Regisseur Václav Vorlíček ist ein Meister des Märchenfilms, der nicht einfach süßen Kitsch im Sinn hat. Er

erzählt zwar Märchen, aber ohne Herz-Schmerz-Gesäusel. In DREI HASELNÜSSE FÜR ASCHENBRÖDEL geschehen selbstverständlich wundersame Dinge, aber davon abgesehen, könnte es auch eine fast realistische Liebesgeschichte aus vergangenen Tagen sein, in der Aschenbrödel als tatkräftige Frau ihr Leben selbst in die Hand nimmt.

Der Märchenfilm hat in Tschechien eine lange Tradition, die bis in die 1920er Jahre zurückreicht. Tschechen sind seit jeher in Märchen geradezu vernarrt. Während der Diktatur des Kommunismus bot der Märchenfilm zudem eine Möglichkeit, kritische Töne gegenüber den Mächtigen anzuschlagen, ohne dass diese es mitgekriegt hätten. Wer fürchtet sich schon vor Märchen? Vorlíček und andere Filmemacher haben diese Überheblichkeit genutzt und im Märchenfilm einen Freiraum gefunden, den man ihnen anderswo nicht zugestanden hätte. Vorlíček war der fleißigste und fantasievollste dieser Märchenfilmer: Er hat im Laufe von fünf Jahrzehnten über dreißig Filme gedreht.

STURM IN DEN WEIDEN in einem Satz: Eine Kröte erliegt dem Geschwindigkeitsrausch, wird von skrupellosen Wieseln betrogen und von seinen treuen Freunden Maulwurf, Wasserratte und Dachs gerettet – alles ein tierisch turbulenter Spaß.

STURM IN DEN WEIDEN (The Wind in the Willows). Großbritannien 1996. Regie: Terry Jones. Besetzung: Steve Coogan, Terry Jones, Eric Idle, John Cleese, Michael Palin u. a. 84 Minuten. FSK 6. DVD: Columbia TriStar

Wem ein Film nicht genügt:

AUFSTAND DER TIERE Großbritannien 1955. Regie: John Halas, Joy Batchelor (FSK 6)

DIE CHRONIKEN VON NARNIA: DER KÖNIG VON NARNIA USA 2005. Regie: Andrew Adamson (FSK 12)

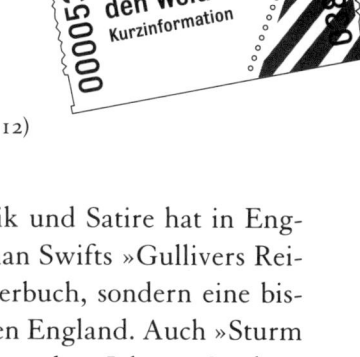

Die Verbindung von Märchen, Fantastik und Satire hat in England eine lange Tradition. Schon Jonathan Swifts »Gullivers Reisen« von 1726 ist kein harmloses Kinderbuch, sondern eine bissige Satire auf die Zustände im damaligen England. Auch »Sturm in den Weiden« von Kenneth Graham aus dem Jahr 1908 gehört in diese Gattung. Die Erzählung wird heute als Kinderbuch verkauft, weil Graham seine witzige Geschichte aus dem Tierreich tatsächlich für Kinder geschrieben hatte. Gleichzeitig gönnt er aber den Erwachsenen genauso ihren Spaß, indem er sich über den englischen Adel lustig macht, der sich damals davor fürchtete, seine privilegierte Stellung und seinen Reichtum einzubüßen. Der technische Fortschritt wurde von ihm als Bedrohung empfunden, denn die Industrie wurde immer mächtiger. Gleichzeitig konnten sich gerade die reichen Adligen technische Spielereien leisten, die für das übrige Volk unerschwinglich waren.

Der Kröterich Mr. Toad ist die Karikatur eines solchen reichen Landbesitzers. Er schwärmt völlig verblödet für alles, was schnell und neu ist. Als Toad das Automobil entdeckt, hat er nur noch eines im Kopf: »Autos, Autos, Autos!« Eine Karre nach der anderen fährt er zu Schrott, verjubelt so seinen ganzen Reichtum und begreift gar nicht, dass alles nur ein gerissener Plan der Wiesel war. Die sind nämlich auf seinen Landsitz scharf, um dort eine riesige Fabrik für Hundefutter zu bauen.

Diesen finsteren Plänen müssen auch die weniger noblen Bewohner des ländlichen Idylls weichen: der ängstliche Maulwurf, die gemütliche Wasserratte, und selbst der gestrenge Dachs bleibt nicht verschont. Sie haben nun zwei Probleme am Hals: Sie müssen die vollständig durchgeknallte Kröte von ihrem Wahn befreien und gleichzeitig die geliebte Heimat retten.

Obwohl die Besetzung von STURM IN DEN WEIDEN geradezu luxuriös ist, kennt kaum jemand dieses kleine Meisterwerk – nicht einmal in England hatte der Film Erfolg. Und dabei tauchten doch bis auf eine Ausnahme alle noch lebenden Mitglieder der legendären Komiker-Truppe »Monty Python« auf – und mit Terry Jones führte sogar einer aus ihrem Kreis Regie. So entstand gewissermaßen der Monty-Python-Familienfilm: rabenschwarz und bitterböse, wie man das von der Truppe gewohnt war, und gleichzeitig bis ins letzte Detail liebevoll und spannend erzählt.

Zuvor galt das Buch wie so viele Klassiker lange für unverfilmbar, unter anderem deshalb, weil es im Tierreich spielte. Wer nun meint, die Computertechnik habe diese Verfilmung schließlich doch noch möglich gemacht, der irrt sich gewaltig. Terry Jones verfiel auf die altmodische, aber geniale Idee, Schauspieler in Tierkostüme schlüpfen zu lassen. Die Figuren sehen zwar wie Tiere aus und bewegen sich auch so, gleichzeitig sind sie immer als Menschen erkennbar. Das entspricht ganz und gar der Vorlage: Das Abenteuer mag vielleicht im Tierreich angesiedelt sein, aber eigentlich sind wir Menschen gemeint.

Und nun folgt ein Film von Danny Boyle, dem Regisseur von TRAINSPOTTING, THE BEACH oder 28 DAYS LATER, alles Filme, die man sich unter 16 nicht antun sollte, weil sie so hart sind, oft zynisch und zeitweise äußerst brutal. Ausgerechnet dieser hartgesottene Regisseur hat sich mit MILLIONS ein Märchen für Kinder ausgedacht, das trotz der allgemeinen Verträglichkeit haargenau ins Werk des Regisseurs passt.

Wie immer bei Boyle gehen nämlich Fantasie und Realität blitzschnell ineinander über. Hyperrealistische und eiskalt inszenierte Bilder werden unvorbereitet mit romantischen Stimmungen verbunden. Manchmal hat man das Gefühl, in einer überdrehten Videospielwelt zu sitzen. Wenn zwei Buben auf dem erst ausgesteckten Bauplatz ihres neuen Hauses liegen, dann schießt mit dem nächsten Wimpernschlag das erträumte Haus auch schon um sie herum in die Höhe und fügt sich innerhalb von Sekunden wie ein Bastelbogen zusammen.

Auch seine Vorliebe fürs Schräge will Boyle nicht verbergen. Dass Schüler auf die Frage nach ihren Vorbildern lauter Fußballer von Manchester United und Manchester City nennen, ist nicht weiter überraschend, zumindest in Manchester nicht. Aber weil England genauso eine Hochburg der Exzentriker ist und Boyle dafür ein besonderes Flair besitzt, schwärmt ein Junge für den heiligen Rochus. Der habe aus Angst, etwas Schlechtes zu sagen, jahrelang überhaupt nicht geredet. Sagenhaft! Und erst die heilige Katharina von Alexandria: Bei der ist das Rad, auf das man sie geflochten hat, explodiert und hat ihre Peiniger getötet. Solche Schauergeschichten könnte Damian stundenlang erzählen, weil er die einschlägigen Heiligenlegenden unzählige Male gelesen hat und mit den Heiligen sozusagen auf Du und Du steht. Mal hält er ein Schwätzchen mit der heiligen Klara, dann steht er auf der weiten Wiese mit dem heiligen Franziskus, oder er lässt den heiligen Petrus höchstpersönlich an seinem Bettrand Platz nehmen.

Damians Bruder Anthony dagegen ist weit irdischer orientiert. Er gibt sich cool, nüchtern und möchte das Leben gerne von der rein wirtschaftlichen Seite nehmen.

Da bricht über Damian scheinbar das höchste irdische Glück herein: Neben dem Bahndamm fällt ihm eine Tasche voller Geld

vor die Füße. Für den geschäftstüchtigen Anthony ist der Fall klar: Dieser Schatz muss gut angelegt werden, in Immobilien und zur Festigung der eigenen Position in der Schulhierarchie. Damian dagegen hat andere Visionen: Wenn er auf Franziskus, den heiligen Nikolaus und einen afrikanischen Märtyrer hören will, dann muss dieser Reichtum den Armen dienen. Und so versucht jeder Bruder auf seine Weise, mit dem Segen von oben klarzukommen.

Longfellow Deeds bläst gerade die Tuba, als er erfährt, dass er soeben Alleinerbe von 20 Millionen Dollar geworden ist. Und er bläst sie weiter, als wäre nichts geschehen.

Deeds ist kein Trottel, wie man das vielleicht annehmen könnte, er ist ganz einfach ein herzensguter Mensch, der sich aus Reichtum nichts macht.

Als der Regisseur Frank Capra diese ersten Szenen von **MR. DEEDS GEHT IN DIE STADT** drehte, gab er alles, was er als Komödienspezialist drauf hatte, bis ihm bewusst wurde, dass er genau dadurch sei-

MILLIONS in einem Satz: Als ihm ein Vermögen direkt vom Himmel vor die Füße fällt, ist ein Junge überzeugt, dass er damit etwas Gutes tun sollte – allein schon seinen himmlischen Freunden zuliebe.

MILLIONS. Großbritannien 2004. Regie: Danny Boyle. Besetzung: Alex Etel, Lewis Owen McGibbon, James Nesbitt u. a. 99 Minuten. FSK 6. DVD: 20th Century Fox

Wem ein Film nicht genügt:
FELD DER TRÄUME USA 1989.
Regie: Philip A. Robinson (FSK 6)
DAS WUNDER VON MAILAND
Italien 1950. Regie: Vittorio de Sica
(FSK 12)

nen Film zerstörte. »Wir haben zu viele Lacher reingepackt, dabei wollten wir doch, dass das Publikum diesen Deeds mochte und an ihn glaubte, aber sicher nicht, dass es zur Überzeugung kam, er sei ein Idiot.« Also ging Frank Capra hin und drehte die ganze Einleitung mit weniger Witzen nochmals, um stattdessen einen glaubwürdigen Helden einzuführen.

Nun schließen wir diesen langen Kumpel Longfellow tatsächlich sofort ins Herz, und schon geht's von der Kleinstadt Mandrake Fall nach New York, wo er sein Erbe antreten soll. In der Großstadt fallen sogleich die windigen Advokaten über ihn her, die Schnorrer aus besten Kreisen, und auch die Erbschleicher pirschen sich an ihn heran. Für alle Geldgierigen scheint der Idealist aus der Provinz eine leichte Beute zu sein. Ein erwachsener Mann, der das Treppengeländer runterrutscht, der Pferde mit Donuts füttert, beim Anblick eines Feuerwehrautos in Ekstase gerät und mit seiner Dienerschaft in der riesigen Eingangshalle seiner Villa ein Echokonzert gibt, ein solcher Mann kann nicht ganz richtig im Kopf sein. Das denkt sich auch die Starreporterin Babe Bennett, die sich als hilfsbedürftige junge Frau ausgibt und damit

MR. DEEDS GEHT IN DIE STADT in einem Satz: Ein grundehrlicher Kleinstädter erbt 20 Millionen Dollar, fällt gierigen Geschäftemachern in die Hände und soll für verrückt erklärt werden, als er seinen Reichtum für Arbeitslose ausgeben will.

MR. DEEDS GEHT IN DIE STADT (Mr. Deeds Goes to Town). USA 1936. Regie: Frank Capra. Besetzung: Gary Cooper, Jean Arthur, Lionel Stander u. a. 111 Minuten. FSK ohne Altersbeschränkung. DVD: Sony Pictures

Wem ein Film nicht genügt:
MR. SMITH GEHT NACH WASHINGTON
USA 1939. Regie: Frank Capra
(FSK ohne Altersbeschränkung)
LEBENSKÜNSTLER USA 1938. Regie:
Frank Capra (FSK 6)

000055 Mr. Deeds geht in die Stadt Kurzinformation

Longfellows Vertrauen gewinnt. Sie verpasst ihm den Spitznamen »Aschenbrödel-Mann« – und wirft ihn der ganzen Stadt zum Gelächter vor.

Aber Longfellow mag ein jungenhaftes Grinsen haben und vor Arglosigkeit nur so strotzen, er ist dennoch nicht auf den Kopf gefallen und durchschaut diese üblen Spiele ziemlich schnell. Nur Babe kommt er nicht auf die Spur, weil er zu sehr davon geblendet ist, dass er in ihr die hilflose Dame seiner Träume gefunden hat. Als Babe sich ihrerseits in Longfellow verliebt und beschließt, dem Lügenspiel ein Ende zu machen, ist es bereits zu spät.

Inzwischen hat Longfellow nämlich beschlossen, seinen Reichtum für besitz- und arbeitslos gewordene Farmer einzusetzen und ihnen wieder eine Zukunft zu geben. Damit reicht es der besseren Gesellschaft. Sich wie ein Idiot anzustellen, mag ja noch angehen, aber sein Geld für eine ehrenwerte Sache auszugeben, das ist verrückt. Ein Gericht soll Longfellow Deeds für unzurechnungsfähig erklären, damit sein Erbe den Winkeladvokaten, Erbschleichern und Nobelschnorrern in die Hände fällt. Für den Aschenbrödel-Mann ist damit ein märchenhaftes Happy End in weite Ferne gerückt.

Frank Capra hat nicht nur eine gute Nase bewiesen, als er den Anfang seines Films nochmals drehte. Auch bei der Wahl seiner Hauptdarsteller lag er goldrichtig. Für die Rolle von Longfellow Deeds kam für ihn nur ein Schauspieler in Frage: »Gary Cooper. Aus jedem Fältchen seines Gesichts sprach Ehrlichkeit.« Dabei war Cooper der geborene Westernheld, von dem es immer hieß, er sei viel zu ernsthaft und zu hölzern für Komödien. Aber gerade weil man ihm den Witz nicht von weitem ansah, war er für diesen Film genau der Richtige. In seinem Gesicht zeichnet sich manchmal innerhalb von Sekunden alles ab: Schalk, Scharfsinn, Schlagfertigkeit und Einsamkeit.

Viel schwerer tat sich Capra mit Babe Bennett, der Journalistin, die sich von der Zynikerin zur Romantikerin wandeln sollte. Capra hatte vielen bekannten Stars eine Absage erteilt und bereits mit den Dreharbeiten begonnen, als er zufällig in einem Vorführraum Filmmuster von einer Schauspielerin sah, die er gar nicht kannte. Jean Arthur galt zwar als talentiert, aber als hoffnungslos kompliziert und überängstlich. Kein Regisseur hatte es bislang mit ihr lange ausgehalten. Frank Capra wagte es allen Bedenken zum Trotz und sollte für diesen Mut reich belohnt werden.

Capra besetzte seine Filme nicht nur in den Hauptrollen, sondern auch bis in die kleinsten Nebenrollen mit größter Sorgfalt. Sein Motto hieß »Ein Mann – ein Film«. Capra wollte die Kontrolle von A bis Z. Das war für einen Angestellten eines Filmstudios außergewöhnlich, selbst wenn er so erfolgreich war wie Capra. Aber mit diesem Film hatte er es endgültig geschafft. Sein Name wurde in einem Atemzug mit dem Titel genannt: Frank Capras **MR. DEEDS GEHT IN DIE STADT.**

Capra war vielleicht der gewiefteste Märchenerzähler, den Hollywood je hatte. Wir wissen genau, dass es einen so aufrechten Typen wie Longfellow Deeds so selten gibt wie eine millionenschwere Erbschaft aus heiterem Himmel. Aber wir träumen gerne mit Capra zusammen davon, wie großartig es wäre, wenn Märchen wahr würden.

In gewissen Situationen können sich Schusswaffen durchaus als nützlich erweisen: Um ungebetene Handelsreisende zu verjagen beispielsweise, um Fischen den Garaus zu machen oder um einen altersmüden Löwen aus zweiter Hand in Schach zu halten. Genau: Wir befinden uns in Texas, wo das Gewehr des Mannes bester Freund ist.

Garth und Hub würden sich selbst ohne zu zögern als ungenießbare alte Knacker bezeichnen oder als Misanthropen, wenn ihnen ein so gebildetes Wort über die Lippen käme. Bei diesem seltsamen Paar wird der 14-jährige Walter eines Tages ohne jede Vorwarnung abgegeben. Sie seien seine Großonkel, versichert ihm

LÖWEN AUS ZWEITER HAND in einem Satz: Ein Junge taucht in die fantastischen Erinnerungen zweier alter Männer ein, die äußerlich betrachtet nichts weiter als zwei Griesgrame sind.

LÖWEN AUS ZWEITER HAND (Secondhand Lions). USA 2003. Regie: Tim McCanlies. Besetzung: Haley Joel Osment, Michael Caine, Robert Duvall u. a. 105 Minuten. FSK 6. DVD: Warner

Wem ein Film nicht genügt:
DER INDIANER IM KÜCHENSCHRANK USA 1996. Regie: Frank Oz (FSK ohne Altersbeschränkung)
DAS GEHEIMNIS DES SEEHUNDBABYS USA 1994.
Regie: John Sayles (FSK ohne Altersbeschränkung)

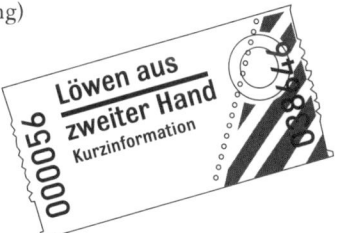

seine Mutter. Sie will Walter los sein und erwartet von ihm gleichzeitig, dass er die beiden Alten aushorcht, weil das Gerücht umgeht, diese hätten auf ihrer Farm einen millionenschweren Schatz versteckt. Für Spionage ist Walter jedoch denkbar ungeeignet. Er ist schüchtern, ängstlich, ungeschickt – und liebenswürdig.

Hub und Garth, die von allem nichts ahnen, machen Walter schnell klar, dass er von ihnen weder Zuneigung noch Erziehung zu erwarten hat. Er solle sich vielmehr auf ihr baldiges Ableben einrichten, dann sei er ohnehin auf sich allein gestellt.

Regisseur Tim McCanlies erzählt in LÖWEN AUS ZWEITER HAND ein eigenwilliges Märchen mit einem schlicht umwerfenden Trio in den Hauptrollen. Derart entspannte Lebenskünstler muss man einfach ins Herz schließen. Zugegeben, es geht auch ruppig zur Sache und bestimmt nicht immer nach dem Geschmack seriöser Erziehungsberechtigter. Aber gerade weil nicht gesäuselt wird, ist diese Liebesgeschichte zwischen zwei einsamen Alten und einem einsamen Jungen so herzerwärmend.

Allen missmutigen Vorsätzen zum Trotz lässt sich einer dieser Grobiane schließlich dennoch herab und erzählt Walter die wahre Lebensgeschichte der Brüder. Völlig überraschend tut sich in Walters Kopf ein sagenhaftes Panorama auf: furchtlose Fremdenlegionäre in Afrika, Abenteuer in einem farbenprächtigen Bilderbuch-Orient, unsterbliche Liebe zu einer wunderschönen Prinzessin und ewige Feindschaft mit einem fiesen Scheich. All das nimmt in der Vorstellung Walters spektakulär Gestalt an – und auf der Leinwand glücklicherweise auch.

So lässt es sich dann doch ganz gut aushalten auf der gottverlassenen Farm, und allmählich wird Walter zum Verbündeten der beiden Alten. Außenseiter sind sie ja schließlich alle. Als sich auch noch ein abgetakelter Löwe im Maisfeld gemütlich niederlässt, scheint das Glück vollkommen. Wäre da nicht die Legende vom Schatz, die ungebetene Gäste anlockt.

LÖWEN AUS ZWEITER HAND ist ein wunderbares Beispiel dafür, dass die Leiden des Regisseurs nach den Dreharbeiten noch lange nicht vorüber sind. Im Schneideraum wird nochmals gehörig und manchmal monatelang geschwitzt. Wenn es nur darum ginge, die guten von den schlechten Szenen zu trennen, wäre alles halb so schlimm. In Wahrheit müssen sich Regisseure aber auch von brillanten, von heiß geliebten und hart erkämpften Szenen verabschieden. Auf der DVD-Ausgabe zu **LÖWEN AUS ZWEITER HAND** werden wir eindrücklich und unterhaltsam darüber aufgeklärt, wie viel hervorragendes Material McCanlies weglieẞ. Er tat es dem Film zuliebe, weil die Szenen entweder nicht nahtlos ins Konzept gepasst oder den Erzählfluss gehemmt hätten, oder weil der Film dadurch schlicht zu lange geworden wäre.

Was ist ein »Running Gag«? Wenn alle paar Minuten »Ich will dir treu sein« gesungen wird, dann lässt sich daraus mit etwas Geschick ein »Running Gag« machen.

Eigentlich sollte Wallace jeden Augenblick mit der schönen, hochnäsigen und steinreichen Estelle Masterson verheiratet werden und gleich danach dank dem einflussreichen Schwiegerpapa politische Karriere machen. Aber jedes Mal, wenn Sängerin und Orchester den Schmachtfetzen »Ich will dir treu sein« anstimmen, um die Zeremonie zu eröffnen, kommt etwas dazwischen. Wallace braucht ziemlich lange, bis er begreift, dass er Estelle ganz und gar nicht treu sein will – und dementsprechend wird das Gelächter der Zuschauer mit jedem »Ich will dir treu sein« lauter. Das ist ein »Running Gag«, eine nicht weniger als sechsmal wiederkehrende Pointe, die sich stetig steigert.

MEINE FRAU, DIE HEXE haben sich ein französischer und ein amerikanischer Meister der Komödie ausgedacht. René Clair, ein Spezialist für märchenhafte Komödien, übernahm die Regie, während Preston Sturges, normalerweise ebenfalls Regisseur und Autor, als Produzent wirkte. Sturges war ein Spezialist für rasante Dialoge und sich überschlagende Witze. Es waren also zwei sehr unter-

MEINE FRAU, DIE HEXE in einem Satz: Eine Hexe will sich an einem Nachfahren jenes Mannes rächen, der sie verbrennen ließ, gerät aber mit ihren eigenen Hexenkünsten in Nöte.

MEINE FRAU, DIE HEXE (I Married a Witch). USA 1942.
Regie: René Clair. Besetzung: Frederic March, Veronica Lake, Cecil Kellaway, Susan Hayward u. a. 77 Minuten. FSK 6.
DVD: Kinowelt

Wem ein Film nicht genügt:
EIN GESPENST GEHT NACH AMERIKA
Großbritannien 1935. Regie: René Clair (FSK 12)
MEINE BRAUT IST ÜBERSINNLICH USA 1958.
Regie: Richard Quine (FSK 12)

schiedliche Temperamente, die hier aufeinandertrafen und sich dann hervorragend ergänzten.

Die erste Szene ihres Films verheißt allerdings nichts Lustiges, im Gegenteil – dramatischer kann ein Märchen kaum beginnen: Die bildhübsche Jennifer und ihr Vater werden im 17. Jahrhundert wegen Hexerei verbrannt. Der selbstgerechte Mann, der dies angeordnet hat, ist überaus stolz auf sein grausames Werk. Aber noch während sich der verbiesterte Moralapostel in Pose wirft, erscheint ein Mann mit Bauchladen im Bild und verkauft frischen Puffmais. Puffmais, frischen Puffmais fürs gespannte Publikum …

René Clair und Preston Sturges sind also offenbar doch nicht über Nacht ernsthaft geworden. Und tatsächlich stirbt danach das Hexengespann verdächtig fidel. Immerhin, die beiden verfluchen noch ihren selbstgerechten Peiniger: Nie wird er in der Liebe Glück haben – und seine Nachfahren auch nicht.

300 Jahre später heißt der unglückliche Erbe dieses Fluchs Wallace Wooley. Aber für ihn kommt es sogar noch schlimmer als jemals zuvor: Während er noch daran glaubt, dass mit »Ich will dir treu sein« alles gut wird, können sich Hexe und Zaube-

rer aus der Eiche befreien, die sie bislang festgehalten hatte. Sie beschließen sogleich, dass nun die Zeit für das große Rachefinale reif ist. Jennifer soll Wallace bezirzen, um ihn dann erst recht zu demütigen. Bei ihrem Plan hat sie allerdings nicht bedacht, dass sich vor gewissen Zauberformeln sogar Hexen in Acht nehmen sollten.

Obwohl in **MEINE FRAU, DIE HEXE** reichlich gezaubert wird, kommt René Clair mit ganz wenigen und ganz einfachen Tricks aus. Er stellt zwei Flaschen auf den Tisch, nimmt dazu die Stimmen der Schauspieler auf, und schon erhält die Szene etwas Magisches: zwei unsichtbare Flaschengeister, die sich unterhalten. Clair ist der geborene Märchenerzähler, weil er niemals zu viel ausmalt und zeigt. Er will lediglich unsere Fantasie so weit anregen, bis wir uns die Magie lebhaft vorstellen können.

So weit ist Clairs Handschrift deutlich erkennbar. Bei der Besetzung der verführerischen Hexe Jennifer dürfte dagegen vor allem Preston Sturges die Finger im Spiel gehabt haben. Veronica Lake galt damals nämlich als der gefährlichste Vamp Hollywoods – eine unmoralische Blondine, die Männer gleich reihen-

weise zu unüberlegten oder gar kriminellen Taten verleitete und
ihnen danach ebenso reihenweise das Herz brach. Also gerade das
richtige Gegengift für »Ich will dir treu sein«.

Für einen wirklich guten Reporter ist Tibbe viel zu nett und zu
schüchtern. Er kommt immer etwas zu spät, fragt immer etwas
zu anständig und ist immer etwas zu höflich. Deshalb droht ihm
sogar beim kleinen Provinzblättchen die Kündigung. Eine trächtige
Katze, die ein Kilogramm Hering geklaut hat: Das ist nun
wirklich keine heiße Story.

Da endlich läuft dem Katzenfan Tibbe etwas wahrhaft Außergewöhnliches
über den Weg: eine junge Frau, die beim Anblick
eines Hundes auf einen Baum flüchtet – DIE GEHEIMNISVOLLE
MINUSCH.

Was Tibbe nicht ahnt: Auch dahinter verbirgt sich eine Katzengeschichte,
denn Minusch ist mit Giftmüll in Berührung

188

DIE GEHEIMNISVOLLE MINUSCH in einem Satz: Ein linkischer und deshalb erfolgloser Reporter liebt zum Glück Katzen, denn dadurch wird er zum Beschützer von Minusch, die zwar eine junge Frau ist, aber verdächtig heftigen Appetit auf rohen Fisch hat.

DIE GEHEIMNISVOLLE MINUSCH (Minoes). Niederlande 2001. Regie: Vincent Bal. Besetzung: Carice van Houten, Theo Maassen u. a. 83 Minuten. FSK ohne Altersbeschränkung. DVD: Warner

Wem ein Film nicht genügt:
DER HUND, DER HERR BOZZI HIESS Spanien, Italien 1957. Regie: Ladislao Vajda (FSK 6)
ARISTOCATS USA 1970. Regie: Wolfgang Reitherman (FSK ohne Altersbeschränkung)

gekommen und hat sich deshalb von einer Katze in eine Frau verwandelt. Tibbe rettet die schreckhafte Frau vor dem Hundebiss, und dafür hilft sie nun Tibbe auf die Sprünge. Minusch hat da nämlich so ihre Quellen in der alten Verwandtschaft. Die kriegen einiges mit, geben es nachts beim gemütlichen Schwatz auf dem Dachfirst weiter, und Minusch versorgt mit ihrem Katzentratsch Tibbe. So macht der Jungjournalist doch noch Karriere, bis er sich mit dem beliebtesten Bürger der Stadt anlegt und behauptet, der ehrenwerte Herr Ellemeet sei in Wirklichkeit ein mieser Betrüger.

Obwohl die niederländischen Filmemacher den Katzen mittels Computer das Sprechen beziehungsweise die täuschend echte Bewegung der Mäuler beigebracht haben, merkt man diesem Film seine Technik gar nicht an. Sie macht genau das, was Technik im Film eigentlich immer machen sollte: Sie wird unsichtbar. Sobald wir nämlich auf die Machart eines Films aufmerksam werden, fallen wir aus der Geschichte raus, und die Illusion zerplatzt wie eine Seifenblase.

DER GEHEIME GARTEN in einem Satz: Eine Waise wird bei Verwandten in einem düsteren Schloss einquartiert, in dem alle an Trauer, Unglück und Angst fast ersticken – bis das Mädchen einen geheimen Garten entdeckt, der sich als Paradies entpuppt.

DER GEHEIME GARTEN (The Secret Garden). USA 1992. Regie: Agnieszka Holland. Besetzung: Kate Maberly, Heydon Prowse, Maggie Smith u. a. 101 Minuten. FSK ohne Altersbeschränkung. DVD: Warner

Wem ein Film nicht genügt:
LITTLE PRINCESS USA 1994. Regie: Alfonso Cuarón (FSK ohne Altersbeschränkung)
DER KLEINE LORD Großbritannien 1980. Regie: Jack Gold (FSK ohne Altersbeschränkung)

000059 Der geheime Garten Kurzinformation 0380470

190

Carice van Houten, die Darstellerin der Katzenfrau, braucht erst recht keine Tricks. Sie bewegt sich so katzenhaft, dass man sich ohne weiteres vorstellen kann, dass sich in dieser menschlichen Hülle eine echte Katze verbirgt. Umso überraschender eigentlich, dass Carice van Houten ausgerechnet gegen Katzenhaare allergisch ist.

Märchen dürfen kitschig sein. DER GEHEIME GARTEN nach einem Buch von Frances Hodgson Burnett ist kitschig – und wie! Die Regisseurin Agnieszka Holland versucht gar nicht erst, der herzerweichenden Erzählung ihre Gefühle auszutreiben, sondern macht ungehemmt wunderschöne Bilder zum romantischen Spiel.

Dafür setzt sie ein einfaches Mittel ein, das im Film häufig verwendet wird: den Kontrast. Die Handlung spielt in zwei Welten, die sich auch optisch drastisch voneinander unterscheiden: Ein Schloss steht für Trauer und Lebensunfähigkeit – ein Garten für Lebensfreude und Glück. Die düstere Stimmung im Schloss spiegelt sich in Farben, die alle abgedunkelt und mit Grau gemischt sind. Das meiste liegt im Schatten, kaum ein Lichtstrahl, der sich hierher verirrt, und schon gar keine knalligen Farben. Alles ist nur bedrückend. Im Garten dagegen blüht das Leben auf. Hier weitet sich die Farbpalette und beginnt zu leuchten. Alles ist hell und freundlich. Man sieht buchstäblich das Leben wachsen.

DER GEHEIME GARTEN, dessen Vorlage 1911 erschienen ist, erzählt die zunächst traurige Geschichte von Mary. Sie ist in Indien, das damals noch eine englische Kolonie war, aufgewachsen. Als die Eltern bei einem Erdbeben ums Leben kommen, weint Mary ihnen keine Träne nach. Vater und Mutter hatten kaum Zeit für sie – also trauert sie »zur Strafe« auch nicht um sie.

Mary kommt als Waise nach England und wird bei Lord Craven einquartiert, der mit Marys Tante verheiratet war. Diese ist durch einen tragischen Unfall ums Leben gekommen, und seither trauert Lord Craven geradezu maßlos. Auf seinem riesigen Anwesen ist es totenstill, und seinen einzigen Sohn Colin will er nicht sehen, weil der ihn ständig an den Tod der geliebten Frau erinnert. Schlimmer noch: Colin wächst in einem Zimmer auf, dessen Fenster vernagelt sind, weil sich alle panisch davor fürchten, er könnte an der frischen Luft sogleich tödlich erkranken.

Die freche Göre Mary bringt diese erstarrte Ordnung gründlich durcheinander. Nicht nur entdeckt sie einen Geheimgang zu Colins Zimmer, sie stachelt ihn auch noch dazu an, das Licht hereinzulassen und ohne Rücksicht auf mögliche Gefahren aus dieser Gruft auszubrechen. Mary entführt Colin in den geheimen Garten, den sie wiederentdeckt hat und den sie zusammen mit dem Bauernburschen Dickon pflegt. An diesem Ort der Harmonie, wo Tiere, Pflanzen und Menschen in vollkommener Eintracht leben, lernt Colin wieder frei zu atmen. Ausgerechnet hier, wo seine hochschwangere Mutter von der Schaukel gestürzt und anschließend bei der dadurch ausgelösten Frühgeburt Colins gestorben ist. Schafft es der geheime Garten, all die verstockten Herzen, darunter auch das von Mary, zu lösen und zu befreien?

Wie kann ein einziger Film sechs Regisseure haben? Es war einmal ein englischer Produzent, der hieß Alexander Korda und wollte bei seinen Filmen alles im Griff haben. Weil für ihn Regisseure deshalb nicht viel mehr als Gehilfen waren, wechselte er sie nach Lust und Laune aus. **DER DIEB VON BAGDAD** hat deshalb nicht weniger als sechs davon verbraucht.

Das ist allerdings bei weitem nicht das einzige spektakuläre Detail aus der sagenhaften Entstehungsgeschichte dieses Films, dessen Dreharbeiten zwei Jahre lang dauerten.

Ursprünglich wollte Korda die Außenaufnahmen für die Märchengeschichte aus Tausendundeiner Nacht in Nordafrika drehen, aber der Ausbruch des Zweiten Weltkriegs machte seine

DER DIEB VON BAGDAD in einem Satz: Ein entmachteter König und ein listiger Dieb besiegen einen skrupellosen Wesir mit Hilfe eines dienstbaren Riesen und eines fliegenden Teppichs.

DER DIEB VON BAGDAD (The Thief of Baghdad). Großbritannien 1940. Regie: Michael Powell, Ludwig Berger, Tim Whelan, Zoltan Korda, William Cameron Menzies, Alexander Korda. Besetzung: Sabu, Conrad Veidt, June Duprez, John Justin u. a. 108 Minuten. FSK 6. DVD: EMS

Wem ein Film nicht genügt:
JASON UND DIE ARGONAUTEN USA 1962.
Regie: Don Chaffey (FSK 12)
ARABISCHE NÄCHTE USA 1942.
Regie: John Rawlins (FSK 12)

Pläne zunichte. Also verfrachtete Korda die gesamte Filmproduktion per Schiff in die USA. Wenn also die orientalische Wüste des Films verdächtig nach Grand Canyon aussieht, dann hat das seinen guten Grund: Es ist der Grand Canyon.

Plan B schien bei Korda üblich zu sein. Sein erster Regisseur Ludwig Berger hatte darauf bestanden, den Operettenkomponisten Oscar Straus für die Filmmusik zu engagieren. Korda dagegen wollte den Ungarn Miklós Rózsa. So kam es zu einer seltenen Konstellation in der Filmgeschichte: Zwei Komponisten vertonten gleichzeitig – und ohne voneinander zu wissen – denselben Film. Zum Schluss setzte sich natürlich auch hier Korda mit seinem Kandidaten durch.

Weitere Legenden ranken sich um zwei der Hauptdarsteller. Der eine davon war Sabu, der als 13-Jähriger in Indien entdeckt worden war und dann in England und später auch in den USA zum Star wurde. Hollywood hat ihm auf dem legendären »Walk of Fame« in Los Angeles, wo die großen Stars des Kinos verewigt werden, sogar einen Stern gewidmet. Der andere Star des Films hieß Conrad Veidt und kam aus Deutschland, das er aus Protest gegen die Nazis verlassen hatte. Veidt war 1933 nach England gekommen und später in die USA ausgewandert. In allen drei Ländern hat er in mindestens einem Klassiker mitgespielt: In Deutschland war es DAS CABINET DES DR. CALIGARI, in England DER DIEB VON BAGDAD und in den USA CASABLANCA.

Dass DER DIEB VON BAGDAD bei einer so schwierigen Entstehungsgeschichte dennoch ein außergewöhnlicher Film geworden ist, das ist für sich genommen schon fast ein Märchen.

Das Werk begeisterte 1940 sein Publikum nicht nur wegen seiner Geschichte, sondern vor allem wegen der damals bahnbrechenden Tricktechnik und der hervorragenden Farbfotografie.

Die Handlung dagegen ist schlicht und einfach: Abu ist ein junger Dieb, der sich ebenso gutmütig wie listig durchs Leben schlägt. Durch Zufall wird er zum Gefährten des jungen Königs Ahmad, der von einem bösen Wesir entmachtet worden ist und nun als

Bettler ein trauriges Dasein fristet. Gegen den Wesir ist schwer anzukommen, denn der verfügt über Zauberkräfte, die er rücksichtslos einsetzt. Das Blatt beginnt sich erst zu wenden, als auch Abu und Ahmad magische Mächte in ihre Gewalt bekommen. Im Tiefsten geht es aber nicht um Reichtum und Macht, denn wir sind in einer Märchenwelt. Also sehnen sich alle nach der großen Liebe. Bis auf Abu, der hält es am Happy-End-Königshof nicht lange aus. Er ist und bleibt auch nach bestandener Prüfung ein übermütiger Dieb. »Ich gehe mir holen, was ich möchte: Ein neues Abenteuer.«

»Vor langer Zeit in einer Galaxie, weit, weit entfernt …« So beginnt das erfolgreichste Kinomärchen aller Zeiten, der **KRIEG DER STERNE**. Hier sind sich Science-Fiction und Märchen viel näher, als man zunächst meinen könnte. George Lucas hat dafür eine gewaltige Recyclingmaschine in Betrieb genommen, die alles Mögliche aus unserem Geschichtenarchiv verwenden und neu zusammenbauen kann. Da tauchen Szenen aus der Bibel auf, bekannte Märchen- und Sagenmotive, Klassiker der Weltliteratur werden geplündert und ein paar Comics dazu, schließlich wird etwas Buddhismus eingefügt, mit alten mystischen Gedanken versehen – und fertig ist das Weltraummärchen. Auch der goldglänzende C-3PO ist nichts weiter als eine Neuauflage des Roboters aus **METROPOLIS**.

KRIEG DER STERNE ist also ein Märchen – aber nicht nur. Es ist auch ein Western, ein Ritterfilm, ein Action-Thriller und eine Liebeskomödie. Als Märchen müsste es heißen: »Von einem, der auszog, die Furcht zu überwinden« oder »Sieben kommen durch die ganze Galaxis«. Im Schnelldurchlauf erzählt, ginge das ungefähr so: Es war einmal ein Junge, der hieß Luke Skywalker. Er wusste nicht, dass er zum Retter der Galaxis bestimmt war. Aber den Drang nach Abenteuern verspürte er schon immer. Deshalb kam ihm der geheimnisvolle Jedi-Ritter Obi-Wan Kenobi gerade recht, der ihn zu seinem Schüler machte. Gemeinsam mit den beiden Robotern R2-D2 und C-3PO, dem leichtsinnigen Abenteurer und Weltraumpiloten Han Solo, seinem haarigen Kopiloten Chewbacca und der bezaubernden Prinzessin Leia musste sich Luke der dunklen Seite der Macht und dem Todesstern entgegenstellen. Als es so weit war, hatte sich das Abenteuer längst ins Unermessliche ausgedehnt. Nichts weniger als die Rettung der gesamten Galaxis stand auf dem Spiel.

Inzwischen ist KRIEG DER STERNE selbst zum Mythos geworden, von dem unzählige Geschichten erzählt werden. Zu diesen gehört, dass George Lucas mit seinem Weltraummärchen den modernen Kassenschlager mit anschließender Totalvermarktung erfunden hat. Zunächst wird dafür gesorgt, dass ein Film bereits in aller Mund ist, bevor man ihn überhaupt sehen kann. Dadurch werden wir beinahe gezwungen, nach Filmstart möglichst schnell ins Kino zu gehen. So werden Blockbuster, eben Kassenschlager, gemacht. Wenn man sich so weit gefügig gezeigt hat, wird man mit Computerspielen, Büchern, Comics und allen nur erdenklichen Waren belagert, die mit Motiven aus dem Film versehen sind. Das nennt sich dann Merchandising. Seit 1977 wurden mit dem Merchandising von KRIEG DER STERNE über 12 Milliarden Dollar eingenommen – dreimal mehr als mit den Filmen selbst. Allerdings blieb der märchenhafte Charme des ersten Films in sämtlichen Fortsetzungen unerreicht. So ganz hat George Lucas offenbar doch nie verstanden, was eigentlich ein Märchen ausmacht: Es sind nämlich genau die Löcher in der Erzählung, die fehlenden Erklärungen, die Leere vor dem »Es war einmal …« und die Spekulation nach dem »und wenn sie nicht gestorben sind …«.

Solange diese Löcher offen bleiben, können wir bis in alle Ewigkeit weiterfabulieren – und das Märchen hat kein Ende.

KRIEG DER STERNE in einem Satz: Ein jugendlicher Held und
seine getreuen Gefährten sind dazu berufen, die Galaxis vor
der Macht des Bösen zu retten – eine Chance, die sich nur im
Märchen bietet.

KRIEG DER STERNE (Star Wars). USA 1977. Regie: George Lucas.
Besetzung: Mark Hamill, Harrison Ford, Carrie Fisher, Alec
Guinness u. a. 121 Minuten. FSK 12. DVD: 20th Century Fox

Wem ein Film nicht genügt:
DAS IMPERIUM SCHLÄGT ZURÜCK USA 1980.
Regie: Irvin Kershner (FSK 12)
E.T. – DER AUSSERIRDISCHE USA 1982.
Regie: Steven Spielberg (FSK 6)

Tierfilm

TIE RISCH
GUT   DRAUF

Der Abspann eines Films dient in erster Linie dazu, alle Mitwirkenden aufzulisten. Erst wenn wir das Kino meist längst verlassen haben, laufen auch noch einige rechtliche Hinweise über die Leinwand, beispielsweise die Mahnung, dass die unerlaubte Aufnahme und Verbreitung von Filmmaterial ein Verbrechen sei; oder der Schwur, dass jede Ähnlichkeit der Filmfiguren mit lebenden Personen rein zufällig sei; und seit einigen Jahren wird genauso standardmäßig versichert, dass für den eben gezeigten Film kein Tier gequält worden sei.

Während früher Tiere im Filmgeschäft tatsächlich oft wenig rücksichtsvoll und teilweise unwürdig behandelt wurden, gelten inzwischen Schutzbestimmungen, über deren Einhaltung Tierschutzvereine wachen. Zudem hat die Tierdressur große Fortschritte gemacht und ihre Trainingsmethoden stärker den Tieren angepasst. Offenbar hat sich die Einsicht durchgesetzt, dass Schläge auch für Tiere keine sinnvolle Erziehungsmethode sind. Tiere können zudem geschont werden, weil Film- und Tricktechnik inzwischen so ausgefeilt sind, dass die meisten gefährlichen Szenen gar nicht mehr mit echten Tieren gedreht werden müssen.

Dennoch bleibt die unmittelbare Arbeit mit Tieren schwierig und heikel. Selbst das begabteste Tier kann auf der Leinwand nur dann brillieren, wenn es von einem ebenso begabten und sensiblen Tiertrainer darauf vorbereitet wurde. Es gibt deshalb Trainer, die sich auf Filme spezialisiert haben und zu Hause einen mittleren Zoo mit verschiedenen Tieren halten – von Haustieren bis zu Wildkatzen und Elefanten.

◉◉◉

Karl Miller ist seit über vierzig Jahren als Tiertrainer für die Filmbranche tätig. Er glaubt, dass der Hund eigentlich das einzige Tier sei, das von Natur aus gerne mit dem Menschen zusammen sei und sich dessen Zuwendung wünsche.

Ebenso einzigartig ist wahrscheinlich die Zuneigung des Menschen zum Hund, die nur noch von der Liebe zu Pferden und Katzen annähernd erreicht wird. Dementsprechend viele Filme gibt es, in denen Hunde als des Menschen beste Freunde auftreten. Die beliebteste Hundefigur der Filmgeschichte ist mit Abstand die Collie-Hündin Lassie. Das erste Mal trat sie 1943 in LASSIES HEIM-WEH auf.

Die Handlung ist schlicht und deshalb schnell erzählt: Joe, ein Farmerjunge, liebt seine Lassie über alles. Unglücklicherweise ist seine Familie so arm, dass Lassie verkauft werden muss. Aber auch die Collie-Hündin ist Joe treu ergeben. Sie reißt von ihrem neuen Zuhause aus und sucht auf einer abenteuerlichen Wanderschaft den Heimweg zu ihrem Herrn.

LASSIES HEIMWEH ist ein anrührender Tierfilm, der 1943 etwas Wohlgefühl in düsteren Kriegszeiten verbreiten sollte. Vielleicht erinnerte Lassie sogar manche Zuschauer an all jene Männer, die im Krieg waren und auf deren Heimkehr man sehnlichst wartete. Auf jeden Fall hatte der Film durchschlagenden und bis heute anhaltenden Erfolg. Waren vor seinem Erscheinen in den USA etwa 3000 Collies registriert, so stieg die Zahl bis Ende der 1940er

LASSIES HEIMWEH in einem Satz: Die treue Collie-Hündin Lassie wird verkauft, findet aber den Weg zu ihrem jungen Herrn zurück und wird damit zu einem unsterblichen Filmstar.

LASSIES HEIMWEH (Lassie Come Home). USA 1943. Regie: Fred McLeod Wilcox. Besetzung: Roddy McDowall, Elizabeth Taylor, Donald Crisp u. a. FSK 6. DVD: Warner

Wem ein Film nicht genügt:
LASSIE – HELD AUF VIER PFOTEN USA 1946.
Regie: Fred McLeod Wilcox (FSK 6)
ZURÜCK NACH HAUSE –
DIE UNGLAUBLICHE REISE USA 1993.
Regie: Duwayne Dunham (FSK 6)

Jahre auf über 18000. Bis 1951 folgten fünf weitere Kinofilme mit Lassie und ab 1954 eine ebenso legendäre Fernsehserie, die es insgesamt auf beinahe 600 Folgen brachte. Der bislang letzte von über 30 Lassie-Filmen wurde 2005 gedreht.

Lassie ist derart populär, dass die Menschen zu Randfiguren werden. In **LASSIES HEIMWEH** sind in dieser Hinsicht eine kleine und eine große Randnotiz berichtenswert. Die kleine betrifft May Whitty, damals 78 Jahre alt, und den 79-jährigen Ben Webster. Die beiden standen für **LASSIES HEIMWEH** zum ersten Mal gemeinsam vor der Kamera – als Ehepaar. Das dürfte ihnen keine Sorgen bereitet haben, denn sie waren damals bereits seit fünfzig Jahren miteinander verheiratet.

Die große Randnotiz betrifft Elizabeth Taylor. Sie wurde in **LASSIES HEIMWEH** als elfjähriges Mädchen zum Star. Es war zwar erst eine Nebenrolle, aber schon in der Fortsetzung **LASSIE – HELD AUF VIER PFOTEN** stand ihr Name groß auf den Plakaten. Während die meisten Kinderstars als Erwachsene nicht mehr die gleichen Erfolge feiern, war das für Elizabeth Taylor erst der Beginn einer

unvergleichlichen Karriere. Nachdem sie als Kind brilliert hatte, war sie als heiratswillige Tochter in VATER DER BRAUT herzaller-liebst, galt in den 1950er Jahren als die schönste Frau der Welt, überzeugte als unglückliche Maggie in DIE KATZE AUF DEM HEISSEN BLECHDACH und erschreckte ihre Fans in WER HAT ANGST VOR VIRGINIA WOLF? als zynische Ehefrau. Elizabeth Taylor war über 25 Jahre lang ein Fixstern am Hollywood-Himmel. Und selbst als ab den 1970er Jahren mehr über ihre kurzen Ehen und über ihre gesund-heitlichen Probleme als über ihre Filme geklatscht wurde, blieb sie eine Legende. Die Höhen und Tiefen in Elizabeth Taylors Kar-riere und Privatleben haben sie bereits zu Lebzeiten zur Legende gemacht, zu einem Symbol für Glamour und Starkult.

◎◎◎

LASSIES HEIMWEH war für die Tierdressur geradezu ein Spazier-gang, wenn man ihn mit EIN SCHWEINCHEN NAMENS BABE vergleicht. Karl Miller musste nicht weniger als 970 Tiere dirigieren und zum

Mitspielen animieren. Allein für das Schwein in der Hauptrolle wurden 48 Ferkel eingesetzt, weil die einzelnen Tiere so schnell wuchsen und innerhalb kürzester Zeit zu groß waren.

Babe lebt auf einem Bauernhof, und da sind Farmer Hoggett und seine Ehefrau Emse als Menschen krass in der Unterzahl. Hier geben Pferde, Kühe, Schafe, Hunde, Gänse, Hühner und Mäuse den Ton an. Als das Waisenschwein Babe dazustößt, wird es von der Hirtenhündin Fly mütterlich umsorgt. Mit dem Ergebnis, dass Babe bald überzeugt ist, ebenfalls ein geborener Hirtenhund zu sein. Als Farmer Hoggett das bemerkt, schmeißt er das verrückte Schwein nicht etwa in den Kochtopf, sondern lässt sich auf diese verquere Idee ein – wahrscheinlich weil er selbst ein eigensinniger Querkopf ist. Hoggett meldet sich mit Babe sogar für die nationale Hirtenhundmeisterschaft an. Damit zieht er natürlich das allgemeine Gespött auf sich – wenigstens vorläufig.

Alles Können von Karl Miller und seinem »Leihzoo« reichte allerdings nicht vollständig aus. In manchen Szenen mussten reale

EIN SCHWEINCHEN NAMENS BABE in einem Satz: Ein Schwein glaubt, zum Hirtenhund geboren zu sein, und weil sein Bauer genauso verrückt ist, beginnen sie mit dem gemeinsamen Training für den nationalen Hirtenhundwettbewerb.

EIN SCHWEINCHEN NAMENS BABE (Babe, the Galant Pig). Australien, USA 1995. Regie: Chris Noonan. Besetzung: James Cromwell, Magda Szubanski u.a. FSK ohne Altersbeschränkung. DVD: Universal

Wem ein Film nicht genügt:
SCHWEINCHEN BABE IN DER GROSSEN STADT
Australien 1998. Regie: George Miller (FSK 6)
NAPOLEON – ABENTEUER AUF VIER PFOTEN
Australien 1996. Regie: Mario Andreacchio
(FSK ohne Altersbeschränkung)

Tiere möglichst geschickt mit Trickszenen kombiniert werden. Selbst wenn man das als Zuschauer hin und wieder bemerkt, schadet das nichts, denn **EIN SCHWEINCHEN NAMENS BABE** will gar kein realistischer Tierfilm sein. Wir tauchen in eine entrückte Märchenwelt ein, in der Tiere ganz bewusst vermenschlicht werden – dementsprechend gesprächig sind sie auch. Von dieser heilen Welt wissen wir genau, dass sie nirgendwo existiert. Umso mehr genießen wir unsere 90 Minuten Aufenthalt.

Am 1. November 1938 erwartete man in Baltimore das »Rennen des Jahrhunderts«: War Admiral, das erfolgreichste Rennpferd der amerikanischen Ostküste, trat gegen Seabiscuit an, der seinerseits an der Westküste keine Gegner mehr kannte. Über 40 000 Zuschauer wollten dieses Spektakel sehen, und 40 Millionen Menschen verfolgten das Rennen am Radio. Wie konnten zwei Pferde eine derartige Begeisterung auslösen?

Die Autorin Laura Hillenbrand hat die wahre Geschichte von Seabiscuit in einem Sachbuch nachgezeichnet, und der Regisseur Gary Ross hat sie verfilmt. In den knapp siebzig Jahren, die zwischen dem Rennen und dem Film liegen, hat sich viel verändert, etwas aber ist geblieben: Die liebsten Helden – nicht nur – der Amerikaner sind und bleiben Verlierer, die sich hochkämpfen, die niemals aufgeben und die dann aus scheinbar aussichtsloser Lage doch noch zu Siegern werden. In SEABISCUIT gibt es gleich vier solcher Helden:

Charles Howard steigt vom Fahrradmechaniker zum steinreichen Autohersteller auf, bis er durch den Unfalltod seines Sohnes schwermütig wird und daraufhin – mehr zur Ablenkung – einen Rennstall aufbaut.

Tom Smith ist ein Pferdetrainer, der immer noch vom grenzenlosen alten Westen träumt, auf höchst eigenwillige Trainingsmethoden schwört und deshalb als vorgestrig belächelt wird.

Red Pollard ist ein Jockey, der sein außerordentliches Talent durch Disziplinlosigkeit vergeudet hat. Er trinkt, spielt, prügelt sich und sinkt immer tiefer.

Und schließlich Seabiscuit, das zu klein gewachsene Rennpferd mit den krummen Beinen, das als faul und gefräßig gilt.

Sie alle haben den Anschluss verpasst und werden als »Auslaufmodelle« beiseite geschoben. Aber »man wirft doch nicht ein ganzes Leben weg, nur weil es ein bisschen beschädigt ist«. So wenigstens sieht es Tom Smith.

SEABISCUIT erzählt nicht nur in dramatischen Bildern die Geschichte des beliebtesten Pferdes im amerikanischen Pferdesport. Gleichzeitig wird eine Erklärung versucht, wie es zu dieser Popularität kam. Viele kurze Szenen veranschaulichen die damalige Lage in den USA. Nach dem Börsenkrach von 1929 litt das Land in den 1930er Jahren unter einer gewaltigen Wirtschaftskrise, der sogenannten Großen Depression. Unzählige Menschen waren arbeitslos geworden, ihr Erspartes war weg, das Zuhause verloren, und viele mussten Hunger leiden. Nur langsam begann sich das

Land wieder zu erholen, nachdem 1933 Franklin D. Roosevelt Präsident geworden war und den New Deal förderte. Dank dieses Wirtschaftsprogramms sollte nicht nur endlich der Aufschwung einsetzen, es sollten auch für möglichst alle Amerikaner sozial gerechte und menschenwürdige Lebensverhältnisse geschaffen werden.

Die kurzen Blitzlichter auf die amerikanische Zeitgeschichte haben in SEABISCUIT einen triftigen Grund: Die Verlierer Pollard, Smith, Howard und Seabiscuit stehen stellvertretend für eine ganze Nation. Ein Jockey, der auf einem Auge blind ist, und ein Pferd, das bereits das Gnadenbrot frisst, werden in SEABISCUIT zum Symbol für all jene, die vom Leben mies behandelt wurden.

Gary Ross weiß, dass er mit seinem Film reichlich spät kommt. Kaum noch jemand, erst recht nicht in Europa, wird diese historischen Zusammenhänge kennen. Deshalb zäumt er die Geschichte von drei Enden her auf. Pollard, Howard und Smith – jeder wird einzeln eingeführt. Ihre Charaktere und ihre Lebensgeschichten

SEABISCUIT in einem Satz: Ein abgeschriebenes Rennpferd, ein einäugiger Jockey, ein schwermütiger Autohändler und ein abgehalfterter Trainer vollbringen zusammen gleich mehrere Wunder und verhelfen damit der schwer angeschlagenen amerikanischen Nation zu neuem Selbstwertgefühl.

SEABISCUIT. USA 2003. Regie: Gary Ross. Besetzung: Tobey Maguire, Jeff Bridges, Chris Cooper, Elizabeth Banks, William H. Macy u. a. 140 Minuten. FSK 6. DVD: Universal

Wem ein Film nicht genügt:
DER SCHWARZE HENGST USA 1979.
Regie: Carroll Ballard (FSK ohne Altersbeschränkung)
BROADWAY BILL USA 1934. Regie: Frank Capra
(FSK ohne Altersbeschränkung)

werden damit ebenso plastisch sichtbar wie die Zeitgeschichte, die sich darin spiegelt. Sorgfältig wird ein Puzzle ausgelegt, das sich mit dem Auftauchen von Seabiscuit allmählich zusammenfügt.

Auf diesem anfangs verschlungenen Weg folgen wir dem Regisseur bereitwillig, weil er unsere Empfindungen fest im Griff hat. Er setzt uns bewusst einem Wechselbad der Gefühle aus: Mal siegen wir mit Seabiscuit, und dann wieder sind wir mit ihm am Boden zerstört. Mitten in rasante Szenen werden unvermittelt besinnliche Momente eingebaut, laut trifft schroff auf leise, eine schier unerträgliche Spannungsszene wird durch ein witziges Detail gelockert, Großaufnahmen stehen im Gegensatz zu Totalen aus der Distanz. Dank all dieser Mittel und durch den ständig wechselnden Rhythmus entsteht eine Spannung, die es uns unmöglich macht, behaglich einzudösen. **SEABISCUIT** ist ein herausragendes Beispiel für das großartige Gefühlskino, das nun einmal genauso zu Hollywood gehört wie die glamourösen Stars. Und auch diese leisten in den Hauptrollen schlicht Wunderbares. Man kann sich dafür gar niemand anderes vorstellen als Tobey Maguire, Jeff Bridges und Chris Cooper.

Zweifellos ist SEABISCUIT ein nostalgischer Film, der die scheinbar gute alte Zeit hochleben lässt. Damit dieser Eindruck ungetrübt bleibt, wird die wahre Geschichte dann doch hie und da zurechtgebogen. Die drei Männer waren nämlich keineswegs eine derart verschworene Gemeinschaft, wie es im Film den Anschein erweckt. Howard hat seinen Jockey Pollard zeitweise ziemlich schäbig behandelt.

Erst recht vorbei ist es mit dem schönen Schein, wenn man erfährt, dass die atemberaubende Dramatik der Rennen nur möglich wurde, weil sich zehn Pferde die Rolle von Seabiscuit geteilt haben – und ein mechanisches Pferd, das auf einer rollenden Plattform fuhr. Die 40 000 Zuschauer beim Rennen des Jahrhunderts bestanden zu einem großen Teil aus aufblasbaren Puppen, die mit langen T-Shirts behängt wurden, auf die man »Anzüge« gemalt hatte.

Aber man lässt sich doch nicht einen Film vermiesen, nur weil dafür ein wenig gemogelt wurde.

Eine andere »wahre Geschichte« erzählt AMY UND DIE WILDGÄNSE: Dem Kanadier William Lishman war es 1993 gelungen, mit einem Ultraleichtflugzeug Gänse an ihre Nistplätze nach Virginia in den Süden zu lotsen. Er tat das nicht in erster Linie aus Abenteuerlust, sondern um damit seltene Vogelarten vor dem Aussterben zu bewahren. Zunächst hatte er Gänse auf sich geprägt, um von ihnen als »Mutter« anerkannt zu werden. Danach hatte er sie auch noch dazu gebracht, seinem Flugzeug zu folgen.

Aus solch aufsehenerregenden Ereignissen lassen sich wunderschöne Filme machen. In diesem Fall gaben sie allerdings lediglich das Gerüst für eine dramatische Erzählung ab, deren Kern ein uralter Konflikt ist, der eigentlich gar nichts mit Tieren zu tun hat.

Die 13-jährige Amy verliert bei einem Autounfall ihre Mutter. Deshalb muss sie von Neuseeland nach Kanada zu ihrem Vater

Thomas ziehen, der von seiner Familie getrennt gelebt hat. Thomas ist ein Eigenbrötler, der mehr schlecht als recht von bizarren Stahlkunstwerken lebt, die er auf seiner Farm zusammenschweißt. Seine eigentliche Leidenschaft gilt aber dem Gleitflug, was immer wieder zu gefährlichen Abstürzen führt. Amy scheint in dieser Welt offenbar nirgends Sicherheit und Geborgenheit zu finden. Da entdeckt sie die verwaisten Eier von Wildgänsen. Sie brütet sie in einer behelfsmäßig hergerichteten Kommode aus und prägt die frisch geschlüpften Gänse auf sich. Sozusagen über Nacht wird Amy damit zur Gänsemutter.

Wie aber soll sie ihren Küken den überlebenswichtigen Flug in den Süden beibringen? Endlich kann Thomas sich als brauchbarer Vater beweisen: Er baut ein Ultraleichtflugzeug zur »Riesen-Gans« um und bringt Amy das Fliegen bei. Nach zahlreichen Bruchlandungen machen sich Vater und Tochter am Ende tatsächlich in Richtung North Carolina auf – mit einer Schar Wildgänse im Schlepptau.

Obwohl auch Regisseur Carroll Ballard Fakten und Fiktion locker mischt, verbindet er überzeugend einen dramatischen Tierfilm mit dem sensiblen Porträt einer Vater-Tochter-Beziehung. Der echte Wildgänse-Lotse William Lishman hatte nichts gegen diese Mixtur einzuwenden. Ihm war es recht, wenn mit einer spannenden Geschichte ein möglichst großes Publikum für sein Anliegen begeistert wurde. Ihm war es lediglich wichtig, dass der Film seinem Projekt als Ganzes gerecht wurde. Deshalb wurden über sechzig Gänse trainiert und auf die Hauptdarstellerin Anna Paquin geprägt. Weil diese aber nur während der eigentlichen Drehzeit anwesend sein konnte, übernahm Lishmans Tochter Carmen in der Prägungsphase die Rolle von Anna Paquin. Sie verkleidete sich mit einem Regenmantel, und aus dem Hintergrund hörten die Gänse vom Tonband Anna Paquins Stimme.

AMY UND DIE WILDGÄNSE in einem Satz: Ein Mädchen zieht Wildgänse auf und zeigt ihnen mit einem Ultraleichtflugzeug den Weg zu ihren Nistplätzen im Süden.

AMY UND DIE WILDGÄNSE (Fly Away Home). USA 1996. Regie: Carroll Ballard. Besetzung: Anna Paquin, Jeff Daniels, Dana Delany u. a. 107 Minuten. FSK ohne Altersbeschränkung. DVD: Columbia TriStar

Wem ein Film nicht genügt:
WENN DIE WÖLFE HEULEN USA 1993. Regie: Carroll Ballard (FSK ohne Altersbeschränkung)
NOMADEN DER LÜFTE – DAS GEHEIMNIS DER ZUGVÖGEL Frankreich, Deutschland, Spanien, Schweiz 2001. Regie: Jacques Perrin, Michel Debats, Jacques Cluzaud (FSK ohne Altersbeschränkung)

Amy und die Wildgänse
Kurzinformation
000000 040000

Dr. Heinrich Gützkow kann nicht verhindern, dass das Schwein einen Namen kriegt. Und damit steht er auf verlorenem Posten, denn einen Rudi Rüssel wird er nie mehr aus dem Familienkreis verbannen können. Dabei war Rudi ein Tombolapreis und ursprünglich als Spanferkel gedacht. Aber jetzt ist er ein echter Gützkow und damit für Papa Gützkow ein für alle Mal tabu. In einer Stadtwohnung wird er heimlich zum Haustier, liebevoll gehätschelt von den Geschwistern Betty, Zuppi und Tobi.

Allmählich wächst dem Vater alles über den Kopf: Als Ägyptologe wartet er schon seit Urzeiten auf einen Forschungsauftrag; zu Hause ist er als hoffnungslos minderbegabter Hausmann überfordert; und nun hat er auch noch diese Schweinerei am Hals. Seine Frau Almut würde mit Sicherheit alles viel besser in den Griff bekommen, aber sie muss als Lehrerin den Lebensunterhalt für die Familie verdienen.

Doch es kommt noch schlimmer: Die Gützkows werden aus ihrer Wohnung geworfen, obwohl Rudi als Wachtschwein geglänzt hat. Aber der Hausherr duldet keine Haustiere – außer dem eigenen selbstverständlich. Die Lage ist prekär, denn wer nimmt schon eine Familie mit Schwein auf? Also landen sie auf einem Sportplatz

RENNSCHWEIN RUDI RÜSSEL in einem Satz: Ein Schwein bringt einer Familie anstatt Glück nur Probleme, aber zum Schluss wird alles gut – und bis dahin bleibt es kurzweilig.

RENNSCHWEIN RUDI RÜSSEL. Deutschland 1994. Regie: Peter Timm. Besetzung: Ulrich Mühe, Iris Berben, Cora Sabrina Grimm, Kristina Pauls u. a. 101 Minuten. FSK ohne Altersbeschränkung. DVD: Kinowelt

Wem ein Film nicht genügt:
DIE WEIHNACHTSGANS AUGUSTE DDR 1988. Regie: Bodo Fürneisen (FSK ohne Altersbeschränkung)
EIN HUND NAMENS BEETHOVEN USA 1991. Regie: Brian Levant (FSK 6)

in der Dienstwohnung des Platzwarts, und Papa hinterlässt fortan auch noch auf dem Fußballfeld seine chaotischen Spuren.

In **RENNSCHWEIN RUDI RÜSSEL** mag der Vater arbeitslos sein, die Mutter irgendwann entnervt ausziehen und das Schwein auf dem Schlachthof in Todesgefahr schweben – bei Familie Gützkow ist und bleibt letztlich alles gut. So dass man am liebsten gleich einziehen möchte. Dass so viel Harmonie dennoch nie langweilig und auch nicht unglaubwürdig wird, verdanken wir vielen witzigen Einfällen und einer liebenswürdigen Filmfamilie, die so echt wirkt, dass man gar nie an Schauspiel denkt. Das Alltagsleben der Gützkows, ihre kleinen und großen Probleme, ist trotz allem so realistisch dargestellt, dass sich darin jede Familie wiedererkennen kann. Auch wenn sie nicht so viel Schwein hat.

Zwei ungleiche Brüder erben die Fabrik und das heruntergekommene Anwesen ihres geizigen Vaters. Von nun an zanken sich Lars und Ernie Smuntz unentwegt: Lars sieht sich selbst als cleveren Burschen, und Ernie soll den Trottel abgeben – genau wie

einst bei Dick und Doof. Schließlich müssen sich aber die Brüder wohl oder übel doch zusammenraufen, weil sie von einem echten Monster bedroht werden: einer skrupellosen Hausmaus.

Die hat sich in der Villa gemütlich niedergelassen und hält von den neuen Besitzern gar nichts. Zunächst macht sie sich nur an den Käse ran, aber als die Eindringlinge auf MÄUSEJAGD gehen, bläst die Maus zum gnadenlosen Gegenangriff.

Eigentlich trifft sich das gut, denn Lars und Ernie möchten die Villa ohnehin loswerden, aber weil sie das Anwesen noch etwas aufmotzen wollen, um einen guten Preis dafür zu erzielen, wird es der Maus im Haus zu ungemütlich. Und als sich herausstellt, dass Maus und Mann in einem Kunstwerk wohnen, das vom unvergleichlichen Architekten »Laroux« entworfen wurde und entsprechend wertvoll ist, da bricht endgültig die Hölle los.

Die Brüder kämpfen um Reichtum. Und die Maus um das, was sie längst als ihr Eigenheim betrachtet. Es ist ein ungleicher Kampf auf Leben und Tod – wie bei Tom und Jerry –, in dem die Größeren immer den Kürzeren ziehen. Am härtesten trifft es einen unerschrockenen Kammerjäger, der sich seine letzte Mission bestimmt anders vorgestellt hat.

Bis hierhin haben wir uns mit Tierfilmen von der freundlichen oder lustigen Sorte beschäftigt. Aber Tiere sind nicht immer des Menschen bester Freund. Bei MOBY DICK ist es aus mit der Niedlichkeit. Hier wird ewige Feindschaft geschworen, wird auf Biegen und Brechen gekämpft, steht am Ende Sieg oder Untergang.

Regisseur John Huston hat die Farbgestaltung seines Films dieser Grundstimmung angepasst. Also keine satten Farben. MOBY DICK ist rau und ausgebleicht – wie eine vergilbte Fotografie. Diese besondere Farbtemperatur hat Huston dadurch erreicht, dass er von den Negativen je eine Schwarzweiß- und eine Farbkopie anfertigen ließ. Anschließend wurden diese beiden Versionen

MÄUSEJAGD in einem Satz: Eine Maus wehrt sich mit allen Mitteln dagegen, dass die Villa, in der sie Maus im Haus ist, von menschlichem Ungeziefer befallen wird.

MÄUSEJAGD (Mousehunt). USA 1997. Regie: Gore Verbinski. Besetzung: Nathan Lane, Lee Evans, Vicki Lewis u. a. 97 Minuten. FSK 6. DVD: Dreamworks / Universal

Wem ein Film nicht genügt:
STUART LITTLE USA 1999. Regie: Rob Minkoff (FSK ohne Altersbeschränkung)
TOM & JERRY – The Classic Collection Zeichentrick-Kurzfilme (FSK ohne Altersbeschränkung)

MOBY DICK in einem Satz: Ein fanatischer Kapitän jagt einen Wal, der ihn einst ein Bein gekostet hat, und setzt dafür Schiff und Mannschaft aufs Spiel.

MOBY DICK. Großbritannien 1956. Regie: John Huston. Besetzung: Gregory Peck, Richard Basehart, Leo Genn, Orson Welles u. a. 115 Minuten. FSK 12. DVD: MGM

Wem ein Film nicht genügt:
DER SEEWOLF USA 1941. Regie: Michael Curtiz
KING KONG UND DIE WEISSE FRAU USA 1933.
Regie: Merian C. Cooper und Ernest B. Schoedsack (FSK 12)

000068 Moby Dick
Kurzinformation

übereinanderkopiert. Dadurch entstand eine Mischung, in der die Farben gedämpfter, kälter wurden.

MOBY DICK ist die Verfilmung eines Romans von Herman Melville, der im 19. Jahrhundert erschienen ist. Der Film beginnt düster, entwickelt sich düster und endet düster. Ismael heuert auf einem Walfänger an, der von Kapitän Ahab kommandiert wird. Ahab ist ein Furcht einflößender Seebär mit einem Holzbein und einem narbenzerfurchten Gesicht. Er scheint die Walfängerei mit Leib und Seele zu betreiben. Aber allmählich wird Ismael bewusst, dass Ahab nicht nur von reinem Geschäftssinn getrieben wird. Eigentlich betreibt er die Walfängerei nur noch, um einen ganz bestimmten Wal zu erlegen: Moby Dick. Er ist bereit, bis ans Ende der Welt zu segeln, um Rache zu nehmen für das Bein, das ihm der weiße Wal einst genommen hat. Als dieses scheinbar unbesiegbare Meeresungeheuer tatsächlich gesichtet wird, bricht bei Ahab endgültig der Wahnsinn aus. Er missachtet den Ehrenkodex der Seeleute, steigert sich in blutige Rituale hinein und setzt nicht nur sein Leben, sondern auch das der gesamten Mannschaft aufs Spiel.

MOBY DICK ist ein höchst eigenwilliger Klassiker, weil er auch ganz offensichtliche Schwächen hat. Dazu gehört beispielsweise der Hauptdarsteller Gregory Peck. Der war zeitlebens der gepflegte Gentleman, so wohlerzogen, dass es manchmal fast schon langweilig wurde. Der fanatische Seebär Ahab ist für ihn deshalb offensichtlich ein paar Nummern zu dämonisch. Peck gibt sich zwar alle Mühe, wie ein Wahnsinniger zu spielen, aber gerade deshalb nimmt man ihm den Wahnsinn nie ganz ab. Sogar er selbst fand, eigentlich hätte der Regisseur John Huston höchstpersönlich die Hauptrolle spielen müssen.

Eine weitere Schwäche geht auf das Konto des Regisseurs: Huston mochte harte Männergeschichten so sehr, dass er es mit den Jagdszenen etwas übertrieb. Sie nehmen zu viel und zu gleichförmigen Raum ein, so dass der Film zeitweise etwas langatmig wird.

Dennoch, und das ist das eigentlich Wunderbare an MOBY DICK, dennoch kommt man von diesem Film nicht los. Wenn man sich einmal auf die Weltmeere gewagt hat, fiebert man dem großen Duell mit Moby Dick genauso entgegen wie Kapitän Ahab.

Als Steven Spielberg beinahe zwanzig Jahre später mit DER WEISSE HAI seinen großen Durchbruch feierte, war das eigentlich nichts weiter als ein Remake von MOBY DICK. Und wie bereits John Huston kämpfte Spielberg trotz fortgeschrittener Filmtechnik mit einem der schwierigsten Drehorte: dem Meer. Huston wie Spielberg plagten sich mit einem mechanischen Tier herum, das wegen des einfließenden Wassers immer wieder defekt war. Und beide waren zeitweise nahe daran, vor dem unberechenbaren und unbezähmbaren Wetter auf See zu kapitulieren. In beiden Fällen entstanden deshalb viel mehr Szenen im Studio, als man es dem fertigen Film ansieht.

Man sollte nur von jenen Dingen erzählen, die man aus eigener Erfahrung kennt. Auf diesen Grundsatz schwören viele Filme-macher, und auch die Regisseurin Byambasuren Davaa hat sich in ihren zwei ersten Filmen daran gehalten.

Die 1971 in der Mongolei geborene Davaa lebt zwar seit einigen Jahren in Deutschland und hat hier die Filmhochschule besucht, aber ihre Geschichten fand sie bislang in der alten Heimat. Noch als Studentin drehte sie DIE GESCHICHTE VOM WEINENDEN KAMEL, die 2005 prompt für den Oscar als bester Dokumentarfilm nominiert und mit Preisen geradezu überhäuft wurde. Ihren zweiten Film DIE HÖHLE DES GELBEN HUNDES nennt sie zwar »Spielfilm«, aber auch dieses Werk ist vom genauen Blick auf das Leben der Nomaden in der Mongolei geprägt. Die eigentliche Handlung ist ganz einfach und unspektakulär gehalten. Und so entstand ein Dokument über eine Lebensform, die vom Aussterben bedroht ist.

Eine fünfköpfige Nomadenfamilie lebt in der mongolischen Steppe. Sie wohnt in einem Zelt, kein einziges Haus weit und

DIE HÖHLE DES GELBEN HUNDES in einem Satz: Ein Mädchen
findet in der mongolischen Steppe einen streunenden Hund und
versucht, ihn gegen den Willen ihres Vaters zum Mitglied der
Nomadenfamilie zu machen.

DIE HÖHLE DES GELBEN HUNDES. Deutschland 2005.
Regie: Byambasuren Davaa. Besetzung: Urjindorj Batchuluun,
Buyandulam Daramdadi Batchuluun, Nansal Batchuluun u. a.
93 Minuten. FSK ohne Altersbeschränkung. DVD: Warner

Wem ein Film nicht genügt:
NANUK DER ESKIMO USA 1921.
Regie: Robert J. Flaherty (FSK 6)
SENNENBALLADE Schweiz 1996.
Regie: Erich Langjahr
(FSK ohne Altersbeschränkung)

breit. Womit sich die Familie nicht selbst versorgen kann, das wird mit dem Erlös aus ihrer Schafzucht gekauft. Sie führen ein karges Leben, in dem schon ein einfacher Plastiktopf zum Luxus wird.

Die sechsjährige Nansal gehört bereits nur noch teilweise zu diesem Leben. Sie muss in die Stadt zur Schule und lebt deshalb die meiste Zeit des Jahres weit weg von ihrer Familie. Nur in den Ferien ist sie mit Vater und Mutter und den beiden kleineren Geschwistern zusammen.

Auf ihren Spaziergängen durch die Steppe entdeckt Nansal einen kleinen Hund, den sie zu sich nimmt. Gegen diese Freundschaft hat allerdings der Vater etwas einzuwenden. Er befürchtet, dass der Hund die Wölfe auf die Spur der Schafherde bringt. Und wenn die Wölfe ihre Schafe reißen, dann verlieren die Nomaden ihre Lebensgrundlage.

Dass DIE HÖHLE DES GELBEN HUNDES im Grunde mehr Dokumentarfilm als Spielfilm ist, wird durch die Besetzung noch unterstrichen. Die Regisseurin musste lange nach einer geeigneten Familie suchen, die all ihre Wünsche erfüllen konnte. Es sollten traditionsbewusste Nomaden sein, die dennoch so offen waren, dass sie sich wochenlang filmen ließen. Sie mussten Kinder haben, eines davon sollte ein Schulkind in der Unterstufe sein, eines eben frisch Laufen gelernt haben. Und sie sollten sich vor der Kamera ganz ungezwungen bewegen. Als die Regisseurin bereits aufgeben wollte, traf sie die Familie Batchuluun, die tatsächlich genau all das bieten konnte, was sie so lange vergeblich gesucht hatte.

Weil der Film dokumentarisch präzise sein sollte, war die Regisseurin praktisch gezwungen, sich für Laiendarsteller zu entscheiden. Wichtiger als die Begabung zum Schauspiel war nämlich, dass jeder Handgriff stimmte und nichts antrainiert wirkte. Der Abbau der Zelte und die Verpackung zur Weiterfahrt entpuppen sich bei den Batchuluuns als ein ruhiges, konzentriertes, kraftvolles und deshalb wunderschönes Ballett. Wir spüren ganz unvermittelt die Selbstverständlichkeit, mit der die sechsjährige Nansal aufs Pferd steigt, wie sie Schafe hütet und ihre Umgebung erkundet. Und wir sind überrascht von der gelassenen Zielstrebigkeit, mit der die Mutter ihr Kind sucht, das kurz vor Einbruch der Dunkelheit immer noch nicht zurückgekehrt ist.

Wird Byambasuren Davaa jetzt nur noch Filme in der Mongolei drehen können, weil man doch von Dingen erzählen soll, die man aus eigener Erfahrung kennt? Manchmal lässt sich eine goldene Regel auch in ihr Gegenteil verkehren, ohne dass sie ihre Gültigkeit einbüßt. Ebenso spannend kann es nämlich sein, wenn Filmemacher einen genauen Blick auf das werfen, was ihnen fremd ist. Sie entdecken dabei ganz neue Dinge. Genauso wie wir Neues entdecken, wenn uns ein kurzer Blick in die fremde Welt mongolischer Nomaden gewährt wird.

Originell ist das nicht gerade: Ein Mädchen liebt Pferde über alles und muss sich gegen den Widerstand ihres Vaters durchsetzen, bis sie schließlich mit seinem Segen und zu seinem Glück ein wichtiges Pferderennen gewinnt.

ZAÏNA – KÖNIGIN DER PFERDE ist nicht in erster Linie außergewöhnlich, weil eine ganz neue Geschichte erzählt wird. Das Besondere ist vielmehr, dass der Film weder aus Europa noch aus den USA stammt, sondern aus Nordafrika. Das Atlas-Gebirge gibt darin eine eindrückliche Kulisse ab, ein legendäres Pferderennen in Marrakesch wird zum dramatischen Showdown, und die Kultur der Berber dient als exotischer Rahmen.

Nach dem Tod ihrer Mutter steht die elfjährige Zaïna vor einem Dilemma: Ihren Stiefvater, den reichen Omar, hasst sie, weil sie ihn für den Tod der Mutter verantwortlich macht. Und ihren leiblichen Vater Mustapha, den sie erst jetzt kennenlernt, mag sie auf Anhieb genauso wenig. Diese Abneigung scheint der mürrisch wirkende und in sich gekehrte Berber zu erwidern. Dennoch nimmt er Zaïna mit auf den Weg nach Marrakesch. Dorthin führt er die besten Reiter seines Stammes zum Agdal, einem legendären

Pferderennen. Auf der beschwerlichen Reise durch das unwirt-
liche und teilweise schneebedeckte Atlas-Gebirge werden sie vom
eifer- und rachsüchtigen Omar verfolgt. Er will Zaïna für sich
haben – selbst wenn es Menschenleben kostet.

Unterwegs erfährt Zaïna, dass ihre Mutter Selma einst am
Agdal teilgenommen hat, jedoch als Mann verkleidet, weil Frauen
davon ausgeschlossen waren. Dieser Verstoß gegen die Regeln
hatte nach der Enttarnung Selmas für einen Skandal gesorgt. Sie
wurde deswegen sogar von Mustapha verstoßen, der keine Ahnung
hatte, dass seine Frau schwanger war. Durch diese schockierende
Enthüllung wird Zaïnas Bestimmung erst recht offensichtlich: Sie
muss erkämpfen, was der Mutter einst verwehrt blieb. Als Reiterin
will sie Unabhängigkeit und Selbständigkeit für sich selbst und für
alle Frauen erkämpfen, die in dieser von Männern beherrschten
Gesellschaft leben.

Der algerische Regisseur Bourlem Guerdjou erzählt in ZAÏNA –
KÖNIGIN DER PFERDE ein prachtvolles orientalisches Märchen. Die
überwältigende nordafrikanische Landschaft baut er eindrücklich
in seine unkomplizierte Abenteuergeschichte ein. Er schwelgt in

222

ZAÏNA – KÖNIGIN DER PFERDE in einem Satz: Eine junge Reiterin will an einem Pferderennen teilnehmen, das Männern vorbehalten ist – genau dasselbe Vorhaben, das ihrer Mutter zum Verhängnis wurde.

ZAÏNA – KÖNIGIN DER PFERDE (Zaïna, cavalière de l'Atlas). Algerien, Frankreich 2005. Regie: Bourlem Guerdjou. Besetzung: Aziza Nadir, Sami Bouajila, Michel Favory u.a. 100 Minuten. FSK 6

Wem ein Film nicht genügt:
KLEINES MÄDCHEN, GROSSES HERZ USA 1944. Regie: Clarence Brown (FSK ohne Altersbeschränkung)
BAB'AZIZ Tunesien 2005. Regie: Nacer Khemir (FSK ohne Altersbeschränkung)

satten Farben, majestätischer Breitleinwand und dramatischer Filmmusik. Das Pferderennen, den Höhepunkt des Films, inszeniert Guerdjou routiniert als klassischen Showdown. Man spürt, dass dieser Film für Zuschauer gemacht wurde, denen die nordafrikanische Kultur fremd ist. Die filmischen Mittel, die verwendet werden, sind deshalb weitgehend dieselben wie im Hollywood-Film SEABISCUIT. Dennoch gewährt Guerdjou einen Einblick in die Welt der Berber, der offensichtlich nicht aus zweiter Hand ist. Man hat das Gefühl, dass hier nicht nur Fantasie, sondern auch Realität in Bilder gefasst wurde. Weil aber unsere Seh- und Erzählgewohnheiten berücksichtigt werden, gelingt es dem Film, uns eine fremde Kultur näher zu bringen. Dazu trägt die junge Schauspielerin Aziza Nadir eine ganze Menge bei, weil sie als Zaïna ein selbstbewusstes Energiebündel ist, mit dem wir uns auch außerhalb Nordafrikas identifizieren können.

◉ ◉ ◉

Pferde, Hunde, Katzen, hin und wieder ein Schwein – das sind die Tiere, die im Kino unser Herz gewinnen. Aber Käfer, Spinnen und Fliegen? Die verbannen wir normalerweise in Horrorfilme. Oder wir putzen sie für Trickfilme so niedlich heraus, bis vom Ungeziefer keine Spur mehr zu sehen ist.

Die beiden Dokumentarfilmer Claude Nuridsany und Marie Pérennou kümmern solche Vorurteile wenig. Sie entführen uns in **MIKROKOSMOS – DAS VOLK DER GRÄSER** genau zu jenen Bewohnern dieses Planeten, die wir gerne übersehen und gering schätzen. Diesmal soll uns das allerdings nicht gelingen. Die Kamera kreist zwar zunächst hoch über den Wipfeln eines Waldes, aber dann senkt sie sich hinunter in die Wiese, und für achtzig packende Minuten wird unsere alltägliche Optik auf den Kopf gestellt. Die Gräser werden zum Urwald, und das, was normalerweise zu unseren Füßen kriecht, füllt plötzlich die gesamte Leinwand aus. Auch die Geräusche, die wir leicht überhören, werden den Bildern entsprechend »aufgeblasen«, so dass bereits eine Heuschrecke ohrenbetäubenden Lärm verursacht. Wir werden Zeuge, wie sich eine Wasserspinne ihren »Speisesaal« aus Luft baut, fiebern bei einem heroischen Hirschkäferkampf mit und möchten am liebsten dem Pillendreher bei seiner Sisyphusarbeit zu Hilfe eilen.

Die beiden Filmemacher lehren uns das Staunen, aber sie erheben kaum die Stimme und schon gar nicht den Zeigefinger. Bis auf ein paar einleitende Worte kommt der gesamte Film ohne Kommentar aus. Er konzentriert sich ganz auf die Kraft seiner Bilder, der Geräusche und der Musik.

Nuridsany und Pérennou entfesseln die Kamera, umkreisen ihre Objekte, begleiten sie mit rasanten Kamerafahrten, und die Aufnahmen im Zeitraffer sind von betörender Eleganz. Solche Brillanz hat selbstverständlich ihren Preis: Drei Jahre geduldige Kleinarbeit und ein Budget von vier Millionen Euro waren nötig, damit **MIKROKOSMOS** entstehen konnte. Ein eigens hergerichtetes »Wiesenstudio« ermöglichte erst jene Aufnahmen, die uns nun die Illusion vermitteln, flach auf dem Bauch durch eine Wiese zu robben.

MIKROKOSMOS ist derart unge-
wohnt und unterhaltsam, dass
den Filmemachern vorgeworfen
wurde, sie hätten sich naturwis-
senschaftlich nicht korrekt ver-
halten: Den Tieren würden allzu
sehr menschliche Eigenschaften
aufgezwungen, und mit der Mu-

sik werde das Geschehen übermäßig dramatisiert. Tatsächlich
hat **MIKROKOSMOS** mit althergebrachten Naturfilmen nichts mehr
zu tun. Dafür überträgt sich die Faszination umso stärker auf
uns Zuschauer. Wir beginnen zu staunen. Wenn der prachtvolle
Schmetterling sich langsam entfaltet, dann macht sich im Kinosaal beinahe Ehrfurcht breit. Und wir werden mindestens für ein
paar Tage keine Spinne mehr leichfertig zertreten. Ob so etwas
ein korrekter, aber dröger Lehrfilm erreichen kann?

MIKROKOSMOS – DAS VOLK DER GRÄSER in einem Satz:
Wenn die Kamera in ein Wiesenstück eintaucht, wird die Welt
der Insekten, die wir normalerweise mit Füßen treten, plötzlich
groß, faszinierend und wunderschön.

MIKROKOSMOS – DAS VOLK DER GRÄSER (Microcosmos).
Frankreich, Schweiz 1995. Regie: Claude Nuridsany,
Marie Pérennou. Dokumentarfilm. 75 Minuten. FSK ohne
Altersbeschränkung. DVD: Kinowelt

Wem ein Film nicht genügt:
GENESIS Frankreich 2004. Regie: Claude Nuridsany,
Marie Pérennou (FSK ohne Altersbeschränkung)
DIE LUSTIGE WELT DER TIERE Südafrika 1974. Regie:
Jamie Uys (FSK 6)

Superhelden

SUPER IN
FORM

Der langlebigste Superheld der Kinogeschichte ist Brite: Seit über vierzig Jahren rettet er die Welt – sportlich, cool, unwiderstehlich. James Bond, Agent 007 im Geheimdienst Ihrer Majestät, ist unverwüstlich. Diese immerwährende Sportlichkeit hat bislang sechs Schauspieler verbraucht: Sean Connery, der coole Bond; Roger Moore, der selbstironische; Pierce Brosnan, der geschmeidige; die eher drögen Intermezzi George Lazenby und Timothy Dalton; und nun Daniel Craig als »der Neue«.

Den unterschiedlichen Darstellern zum Trotz ähneln sich die Abenteuer wie ein Ei dem anderen, nur das Dekor bietet Abwechslung. Stets wird der Weltfrieden von neuem durch einen unbegreiflich mächtigen Bösewicht bedroht, dem nur Bond das Handwerk legen kann. Dafür durchstreift 007 den ganzen schönen Globus auf der Suche nach spektakulären Kulissen, hübschen Girls, fiesen Schurken und raffiniertem technischem Spielzeug.

Bis in die Details erhalten wir jeweils dasselbe Menü serviert: Routinemäßig bestellt Bond einen Martini geschüttelt, nicht gerührt; flirtet er mit der Sekretärin des Chefs, Miss Moneypenny; röhren die Motoren zur Autoverfolgungsjagd; präsentiert Q seine Technikbasteleien; räkeln sich weibliche Silhouetten im Vor-

228

spann – und jedes Mal fällt unweigerlich der Satz: »Mein Name ist Bond, James Bond.«

Die Abenteuer von Agent 007 sind im Grunde weder spannend noch überraschend. Und genau das ist ihr Erfolgsrezept. Bei Bond weiß man, worauf man sich freuen darf. Die Nerven werden lediglich durch die Variation des ewig Gleichen gekitzelt. Ob sich Bond aus den misslichsten Situationen befreien kann, ist keine Frage; gespannt darf man aber sein, wie er das anstellt. Dass er uns unmögliche Stunts bietet, davon gehen wir aus, von der Ausführung dagegen lassen wir uns bereitwillig überraschen.

Mit Bond ist es wie mit allen guten Geschichten: Wir wollen sie immer und immer wieder hören. Und wehe, es wagt jemand, leichtsinnig eines dieser köstlichen Details wegzulassen. Es ist also eigentlich egal, auf welches Bond-Abenteuer wir uns einlassen. Das erste Abenteuer 007 JAGT DR. NO ist noch sehr brav und ernst. STIRB AN EINEM ANDEREN TAG und LIZENZ ZUM TÖTEN sind übertrieben brutal und insgesamt misslungen. Der große Rest dagegen eine sichere Bank.

In seinem zweiten Abenteuer LIEBESGRÜSSE AUS MOSKAU wird James Bond nach Istanbul geschickt, um der Russin Tatiana Romanova zur Flucht zu verhelfen und bei dieser Gelegenheit die sagenhafte russische Dechiffriermaschine »Lektor« zu ergattern. Noch ahnt Bond nicht, dass die mächtige Verbrecherorganisation »Phantom« eine Falle ausgeheckt hat. Und schon geht eine wilde Jagd los, die erst in Venedig endet.

Eigentlich war FANTOMAS als die französische Antwort auf den Briten James Bond gedacht. Star sollte der Schauspieler Jean Marais sein, der in den 1950er Jahren ein populärer französischer Actionheld gewesen war, dessen Stern aber allmählich zu verblassen drohte. Kein Wunder, immerhin war der »jugendliche« Held inzwischen bereits über fünfzig Jahre alt. Trotzdem wurde ihm

LIEBESGRÜSSE AUS MOSKAU in einem Satz: Eine Verbrecherorganisation will den britischen und den russischen Geheimdienst
gegeneinander ausspielen, wird aber von James Bond und dem
bildhübschen Lockvogel Tatiana Romanova eiskalt ausgekontert.

LIEBESGRÜSSE AUS MOSKAU (From Russia with Love).
Großbritannien 1963. Regie: Terence Young. Besetzung:
Sean Connery, Daniela Bianchi, Pedro Armendariz, Lotte Lenya,
Bernard Lee, Robert Shaw u. a. 111 Minuten. FSK 12.
DVD: MGM

Wem ein Film nicht genügt:
DER SPION, DER MICH LIEBTE Großbritannien 1977.
Regie: Lewis Gilbert (FSK 12)
GOLDFINGER Großbritannien 1964.
Regie: Guy Hamilton (FSK 16)

noch einmal eine attraktive Doppelrolle auf den Leib geschrieben. Diesmal durfte er gleich beides spielen: den Superschurken Fantomas und dessen Gegenspieler, den Superjournalisten Fandor. In einem Katz-und-Maus-Spiel sollte sich Marais durch die irrwitzigsten Abenteuer turnen, ein Metier, das in Frankreich mittlerweile jedoch von Jean-Paul Belmondo beherrscht wurde.

Obwohl die Zeiger für Marais mindestens schon auf fünf nach zwölf standen, ging die Rechnung auf, und FANTOMAS feierte riesige Erfolge, so dass daraus am Ende sogar eine Trilogie wurde. Der eigentliche Star der Serie war freilich nicht Marais, wie ursprünglich geplant, sondern ein zappeliger Giftzwerg mit seinen Grimassen: Louis de Funès. Als trotteliger Inspektor Juve war er ursprünglich nur für die witzigen Einlagen zwischen den spektakulären Actionszenen vorgesehen. Mit seiner Komik stahl de Funès dann aber Marais sehr schnell die Show, und aus FANTOMAS wurde mehr und mehr eine Slapstick-Action-Komödie. Im Laufe der drei Filme spielte sich Kommissar Juve in die erste Reihe, während Fandor zur sportlichen, aber auch faden Begleiterscheinung zurückgestuft wurde.

FANTOMAS ist nicht nur deshalb ein Vergnügen, weil man hier zuschauen kann, wie ein neuer Star geboren wird. Ebenso attraktiv ist Fantomas, der Superschurke, der all das kann, was sonst den Helden vorbehalten bleibt: Superbegabt und superklug ist er; er weiß auf alles blitzschnell eine Antwort; bleibt stets ruhig und gelassen und ist ein Meister der Verkleidung.

Ein »guter« Schurke also. Und solche sind wichtig, wenn der Kampf zwischen Gut und Böse spannend sein soll. Je raffinierter, verwegener, einfallsreicher der Schurke ist, desto großartiger steht der Held da, der ihn besiegt. Und im Übrigen haben wir es den Bösewichten zu verdanken, dass wir im Kino all jene Dinge mit anstellen dürfen, die im realen Leben streng verboten sind.

FANTOMAS in einem Satz: Ein Topjournalist – behindert von einem vertrottelten Kommissar – jagt einem Superschurken hinterher, der sich hinter tausend Masken verbirgt.

FANTOMAS. Frankreich 1964. Regie: André Hunebelle. Besetzung: Jean Marais, Louis de Funès, Mylène Demongeot u. a. 99 Minuten. FSK 12. DVD: Universum Film

Wem ein Film nicht genügt:
DER GENDARM VON SAINT TROPEZ
Frankreich 1964. Regie: Jean Girault (FSK 6)
DAS SUPERHIRN Frankreich 1968. Regie:
Gérard Oury (FSK 6)

◉◉◉

Es gibt einige ganz unauffällige Superhelden, die eigentlich nur über eine besondere Fähigkeit verfügen: von einem Abenteuer ins nächste zu stolpern. Die Comicfigur Tim des Belgiers Hergé gehört dazu. Eigentlich ist Tim ein farbloses Milchgesicht, das uns dennoch begeistert, weil es reihenweise haarsträubende Abenteuer erlebt, ohne dabei selbst je Schaden zu nehmen. Und weil Tim ein Junge ohne Eigenschaften ist, kann sich jeder von uns in ihn hineinversetzen – sogar Mädchen.

Bis heute gibt es keine überzeugende Verfilmung der Abenteuer von Tim mit realen Schauspielern. Das überrascht nicht, denn jeder, dem Tims Haartolle verpasst wird, sieht damit unweigerlich lächerlich aus. Trotzdem haben viele Regisseure davon geträumt, der bekannteste darunter ist Steven Spielberg. Der Franzose Philippe de Broca ist der Verwirklichung des Traumes immerhin ziemlich nahe gekommen – wenn auch auf eigenwillige Weise.

ABENTEUER IN RIO hat mit den Comics von Hergé vordergründig rein gar nichts zu tun. Weder Tim noch Struppi kommen darin

vor, und schon gar keine Bienleins und Haddocks. Dafür ist es de Broca gelungen, das Wesentliche aus Tims Abenteuer zu übernehmen: Adrien Dufourquet ist ein unscheinbarer kleiner Soldat, der für acht Tage nach Hause in Urlaub darf. Kaum ist er in Paris angekommen, wird vor seinen Augen die Verlobte entführt. Von nun an ist Adrien nur noch auf Verfolgungsjagd. Bis in den südamerikanischen Urwald geht die Hatz, wenn nötig auf dem Rad oder schwimmend. Adrien ist nicht besonders clever und kann sich nicht auf übermenschliche Kräfte verlassen. Seine einzige Stärke besteht darin, dass er nie aufgibt. Wir interessieren uns für ihn lediglich deshalb, weil er von einem Abenteuer ins nächste stolpert. Voilà: Der eine heißt Adrien, der andere Tim – und sie könnten abgesehen von ihrer Frisur Zwillinge sein. Am Schluss geht's zurück in die Kaserne, und das Leben ist wieder genauso langweilig wie zuvor.

Philippe de Broca hat für seinen »Tim« mit Jean-Paul Belmondo genau den richtigen Schauspieler gefunden. Der sieht nicht besonders gut aus, wirkt nicht besonders clever und gewinnt trotzdem all unsere Sympathien, weil er ein Stehaufmännchen ist, und weil er sich selbst nicht allzu ernst nimmt. Die Verlobtenjagd scheint Belmondo irren Spaß bereitet zu haben. Angeblich soll er nicht nur in diesem Film all seine Stunts selbst gemacht haben. Auch wenn das doch eine Legende sein dürfte, so gehört Belmondo dennoch zu jenen Actiondarstellern, die sich wagemutig in Szene gesetzt haben. Dass Belmondo bei der ganzen Turnerei immer locker bleibt, stets sein etwas einfältiges Grinsen und eine lockere Pointe für uns bereit hat, das macht ihn bis heute zu einem der charmantesten Superhelden der Filmgeschichte.

In über 40 Filmen schwingt sich Tarzan von Liane zu Liane. Er ist einer der ältesten Superhelden der Kinogeschichte. Erfunden wurde Tarzan 1912 vom Amerikaner Edgar Rice Burroughs. Bereits 1918 kam der erste TARZAN-Film in die Kinos und wurde sogleich ein Kassenschlager. Von da an verwaltete Burroughs seinen Erfolg überaus geschickt. 1922 gründete er eine Firma, die nichts anderes zu tun hatte, als mit der Marke »Tarzan« zu handeln und darüber zu wachen, dass niemand damit unerlaubte Geschäfte machte. Tarzan wurde der erste Superheld, der nach Strich und Faden vermarktet wurde: Zunächst mit den Tarzan-Romanen – als Burroughs 1950 starb, waren es 26 –, ab 1929 wurden Fotoromane und Comics auf den Markt gebracht, ehe Tarzan schließlich Rundfunk und Werbung eroberte. Selbstverständlich wurde er auch zum Leinwandhelden, wobei die Filme im Laufe der Jahre nur noch am Rande etwas mit den Buchvorlagen zu tun hatten. TARZAN, DER AFFENMENSCH, der bekannteste und beste TARZAN-Film, entstand 1932 mit einem waschechten Olympiasieger in der Hauptrolle. Johnny Weissmuller hatte bei den Spielen von 1924 und 1928 insgesamt fünf Goldmedaillen im Schwimmen geholt, er hatte über 60 Weltrekorde aufgestellt und war als

ABENTEUER IN RIO in einem Satz: Ein französischer Soldat verbringt den Urlaub damit, seiner entführten Verlobten bis nach Südamerika hinterher zu springen, zu hechten, zu schwimmen und zu radeln.

ABENTEUER IN RIO (L'homme de Rio). Frankreich, Italien 1963. Regie: Philippe de Broca. Besetzung: Jean-Paul Belmondo, Françoise Dorléac, Adolfo Celi u. a. 92 Minuten. FSK 12. DVD: MGM

Wem ein Film nicht genügt:
DER PUPPENSPIELER Frankreich 1979.
Regie: Georges Lautner (FSK 12)
DIE TOLLEN ABENTEUER DES MONSIEUR L
Frankreich 1965. Regie: Philippe de Broca
(FSK 12)

000074 Abenteuer in Rio Kurzinformation

TARZAN, DER AFFENMENSCH in einem Satz: Der Kraftprotz Tarzan, der unter Schimpansen groß geworden ist und deshalb als Affenmensch gilt, kämpft im Dschungel für seine angebetete Jane gegen sämtliche Gefahren.

TARZAN, DER AFFENMENSCH (Tarzan the Ape Man). USA 1932. Regie: W. S. van Dyke. Besetzung: Johnny Weissmuller, Maureen O'Sullivan u. a. 99 Minuten. FSK 12. DVD: Warner

Wem ein Film nicht genügt:
TARZANS ABENTEUER IN NEW YORK USA 1942. Regie: Richard Thorpe (FSK 6)
GREYSTOKE – DIE LEGENDE VON TARZAN, HERR DER AFFEN USA 1984. Regie: Hugh Hudson (FSK 12)

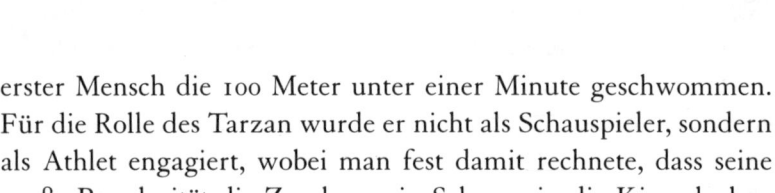

erster Mensch die 100 Meter unter einer Minute geschwommen. Für die Rolle des Tarzan wurde er nicht als Schauspieler, sondern als Athlet engagiert, wobei man fest damit rechnete, dass seine große Popularität die Zuschauer in Scharen in die Kinos locken würde.

Das war dann auch so, und aus Weissmuller wurde der Tarzan der Tarzane. Insgesamt zwölfmal spielte er bis 1948 den Affenmenschen, der seine Eltern im Dschungel verliert, danach vom Affenweibchen Kala großgezogen wird und dank seiner natürlichen Intelligenz und seiner Kraft zum Herrscher des Dschungels aufsteigt. Seinen legendären Urschrei hat Weissmuller, der begeisterte Jodler, selbst erfunden – und später bei jeder möglichen und unmöglichen Gelegenheit gerne vorgeführt. Als alter Mann soll er angeblich sogar aus einem Altersheim entlassen worden sein, weil das Geschrei den Mitbewohnerinnen und Mitbewohnern zu sehr auf die Nerven ging. Schließlich konnte Johnny Weissmuller nicht mehr zwischen Filmrolle und wirklichem Leben unterscheiden. Selbst auf seinem Grabstein steht: »Johnny Weissmuller, Tarzan.«

PIPPI LANGSTRUMPF ist mindestens so stark wie Tarzan. Sie ist aber nicht nur unbesiegbar, wie sich das für eine anständige Superheldin gehört, sondern auch eine Außenseiterin. Sie kann zwar locker ein Pferd stemmen, spielend Autos hochheben und wenn nötig auch zwei Polizisten, aber ihre übermenschliche Muskelkraft und ihre laute Fröhlichkeit können nicht darüber hinwegtäuschen, dass Pippi einsam ist. So wie Pippi fühlen sich beinahe alle Superhelden: Gerade weil sie außergewöhnlich sind, werden sie zu Außenseitern, im schlimmsten Fall sogar zu Ausgestoßenen. Sie passen in kein Schema und gehören deshalb nirgendwo wirklich dazu. Teil ihrer Heldenhaftigkeit ist es deshalb, dass sie diese Einsamkeit aushalten.

Das gilt auch für Pippi, und doch ist bei Astrid Lindgren einiges anders als in amerikanischen Comics. Erstens ist Pippi ein Mädchen, und zweitens macht sie aus ihren Kräften kein Geheimnis. Die meisten Superhelden halten ihre Fähigkeiten nämlich streng geheim, weil sie sonst erst recht keine Ruhe mehr finden würden. Sie flüchten sich in ein Doppelleben und hoffen, dadurch wenigstens teilweise wie normale Menschen leben zu können.

Pippi will kein Doppelleben, dafür ist sie zu geradeheraus. Und sie setzt ihre Kräfte auch nicht nur für die gute Sache ein, wie sich das eigentlich für eine wohlerzogene Superheldin gehört. Pippi reicht das pure Vergnügen locker als triftige Begründung für ihre Kraftakte. Besorgte Eltern und Lehrer haben über »Pippi Langstrumpf« deshalb geschimpft, als sie vor sechzig Jahren zur Welt kam. Das klang damals ganz ähnlich wie heute, wenn ängstliche Erzieher vor »Harry Potter« warnen. Verwerflich seien diese Geschichten, weil bald kein Kind mehr seinen Eltern gehorchen würde und jeder Anstand flöten ginge. Nach »Pippi Langstrumpf« und »Harry Potter« hätten Kinder nur noch Flausen im Kopf.

Das ist offensichtlicher Blödsinn. Erstens sind aus den ersten Leserinnen und Lesern von »Pippi Langstrumpf« inzwischen ganz

passable Eltern und sogar Großeltern geworden – wahrscheinlich fast ein wenig zu brav für Pippis Geschmack. Und zweitens können Kinder genauso gut wie Erwachsene zwischen Fantasie und Wirklichkeit unterscheiden. Wer Pippi bewundert, der versucht noch lange nicht, Autos zu stemmen – und nur weil Superman fliegen kann, springt niemand zum Fenster raus. Wir wissen, dass Pippi ein Wunschtraum ist: Wäre es nicht herrlich, jeden erdenklichen Unsinn zu unternehmen und dabei so zu tun, als gäbe es weder Eltern noch Erwachsene, die etwas dagegen haben könnten. Ausgerechnet dank Pippi fällt es uns schließlich sogar etwas leichter, im wirklichen Leben einigermaßen vernünftig zu bleiben.

Inger Nilsson, der Darstellerin von Pippi, ist es übrigens ganz ähnlich ergangen wie den meisten Superhelden: Sie wurde regelrecht zu einem Doppelleben gezwungen. Seit bald vierzig Jahren darf sie in der Öffentlichkeit nicht mehr Inger Nilsson sein. Überall, wo sie hingeht, wird sie noch heute als Pippi Langstrumpf gefeiert – oder zumindest als jene Frau, die einmal Pippi war.

Zum Schönen an den PIPPI LANGSTRUMPF-Filmen gehört es, dass man sie mit gutem Gewissen genauso lieben darf wie die Bücher. Auch in dieser Hinsicht hat Astrid Lindgren den besorgten Besser-

PIPPI LANGSTRUMPF in einem Satz: Eine bärenstarke Piraten-
tochter sorgt in einem kleinen schwedischen Städtchen für Aufregung und bei zwei braven Kindern für grenzenlosen Spaß.

PIPPI LANGSTRUMPF (Pippi Langstrump). Schweden,
Deutschland 1969. Regie: Olle Hellbom. Besetzung: Inger Nilsson
u. a. 100 Minuten. FSK 6. DVD: Edel Records

Wem ein Film nicht genügt:
FERIEN AUF SALTKROKAN Schweden,
Deutschland 1962–67. Regie: Olle Hellbom
(FSK o. A.)
RONJA, DIE RÄUBERTOCHTER Schweden,
Norwegen 1984. Regie: Tage Danielsson (FSK 6)

wissern ein Schnippchen geschlagen. Sie war nämlich immer der
Ansicht, dass es zwischen Büchern und Filmen keine Feindschaft
geben sollte. Deshalb hat sie eigenhändig dafür gesorgt, dass aus
ihren Büchern gute Filme wurden. Meistens hat sie die Drehbücher selbst geschrieben. In einem Fall hat sie sogar alles »ganz
verkehrt« gemacht: **FERIEN AUF SALTKROKAN** war zuerst ein Film,
bevor daraus doch noch ein Buch wurde.

Kaum ein Monat vergeht, ohne dass ein Comic-Superheld zum
Kino-Superhelden wird – und der Vorrat für solche Verwand-
lungen wird noch eine ganze Weile reichen. Dafür sorgen in
erster Linie die beiden amerikanischen Comic-Verlage DC und
Marvel. DC schickt **SUPERMAN** und **BATMAN** ins Rennen – Marvel
kontert mit den **FANTASTISCHEN VIER**, mit **X-MEN** und natürlich mit
SPIDER-MAN.

Lange galten Comics als praktisch unverfilmbar. Vor allem
fehlten die technischen Möglichkeiten, um die haarsträubende
Action in überzeugende Filmbilder zu übersetzen. Alte **BATMAN**-
Filme sind heute amüsante Lachnummern, aber keine packenden

Actionfilme. Und in den SUPERMAN-Verfilmungen, die zwischen 1978 und 1986 entstanden, düst Superman wie eine lahme Ente durch die Luft.

Das ist dank moderner Tricktechnik ganz anders geworden. Heute hangelt sich Spider-Man derart rasant durch die Häuserschluchten New Yorks, dass man für Momente tatsächlich glaubt, mit ihm zusammen abzuheben.

Die SPIDER-MAN-Verfilmungen bieten nicht nur erstklassige Action, ihnen gelingt es auch, ein Element zu bewahren, das Stan Lee, dem Erfinder dieser Figur, immer äußerst wichtig war: Peter Parker ist nicht nur ein Superheld, sondern auch ein schüchterner junger Mann, der unter seiner besonderen Begabung leidet. Er ist überhaupt nicht begeistert, ein Superheld zu sein, das ewige Versteckspiel belastet ihn, und im Alltag helfen ihm seine besonderen Fähigkeiten herzlich wenig. Peter fühlt sich schuldig am Tod seines Onkels, er kann sich dem Mädchen, das er liebt, nicht offenbaren, und er muss gegen Menschen kämpfen, die eigentlich seine Freunde sein sollten. Für Peter Parker ist es alles andere als super, ein Held zu sein.

Trotzdem wird er zum Heldentum gezwungen, als sein Onkel ihm als Lebensmotto folgende Weisheit mit auf den Weg gibt: »Aus großer Stärke folgt große Verantwortung.« Bei so viel Bürde kann man verstehen, dass Peter Parker sein Kostüm schon mal wutentbrannt in den Mülleimer schmeißt.

Comics dienen zwar in erster Linie der Unterhaltung und nicht der düsteren Grübelei. Dennoch wird bei SPIDER-MAN immer wieder die dunkle und belastende Seite des Superhelden-Daseins sichtbar, ohne dass uns dabei das Vergnügen vermiest würde. Das haben wir vor allem dem Schauspieler Tobey Maguire in der Hauptrolle zu verdanken. Gerade weil er eigentlich nichts von einem Actionhelden an sich hat, ist er als Spider-Man so überzeugend. Ihm glauben wir, dass Peter Parker ein ganz gewöhnlicher junger Mann sein möchte, der Händchen haltend mit seiner Mary Jane spazieren geht und sorgenlos sein Leben genießt. Spider-Man

SPIDER-MAN in einem Satz: Im einen Leben ist Peter Parker
ein schüchterner, unbeholfener Teenager – im anderen Leben
ist er Spider-Man, ein Superheld, der sich auf der Jagd nach
Verbrechern durch die Schluchten New Yorks schwingt.

SPIDER-MAN & SPIDER-MAN 2. USA 2002/2004. Regie: Sam
Raimi. Besetzung: Tobey Maguire, Kirsten Dunst, James Franco,
Willem Dafoe (Spider-Man 1), Alfred Molina (Spider-Man 2)
u. a. 116/122 Minuten. FSK 12. DVD: Columbia Tri-Star

Wem ein Film nicht genügt:
DAREDEVIL USA 2003. Regie:
Mark Steven Johnson (FSK 12)
HULK USA 2003. Regie: Ang Lee
(FSK 12)

ist einsam, verletzlich und unsicher – und damit ein Superheld,
der uns nicht völlig fremd ist.

In den vergangenen Jahren haben sich Actionfilme immer
stärker dem Comic und dem Zeichentrickfilm angenähert. Bei
SPIDER-MAN entstand nur noch ein kleiner Teil in einer herkömmlichen Kulisse. Die meiste Zeit standen die Schauspieler vor blauen
Wänden, sogenannten Blue Screens. Dort, wo die Bilder blau sind,
werden nachträglich mit Computer die noch fehlenden Bildinfor-
mationen hinzugefügt. Könnten wir bei Dreharbeiten dabei sein,
wir wären enttäuscht, wie wenig – vor allem, wie wenig Action –
wir zu sehen bekämen.

Filme wie **SPIDER-MAN** sind ein Puzzle, das im Computer zusam-
mengesetzt wird und erst dort allmählich so auszusehen beginnt
wie am Schluss auf der Leinwand. Für die Schauspieler sind solche Filme meist ziemlich langweilig und für den Regisseur ziemlich knifflig, weil sie immer Dinge vor Augen haben müssen, die
gar nicht zu sehen sind. Fast noch wichtiger als das Drehbuch ist
in solchen Fällen deshalb das Storyboard. Hier wird Szene für
Szene aufgezeichnet, damit man sich genau vorstellen kann, wie
das komplett zusammengesetzte Puzzle aussehen soll. Wer nun

denkt, da entstehe ja im Grunde ein Comic, nach dem dann der Film gedreht wird, der hat vollkommen recht. Storyboards sind nichts anderes als Drehbücher in Comicform.

Der Regisseur Kerry Conran ist diesen Weg noch weiter gegangen. In seinem 2004 entstandenen Abenteuerfilm SKY CAPTAIN AND THE WORLD OF TOMORROW sind nur noch die Schauspieler »echt« – praktisch alles andere wurde mittels Computer in den Film eingefügt. Das Fliegeras Joe Sullivan und die Reporterin Polly Perkins kämpfen in luftigen Höhen, auf dem Meeresgrund und an exotischen Schauplätzen gegen den Superschurken Dr. Totenkopf – die Schauspieler Jude Law und Gwyneth Paltrow hingegen haben sich während der Dreharbeiten ausschließlich in blau eingefärbten Studioräumen bewegt. Am weitesten vorgewagt hat sich Kerry Conran mit Dr. Totenkopf: Dieser wird von Laurence Olivier gespielt, einem der größten britischen Schauspieler. Der Haken an der Sache ist bloß, dass Olivier bereits 1989 gestorben ist. Er wurde deshalb mittels digitaler Tricktechnik zu neuem Leinwandleben erweckt. Man könnte frech behaupten: Mit SKY CAPTAIN AND THE WORLD OF TOMORROW wurde aus einem Film ein Comic.

Leichtfüßig auf dem Ast eines Bambusbaumes balancieren, die Wände hoch und über Dächer rennen, durch die Luft fliegen – für die Helden in TIGER & DRAGON scheint die Schwerkraft nicht zu existieren. Im Gegensatz zu amerikanischen Superhelden sieht das bei Li Mu Bai, Yu Shu Lien und Jen nicht so aus, als müsste dafür jedes Mal der Raketenantrieb gezündet werden. In China überwindet man die Naturgesetze mit Grazie und Eleganz, und wenn man den Boden berührt, dann wird er sanft gestreichelt. Diese Helden sind zauberhafte Akrobaten und nicht übermenschliche Kraftpakete. Und so ist TIGER & DRAGON nicht nur ein rasanter Actionfilm geworden, sondern auch ein poetisches Märchen.

Kampfsportfilme aus China und Hongkong sind ausgeklügelt choreographiert – Action wird zum Ballett. Manchmal fließt zwar dennoch ziemlich viel Blut, aber Eleganz und Akrobatik bleiben stets wichtiger als der Ausgang eines Kampfes. Zu siegen oder gar zu töten ist nicht das Entscheidende, sondern spektakulär und elegant zu kämpfen. TIGER & DRAGON ist ein besonders schönes Beispiel dafür, wie man Brutalitäten und blutige Szenen auf ein Minimum beschränken und trotzdem faszinierende Action bieten kann.

Es ist für das sogenannte Hongkong-Kino übrigens ungeheuer wichtig, dass die Schauspielerinnen und Schauspieler ihre Kampfszenen selbst spielen. Männliche Stars wie Chow Yun-Fat, Jackie Chan und Jet Li, aber auch weibliche Heldinnen wie Michelle Yeoh und Maggie Cheung sind überragende Akrobaten. Weil sie sich nicht doubeln lassen, kann die Kamera sogar bei aufwendigen Kampfszenen ganz nah herangehen und ihre Gesichter zeigen. So können wir Zuschauer uns gemeinsam mit der Kamera mitten ins Getümmel stürzen und hautnah dabei sein. Und wenn sie fliegen? Das wird ja wohl nicht auch noch »echt« sein? – Selbstverständlich wird auch im Hongkong-Kino getrickst, aber normalerweise nicht mit dem Computer, sondern mit Drahtseilen. Die Schauspielerinnen und Schauspieler werden an unsichtbare

Seile gehängt und heben mit deren Hilfe zu den unglaublichsten Luftsprüngen und Flugfiguren ab.

Dass TIGER&DRAGON nur selten blutig und brutal ist, passt zur Geschichte, die uns der Regisseur Ang Lee erzählen will. Sie handelt nämlich von Menschen, die gelernt haben oder lernen müssen, wie man seine Wut zügeln und seine Fähigkeiten beherrschen kann. Li Mu Bai, der Meisterkämpfer, gibt zu Beginn sogar sein berühmtes Schwert aus der Hand, mit dem er jahrelang Jagd auf den Mörder seines Lehrmeisters gemacht hat. Li Mu Bai will das Rachegeschäft aufgeben, will zur Ruhe kommen und vielleicht sogar endlich seine geheime Liebe zu Yu Shu Lien offenbaren. Obwohl ihm all das nicht gelingt – wie immer in solchen Fällen –, so bleibt Li Mu Bai doch in den gefährlichsten Situationen ein gelassener Kämpfer. Wenn er kämpft, dann scheint er gleichzeitig zu meditieren – und just das tut der Zögling des Wutan-Klosters genau genommen auch.

Li Mu Bai nimmt sich so sehr zurück, dass nicht einmal seine unerschütterliche Liebe zu Yu Shu Lien an die Oberfläche dringt.

Beide halten sie sich eisern an die Regeln der chinesischen Gesellschaft, und so kann aus ihnen nie ein Paar werden. Ganz anders hält es dagegen die rebellische Gouverneurstochter Jen. Sie will aus der streng geregelten Welt ihrer Eltern ausbrechen und hat die geheimen Kampftechniken ohne die nötige Erlaubnis gelernt.

»Aus großer Kraft folgt große Verantwortung« – Spider-Mans Motto passt genauso gut zu TIGER & DRAGON: Wer die Kampfkunst beherrscht, muss damit sorgsam umgehen. Das ist es, was Jen nur widerwillig lernt. Durch die Luft zu fliegen ist einfach; damit das Richtige anzustellen dagegen schwer. So widersprüchlich es klingen mag, das Lebensziel des Kämpfers ist der innere und äußere Friede. Erst dank der vollkommenen Selbstbeherrschung wird es endlich gelingen, das zu tun, was Li Mu Bai schon immer wollte: Das Schwert aus der Hand zu legen.

Als sich Ang Lee nach dem gewaltigen Erfolg von TIGER & DRAGON einem amerikanischen Superhelden zuwandte, hat er damit viele verblüfft. HULK scheint das pure Gegenteil von TIGER & DRAGON: Die Geschichte eines jungen Mannes, der als Versuchskaninchen für die Experimente seines Vaters herhalten muss. Das Resultat ist Hulk, ein grober Klotz, der ebenso rabiat wie ungelenk ist: Wenn Bruce Banner wütend wird, verwandelt er sich in einen grünen Riesen, der die Kontrolle über sich verliert und wild um sich schlägt. Nichts bleibt da übrig vom leichtfüßigen Ballett aus TIGER & DRAGON. Hulk ist ein primitives, bleischweres Erdmonster, das sich nur durch Zerstörung wehren kann. Und doch sind Hulk und Li Mu Bai enger verwandt als erwartet. Beide sind sie Außenseiter, eigentlich sanfte, in sich gekehrte Wesen, die aber über gewaltige Kräfte verfügen. Beide möchten nichts anderes als Ruhe und Frieden und werden zum Kampf gezwungen. Und beide stehen ständig vor der Herausforderung, ihre Kräfte zu kontrollieren.

TIGER & DRAGON in einem Satz: Ein chinesischer Schwert-
kämpfer, der eigentlich das Kämpfen aufgeben will, versucht
einer ungestümen jungen Kriegerin den verantwortungsvollen
Umgang mit ihren Fähigkeiten beizubringen.

TIGER & DRAGON (Crouching Tiger, Hidden Dragon). Hong-
kong, Taiwan, USA 2000. Regie: Ang Lee. Besetzung: Chow
Yun-Fat, Michelle Yeoh, Zhang Ziyi u. a. 115 Minuten. FSK 12.
DVD: Kinowelt

Wem ein Film nicht genügt:
SHANGHAI NOON USA 2000.
Regie: Tom Dey (FSK 12)
HOUSE OF FLYING DAGGERS
Hongkong 2004. Regie: Zhang
Yimou (FSK 12)

Die wenigsten von uns sind Superhelden. Oft fühlen wir uns sogar
als klägliche Versager. Besonders schlimm trifft es den 13-jährigen
Kevin. Er ist zwar größer und stärker als seine Klassenkollegen,
aber auch dicker und vor allem ängstlicher. Sein Aussehen, seine
Schüchternheit und seine Ängstlichkeit machen ihn zum beliebten
Opfer – er wird gehänselt und geärgert. Zu Hause läuft es nicht
viel besser. Seit sein Vater im Gefängnis sitzt, weil er angeblich
Kevins Mutter getötet hat, lebt der Junge bei den Großeltern, die
auch nicht gerade üppig Sonnenschein in sein Leben lassen.

Kevins neuer Nachbar Maxwell ist genauso einsam. Er ist zwar
superklug, leidet aber unter einer schlimmen Rückgratverkrüm-
mung und weiß, dass er wahrscheinlich nicht lange zu leben hat.
Maxwell ist genauso ein Außenseiter, obwohl er eine Mutter hat,
die sich liebevoll um ihn kümmert.

Ausgerechnet diese beiden ungleichen Jungen tun sich zusam-
men. Kevin nimmt Maxwell Huckepack, und so werden sie **THE
MIGHTY**, ein seltsames, aber unschlagbares Reitergespann. Dank
Maxwells Fantasie werden sie zum Ritter in einer fantastischen

THE MIGHTY in einem Satz: Zwei jugendliche Außenseiter tun sich zusammen und werden dank Solidarität und Fantasie zum unschlagbaren Superritter.

THE MIGHTY (The Mighty). USA 1998. Regie: Peter Chelsom. Besetzung: Sharon Stone, Gena Rowlands, Elden Henson, Kieran Culkin u. a. 100 Minuten. FSK 6. DVD: Star Collection

Wem ein Film nicht genügt:
HODDER RETTET DIE WELT Dänemark 2002.
Regie: Henrik Ruben Genz (FSK 0. A.)
WHALE RIDER Neuseeland, Deutschland 2002.
Regie: Niki Caro (FSK 6)

Welt und sind von nun an den einfältigen Mitschülern in jeder Hinsicht weit überlegen.

Die Botschaft ist klar: Der größte Trumpf für klägliche Versager wie uns, ist gegenseitige Solidarität. Wenn wir füreinander da sind, wenn wir uns auch in aussichtslosen Situationen beistehen, dann können selbst graue Mäuse wie wir zu Superhelden werden.

Wieder ganz anders sieht es bei Familie Parr aus. In ihrem Fall sollen aus Superhelden graue Mäuse werden, denn dort, wo sie leben, geht's den Superhelden an den Kragen: Schürfungen, Verstauchungen, demolierte Häuser und Autos – den Geretteten reicht's! Aus Mr Incredible und Elastigirl werden gezwungenermaßen Bob und Helen Parr, ein stinknormales Ehepaar mit einem stinklangweiligen Leben. Bob muss als Versicherungsvertreter in einer winzigen Bürokabine genau das Gegenteil von dem tun, wofür er eigentlich geboren ist: Er soll Menschen für dumm verkaufen, die sich von der Versicherung Hilfe erwarten. Und Elastigirl kann ihre Fähigkeiten nur noch hinter verschlossenen Türen nutzen, beim Versuch, ihre Rasselbande im Zaum zu halten. Erschwert wird das Versteckspiel, weil sich das Superheldenblut natürlich vererbt hat: Violet kann sich unsichtbar machen und Kraftfelder erzeugen. Flash rennt schneller als ein Blitz und lässt sich partout nicht an die Leine legen. Nur Baby Jack-Jack ist normal – bis jetzt zumindest.

Für ein solches Leben ist ein Superheld wie Mr Incredible nicht geschaffen. Wenn er vorgibt, mit Lucius Best, ehemals Frozone, zum Bowling zu gehen, sitzen die beiden in Wahrheit in ihrem Auto und hören den Polizeifunk ab. Bis das Jucken in den Muskeln unerträglich wird und der Retterzwang ausbricht, allerdings nicht im strahlenden Superheldenkostüm, sondern mit einer Maske über dem Kopf – schließlich ist es ein Verbrechen, ein Superheld zu sein.

Eines Tages erhält Bob wieder einen Auftrag als Mr Incredible, einen ganz geheimen, selbstredend, derart geheim, dass sogar seine Frau nichts davon erfahren darf. Leider sind Superhelden nicht zwangsläufig superklug: Mr Incredible stürzt sich ahnungslos ins mörderische Gefecht mit einer raffinierten und eigens für ihn angelegten Falle. Ein Glück, dass Elastigirl mehr Grips hat als ihr Gemahl und gemeinsam mit Flash und Violet eingreift.

1986 hielten viele den vollständig am Computer gezeichneten Kurzfilm LUXO JR. für eine Spielerei. Heute taucht die hüpfende Tischlampe aus dieser Fingerübung in jedem Vorspann der Pixar-Filme auf, dem erfolgreichsten Animationsfilmstudio aller Zeiten. Von TOY STORY bis zu den UNGLAUBLICHEN hat die Perfektion der digitalen Zeichentrickfilme rasant zugenommen. Ein flauschiges Fell wie in **MONSTER AG**, wo sich jedes Härchen einzeln im Winde bewegt, das sieht zwar ganz einfach und unspektakulär aus, ist aber nur dank des sagenhaften Leistungsvermögens von Software und Computer möglich. Damit, dank scheinbar grenzenlosem Einfallsreichtum und einem originellen Drehbuch, wurde aus **DIE UNGLAUBLICHEN** einer der coolsten Actionfilme der letzten Jahre, gegen den die letzten James-Bond-Abenteuer fast schon alt aussehen.

DIE UNGLAUBLICHEN in einem Satz: Eine Familie von Superhelden kämpft um ihr Überleben – und darum, dass Superhelden
endlich wieder Superhelden sein dürfen.

DIE UNGLAUBLICHEN (The Incredibles). USA 2004.
Regie: Brad Bird. Zeichentrickfilm. 115 Minuten. FSK 6.
DVD: Buena Vista Home Entertainment

Wem ein Film nicht genügt:
SHREK USA 2001. Regie: Andrew Adamson,
Victoria Jenson (FSK 0. A.)
DIE MONSTER AG USA 2001. Regie: Pete Docter,
David Silverman, Lee Unkrich (FSK 6)

000080 Die
Unglaublichen
Kurzinformation

Vom Erwachsen-
werden

FAMILIEN BANDEN KRIEGE

Kaum kommt ein Kind zur Welt, lauert sie auch schon, macht den Eltern Angst und sorgt für schauerliche Erzählungen. Wenn sie sich endlich die braven Kinder gekrallt hat, dann macht sie aus ihnen Monster und aus den Eltern Idioten. Für Jugendliche klingt ihr Name wie ein Schimpfwort – für Eltern wie eine Katastrophe ohne Ende. »Pubertät« wird dieses Schreckgespenst genannt.

Aber eigentlich ist alles seit Jahrhunderten vorgezeichnet: Eltern und Kinder müssen sich auseinanderleben, weil Kinder eigene Wege gehen und weil auch ihre Eltern sich verändern und auf neue Freiheiten hoffen. Auf eine verzwickte Art haben sie sogar Angst davor, ihre Kinder könnten sie nicht verlassen. Das sorgt in den besten Familien für Spannungen – und wiederholt sich unweigerlich von Generation zu Generation. Als ich sechzehn war, fand ich meine Eltern unerträglich – nicht immer, aber immer wieder. Noch heute klingt mir der berüchtigte Mahnspruch meines Vaters in den Ohren: »Werde niemals so wie dieser da!« Was habe ich mich darüber aufgeregt. Aber habe ich daraus etwas gelernt? Natürlich nicht. Heute ärgere ich bereits meine eigenen Kinder mit meinem Repertoire an Unkenrufen.

Weil sich das Kino alles einverleibt, was Spannung verspricht, erzählt es immer wieder auch Pubertätsgeschichten. Und wie im richtigen Leben werden ganz verschiedene Varianten durchgespielt – jede und jeder hat schließlich seine ganz eigene Pubertät. Obwohl es also Geschichten genug gibt, ist es dennoch nicht leicht, daraus einen überzeugenden Film zu machen. Es scheint sogar unmöglich, denn natürlich gehören jene Menschen, die Filme machen, normalerweise zur Elterngeneration. Sprich, zu jenen Gruftis, die Jugendliche angeblich gar nicht verstehen können. Einigen Regisseuren sind, wie ich meine, dennoch glaubwürdige Geschichten gelungen. Dieses Urteil ist selbstverständlich anfechtbar, denn ich bin ja mittlerweile altershalber selbst so etwas wie der natürliche Feind aller Jugendlichen geworden.

Sie sind zwölf Jahre alt. Sie interessieren sich nur am Rande für Mädchen. Sie lieben das Abenteuer. Und wenn keines geschieht, dann erfinden sie es sich. Deshalb machen sich in **STAND BY ME** vier Freunde auf die Suche nach einem gleichaltrigen Jungen, der vom Blaubeerensammeln nicht zurückgekehrt ist und nun irgendwo tot in den Wäldern Oregons liegt. Eine Leiche suchen, dabei einer Bande von 18-Jährigen zuvorkommen, durch die »Wildnis« streifen – wenn das kein Abenteuer ist!

Aber anstatt atemberaubender Erlebnisse erwartet sie zunächst ein beschwerlicher Fußmarsch. Dabei erfahren die Jungs Dinge voneinander, die sie zu Hause kaum interessiert hätten: Da ist Chris, von dem alle erwarten, dass er genauso versagen wird wie seine ganze Sippschaft. Oder Teddy, dessen Vater in einer psychiatrischen Klinik verwahrt wird. Vern, der nicht gerade eine Leuchte und dazu noch dick ist. Und Gordie, dessen Eltern nicht aufhören, um den tödlich verunglückten älteren Bruder zu trauern. Der war eine Sportskanone und der ganze Stolz des Vaters. Gordie dagegen ist bloß ein Kind, das nutzlose Geschichten erfindet und sich mit

STAND BY ME – GEHEIMNIS EINES SOMMERS in einem Satz:
Vier Freunde büxen aus, um eine Leiche zu suchen – als Kinder
ziehen sie los, als Jugendliche kehren sie zurück.

STAND BY ME – DAS GEHEIMNIS EINES SOMMERS (Stand by Me).
USA 1986. Regie: Rob Reiner. Besetzung: River Phoenix,
Wil Wheaton, Corey Feldman, Jerry O'Connell, Richard Dreyfuss
u.a. 87 Minuten. FSK 6. DVD: Columbia TriStar

Wem ein Film nicht genügt:
SIE KÜSSTEN UND SIE SCHLUGEN IHN Frankreich 1959.
Regie: François Truffaut (FSK 12)
KRIEG DER KNÖPFE Frankreich 1961. Regie: Yves Robert (FSK 6)

den falschen Freunden rumtreibt. Auf sich allein gestellt, machen
die vier nun ihre ersten Schritte in die Unabhängigkeit. Und wenn
sie die Leiche tatsächlich finden, dann wird ihre Kindheit vorbei
sein.

STAND BY ME spielt 1959. Als erwachsener Mann, der inzwischen selbst Kinder hat, erzählt Gordie diese längst vergangene
Geschichte, der viele Schlager aus jener Zeit etwas Altmodisches
verleihen. Dennoch ist sie zeitlos. Es gibt immer Zwölfjährige,
die schrecklich erwachsen tun, genüsslich eine Zigarette rauchen
oder sich gegenseitig in widerlicher Fäkalsprache übertreffen. Der
Regisseur Rob Reiner versucht nicht, daraus etwas besonders Spek-
takuläres zu machen, und manchmal wird er sogar ganz plötzlich
sehr ernst. »Vielleicht sollte das gar keine Party sein, wenn man
einen Toten sucht«, stellt ausgerechnet Vern scharfsinnig fest. Das
eigentliche Ziel der Reise ist im Grunde nicht ein unglücklicher
Junge, der das Blaubeerenpflücken nicht überlebt hat. Es geht vielmehr darum, den eigenen Weg zu finden. Oder wie es Chris ganz
verzweifelt ausdrückt: »Wenn ich doch nur irgendwohin könnte,
wo mich niemand kennt.«

256

Die Vorlage für **STAND BY ME** stammt von Stephen King, der als Autor von Horror-Romanen weltbekannt ist. Wer deswegen nun etwas besonders Brutales, Blutiges oder Ekliges erwartet, wird überrascht sein, denn darauf legt der Film überhaupt keinen Wert. Wenn die Jungs nach Hause zurückkehren, erscheint ihnen ihre Stadt kleiner geworden. Sie sind keine Kinder mehr. Ewige Freundschaften sind aber auch nicht entstanden. Man wird nach den Sommerferien nicht mehr die gleichen Schulen besuchen, wird sich aus den Augen verlieren, wird tatsächlich immer wieder von Neuem eigene Wege gehen müssen.

Alles schon selbst erlebt: Die von der Mutter verabscheute Lederjacke für den Schulweg griffbereit in der Hecke versteckt. Die Klassenfete im Keller. Eltern, die sämtliche brauchbaren Zimmer zum Sperrbezirk erklären. Und dann rattert auch noch die Waschmaschine im »Partyraum« endlos vor sich hin. Es ist **NACH FÜNF IM URWALD**.

Aber die Fete gerät außer Kontrolle. Es stehen Typen vor der Tür, die gar nicht eingeladen sind. Im Sperrbezirk wird nach Lust und Laune gewildert. Die vergötterte Plattensammlung des Vaters wird geschändet, der Kühlschrank der Mutter besetzt. Anna hat es längst aufgegeben, die elterlichen Befehle durchzusetzen. Warum auch? War ohnehin eine Zumutung, in dieses Loch verbannt zu werden. Und für Werbefotos des Vaters strammstehen, der gerne Bürgermeister werden will – widerlich. »Ist doch viel lustiger im Keller«, hat der Herr Fast-Bürgermeister gesagt. Geht's noch?!

Am Morgen kehren die Eltern zurück. Und der Sperrbezirk ist längst ein Schlachtfeld. Der Vater droht zu explodieren, beruhigt sich wieder, findet eine Haschischdose, kocht erneut über, kommt zurück auf den Teppich, entdeckt eine zerbrochene Schallplatte, ein rares Stück. Und diesmal gibt's kein Halten mehr. Er haut Anna eine runter. Stubenarrest, kein Casting für einen Werbefilm in München.

Jetzt reicht es Anna. Sie reißt aus und trampt in die Großstadt. Dort erlebt sie, wie ernüchternd das Filmgeschäft sein kann. Von

NACH FÜNF IM URWALD in einem Satz: Nach einem Riesen-
krach mit ihren Eltern reißt Anna aus und beweist in der Großstadt, dass sie auf sich selbst aufpassen kann – den Erwachsenen
zu Hause gelingt das nur teilweise.

NACH FÜNF IM URWALD. Deutschland 1995. Regie:
Hans-Christian Schmid. Besetzung: Franka Potente,
Axel Milberg, Dagmar Manzel u. a. 99 Minuten.
FSK 6. DVD: BMG

Wem ein Film nicht genügt:
NORDSEE IST MORDSEE Deutschland 1975.
Regie: Hark Bohm (FSK 16)
LA BOUM Frankreich 1980.
Regie: Claude Pinoteau (FSK 12)

A bis Z wird sie ausgenutzt, weil alle meinen, sie sei ein Landei.
Aber das raubt ihr nicht nur Illusionen, es befreit sie auch, denn
Anna beweist, dass sie auf eigenen Beinen stehen kann, dass sie
selbständig und selbstbewusst ist. Am Schluss kehrt sie nach Hause
zurück, wo sie einem Vater begegnet, der verkatert im Wohnzim-
mer hockt und schuldbewusst wie ein ertappter Teenager mur-
melt: »Ich kann dir alles erklären.«

In der Nacht nach der Nacht ist nämlich bei Papa und Mama
so einiges aus dem Ruder gelaufen. Auf der Suche nach Anna sind
sie Johanna und Oliver begegnet, einem Elternpaar, das ebenfalls
auf der Suche nach seinem Kind ist. Zu viert landen sie beim Bür-
germeisterkandidaten in der Sperrzone, essen brav die Quiche aus
dem Gefrierschrank, entdecken die Haschdose, erinnern sich an
die wilden Siebziger, fechten einen abgestandenen Liebesstreit
aus und restaurieren ein totes Karnickel. Während die Tochter in
der großen Stadt von ihren ganz lockeren Eltern und dem coolen
Partyraum im Keller flunkert, protzen die Eltern mit ihren glor-
reichen Jugendstreichen.

Für die damals 21-jährige Franka Potente wurde NACH FÜNF IM URWALD ein Filmdebüt nach Maß. Spielen konnte sie wunderbar – allerdings nicht auf der Gitarre. Deshalb wurde ihr ein Instrument in die Hand gedrückt, das auf einen wohlklingenden Akkord gestimmt war, so dass sie bloß über die Saiten streichen und Griffe vortäuschen musste. Es gibt Momente, da muss Flunkern einfach sein.

JENSEITS DER STILLE ist durch und durch Gefühlskino, ziemlich sentimental, bisweilen sogar kitschig, aber gleichzeitig wunderschön. Außergewöhnlich ist der Film zudem, weil er uns in die Welt der Gehörlosen mitnimmt. In einigen Momenten gelingt das großartig: Etwa wenn die Hauptfigur auf dem Markt einen Mann und ein Kind »belauscht«, die sich in Zeichensprache unterhalten. Oder wenn Kinder in einer Gehörlosenklasse auf dem Boden liegen und die Vibrationen als Musik in sich aufnehmen. Und dann der ganz kurze Moment, in dem zwei Menschen ein stummes Gespräch führen. Er im Haus hinter einer Fensterscheibe – sie im geschlossenen Wagen. Nie kommen sich diese beiden Menschen näher als in diesem Augenblick.

Dieses Bild steht für alle Konflikte, die ausbrechen, weil man sich mit zu viel ergreifender Liebe gegenseitig einschnürt. Fast möchte man für unausstehliche Eltern dankbar sein, die ihre Kinder geradezu zwingen, eigene Wege zu gehen. Für Lara ist alles viel komplizierter, weil sie ihre Eltern so sehr liebt und weil diese so sehr auf sie angewiesen sind. Alles muss hinter dieser Liebe zurückstehen – nicht einmal eine ausgewachsene Pubertät mag sie sich gönnen. Wie kann sie ihre Eltern belasten, wo diese doch beide taubstumm sind? Schon als Schulkind musste sie für sie dolmetschen.

Lara lebt mit ihrer Familie in einer Welt, die von Zeichen und nicht von Geräuschen geprägt ist. In der sie dem Vater mit Gebärden zu erklären versucht, wie fallende Schneeflocken klingen.

JENSEITS DER STILLE in einem Satz: Lara ist für ihren gehörlosen Vater das Ohr zur Welt, und deshalb hat er panische Angst davor, die begabte Klarinettistin an die Musik zu verlieren.

JENSEITS DER STILLE. Deutschland 1996. Regie: Caroline Link. Besetzung: Sylvie Testud, Howie Seago, Emmanuelle Laborit, Sibylle Canonica, Matthias Habich u. a. 112 Minuten. FSK 6. DVD: EuroVideo

Wem ein Film nicht genügt:
GILBERT GRAPE – IRGENDWO IN IOWA
USA 1993. Regie: Lasse Hallström (FSK 6)
BILLY ELLIOT Großbritannien 2000.
Regie: Stephen Daldry (FSK 6)

Aber als Lara von ihrer Tante Clarissa eine Klarinette geschenkt bekommt, droht sie aus der Stille des Elternhauses auszubrechen. Clarissa bestärkt Lara darin, sich auf die Prüfung für ein angesehenes Konservatorium in Berlin vorzubereiten. Berlin allerdings ist weit weg von zu Hause, dafür nahe bei Clarissa und ihrem Mann Gregor. Diese laden Lara zu sich ein, damit sie sich in den Sommerferien optimal auf ihre Prüfung vorbereiten kann.

Der Widerstand des Vaters ist groß, die unverhohlen gezeigte Eifersucht auch. Dennoch setzt sich Lara mit Hilfe ihrer Mutter durch. Zunächst scheint bei Clarissa alles wunderbar: Lara fühlt sich endlich als junge Frau ernst genommen und findet in ihrer Tante eine Freundin. Sie taucht begeistert in die Welt von »normalen« Erwachsenen ein.

Aber Laras Traum nimmt ein abruptes Ende, als ihre Mutter tödlich verunglückt. Natürlich kehrt Lara nach Hause zurück. Natürlich wird sie die starke Frau in der Familie. Natürlich ist sie wieder Vaters Mund und Ohr. Für ihn gibt es keine Zweifel: Nun wird sie für immer bei ihm bleiben, in dieser Welt der Stille. »Manchmal wünschte ich, du wärst auch taub, dann wärst du ganz in meiner Welt.« Gibt es tatsächlich nur diese harte Wahl: Musik oder Vater?

Obwohl JENSEITS DER STILLE ein halb trauriges, halb fröhliches Märchen ist, war für die Regisseurin Caroline Link eine glaubwürdige Darstellung der gehörlosen Eltern entscheidend. Deshalb engagierte sie dafür mit Howie Seago und Emmanuelle Laborit zwei Schauspieler, die tatsächlich gehörlos sind. Allerdings stellte sich dadurch ein unerwartetes Problem: Der Amerikaner und die Französin verstanden sich nicht. Die Gebärdensprache ist nicht international verständlich, wie man das vermuten könnte. Deshalb mussten die beiden Schauspieler ihren Text doch noch in deutscher Gebärdensprache lernen.

Sidney Lumet gehört zu den bekanntesten »Schauspieler-Regisseuren«. Das bedeutet, er sucht sich für jede Rolle, auch für die kleinste, die genau passende Schauspielerin, den richtigen Schauspieler aus. Und dann wird lange geprobt, bevor überhaupt der erste Drehtag beginnt. Das Ensemble trifft sich in nüchternen Räumen, liest den Text durch, arbeitet daran, spielt die Szenen »im Trockenen«. Lumet will damit erreichen, dass wir als Zuschauer am Ende nicht mehr das Gefühl von einem Spiel haben; für uns soll der Film zur Realität werden. Von Christine Lahti verlangt Lumet deshalb in DIE FLUCHT INS UNGEWISSE nicht nur, dass sie die Rolle der Annie spielte – sie sollte auch Annie sein.

Annie und Arthur Pope sind Polit-Aktivisten. Aus Protest gegen die amerikanische Regierung und den Vietnamkrieg verüben sie ein Bombenattentat auf ein Napalm-Labor. Dabei wird versehentlich ein Wachmann schwer verletzt. Seither sind die Popes auf der Flucht vor dem FBI.

Alle paar Monate wechseln sie Identität, Beruf, Wohnort und Freunde. Für die beiden Söhne Danny und Harry gehört dieses ewige Versteckspiel zum Alltag. Sicher ist in ihrem Leben nur die Familie. Damit dies so bleibt, haben die Popes im Laufe der Jahre ein ausgeklügeltes Tarnsystem entwickelt. Dafür gibt es minutiöse Verhaltensregeln, die vom Vater mit unerbittlicher Strenge eingefordert werden. Der unbedingte Zusammenhalt innerhalb der Familie ist der einzige Schutz, den es für die Popes gibt.

Als sie wieder einmal von vorn beginnen müssen, verliebt sich der inzwischen 17-jährige Danny in seine neue Mitschülerin Lorna. Das ist im Plan des Vaters nicht vorgesehen. Genauso wenig wie Dannys Talent fürs Klavierspielen, das von Lornas Vater, einem Musiklehrer, entdeckt und gefördert wird. Heimlich bewirbt sich Danny an der Julliard-School, dem begehrtesten Konservatorium der USA. Und er schafft tatsächlich alle Hürden – bis auf eine: Er braucht gültige Papiere, Geburtsurkunde, Schulzeugnisse, eben alles, was bei einer normalen Familie schön geordnet in einem Karton bereitliegt.

DIE FLUCHT INS UNGEWISSE in einem Satz: Eine Familie, die ständig auf der Flucht ist, weil die Eltern als Terroristen verfolgt werden, droht auseinanderzubrechen, als der 17-jährige Danny ein Studium beginnen will und dafür eine legale Existenz braucht.

DIE FLUCHT INS UNGEWISSE (Running on Empty). USA 1987. Regie: Sidney Lumet. Besetzung: River Phoenix, Martha Plimpton, Judd Hirsch, Christine Lahti u. a. 116 Minuten. FSK 12. DVD: Warner

Wem ein Film nicht genügt:
PADRE PADRONE Italien 1977.
Regie: Paolo & Vittorio Taviani (FSK 12)
DIE INNERE SICHERHEIT Deutschland 2000.
Regie: Christian Petzold (FSK 12)

Danny gerät dadurch in eine quälende Zerreißprobe: Wenn er eine Ausbildung erhalten will, muss er seine Familie verlassen. Mehr noch, er müsste jeglichen Kontakt mit ihr abbrechen. Jeglichen!

Für den Vater kommt das nicht in Frage. Die Familie ist das Einzige, was in seinem kaputten Leben bislang ganz geblieben ist. Und nun soll auch das noch auseinanderbrechen? Dannys Mutter dagegen geht den schweren Weg. Sie trifft sich mit ihrem Vater, der seit 14 Jahren keinerlei Nachricht mehr von ihr hat, ja nicht einmal weiß, ob sie überhaupt noch am Leben ist. Sie muss ihn, den sie früher »Kapitalistenschwein« geschimpft hat, um Hilfe bitten. Er soll Danny bei sich aufnehmen und ihm die ersehnte Ausbildung ermöglichen. Damit wiederholt sich auf tragische und unvorhergesehene Weise die Geschichte. Was ihren Eltern nach dem Anschlag geschehen ist, passiert nun ihr selbst: die endgültige, ganz und gar unfreiwillige Trennung von ihrem Kind.

Erwachsenwerden, sich von seinen Eltern lösen, eigene Wege gehen – all das klingt selbstverständlich und täuschend harmlos. In **DIE FLUCHT INS UNGEWISSE** bekommen diese Floskeln eine unge-

heure, kaum zu ertragende Dimension. Zwar erzählt Lumet auch eine politische Geschichte, streckenweise sogar einen spannenden Thriller, vor allem aber beschreibt er, wie unausweichlich die Loslösung von den Eltern ist. Was Danny radikal und schmerzlich erfahren muss, widerfährt im Grunde jedem Heranwachsenden. Lange sehnt man sich danach, endlich erwachsen zu werden und von seinen Eltern unabhängig zu sein. Und dann ist es plötzlich tatsächlich so weit. Nun muss man Schritte gehen, die endgültig sind. Eltern wissen aus eigener Erfahrung, was das bedeutet. Sie haben selbst vor Jahren diese Schritte unternommen, sind Wege gegangen, die nicht mehr ungeschehen zu machen sind.

Lumet ist es gelungen, seinen Film bis in die kleinste Rolle überzeugend zu besetzen. Nur einer ragt aus dem grandiosen Ensemble immer noch heraus: River Phoenix als Danny. Als der Film entstand, war er gerade mal 17 Jahre alt, aber bereits ein erfahrener Profi. Mit zehn war er im Fernsehen als Kinderstar aufgetreten. Und mit fünfzehn hatte er sein Kinodebüt gegeben. Wegen seiner intensiven Ausstrahlung, die immer auch etwas Tra-

gisches hatte, wurde River Phoenix bereits zu Lebzeiten als neuer James Dean gehandelt. Erst recht aber nach seinem tragischen Tod. Am 31. Oktober 1993 starb er 23-jährig vor dem Nachtclub seines Freundes Johnny Depp. Wegen Drogenkonsums hatte sein Herz plötzlich stillgestanden.

Drehen wir das Zeitrad 32 Jahre zurück: Vom neuen »James Dean« zum echten Jimmy Dean – von **DIE FLUCHT INS UNGEWISSE** zu **... DENN SIE WISSEN NICHT, WAS SIE TUN**.

Filme über Jugendliche werden normalerweise schnell alt. Das liegt in ihrer Natur. Wie sich Jugend anfühlt, hat viel mit dem zu tun, wovon man umgeben ist: Sprache, Kleidung, Musik – das Lebensgefühl kommt sozusagen von außen. Deshalb werden Jugendfilme mit den Jugendlichen alt, für die sie gemacht wurden.

Das kann sogar bei einem Klassiker wie **... DENN SIE WISSEN NICHT, WAS SIE TUN** passieren. Dass Jugendliche ganz selbstverständlich mit Krawatte zur Schule gehen, ist heute unvorstellbar. Dass Nathalie Wood von zu Hause wegläuft, weil ihr Vater sie ein »Frauenzimmer« nennt, wirkt lächerlich. Und dass sich James Dean einen starken Vater wünscht, der seiner Frau endlich einmal die Meinung geigt, das klingt in unseren Ohren vorgestrig.

Dennoch ist dieses Jugenddrama auch ein packendes Jugendporträt geblieben, und man kann immer noch verstehen, weshalb James Dean damit zum Idol mehrerer Jugendgenerationen geworden ist. Die Mode wandelt sich, aber es gibt Gefühle, die werden nicht altmodisch. Das Gefühl beispielsweise, in einer Art Niemandsland festzustecken, wo es nicht vorwärtsgeht, aber auch nicht rückwärts, so dass man zu ersticken droht. Genau dieses Gefühl vermittelt James Dean so unglaublich intensiv, dass es uns heute noch packt. Er ringt um Worte, sein Körper zuckt nervös und scheint sich selbständig zu machen, seine Stimmung schlägt innerhalb von Sekunden um. Er ist mit aller Welt im Kampf, auch mit sich selbst. Dabei ist seine tiefste Sehnsucht ganz schlicht: »Einmal möcht ich wissen, wo ich zu Hause bin.«

... DENN SIE WISSEN NICHT, WAS SIE TUN ist wahrscheinlich gerade deshalb zeitloser als andere Jugendfilme, weil er wie ein Theaterstück abläuft und gar nicht erst versucht, alles möglichst realistisch darzustellen. Es werden nur etwas mehr als 24 Stunden im Leben von Jim Stark erzählt – ein kleiner Ausschnitt, der dennoch fast alles zeigt: Jim ist ein Muttersöhnchen, ein Maulheld, der unter seiner Feigheit leidet. Seine Rebellion ist der verzweifelte Versuch, von seiner Mutter und der Großmutter loszukommen, endlich deren aufdringliche Fürsorglichkeit abzuschütteln.

In seinen Befreiungsversuchen benimmt sich Jim allerdings so unmöglich, dass die Starks alle paar Monate den Wohnort wechseln müssen, weil niemand erfahren darf, dass die perfekte Familie gar nicht so perfekt ist.

Kaum haben sie wieder einmal neu angefangen, sitzt Jim auch schon betrunken auf der Polizeiwache. Dort werden ebenfalls Judy und Plato festgehalten. Judy leidet unter der frostigen Lieblosigkeit ihres Vaters und Plato darunter, dass sich gar niemand außer seinem Kindermädchen um ihn kümmert. Alle drei sind zwischen

... DENN SIE WISSEN NICHT, WAS SIE TUN in einem Satz: Jugendliche, die alles haben außer verständnisvolle Eltern, steigern sich in immer gefährlichere und schließlich tödliche Mutproben hinein.

... DENN SIE WISSEN NICHT, WAS SIE TUN (Rebel Without a Cause). USA 1955. Regie: Nicholas Ray. Besetzung: James Dean, Natalie Wood, Sal Mineo, Jim Backus, Corey Allen, Dennis Hopper u. a. 106 Minuten. FSK 16. DVD: Warner

Wem ein Film nicht genügt:
JENSEITS VON EDEN USA 1955.
Regie: Elia Kazan (FSK 12)
DIE KLEINE DIEBIN Frankreich 1988.
Regie: Claude Miller (FSK 12)

16 und 18 Jahre alt. Was sie quält, ist nicht materielle Not. Sie kommen aus gutbürgerlichen Familien. Aber sie wünschen sich Aufmerksamkeit, die über das finanzielle Versorgen hinausgeht. Und sie wissen eines mit Sicherheit: So wie ihre Eltern wollen sie niemals werden.

Dennoch lieben sie ihre Eltern – irgendwie. Und das macht ihre Qual nur noch unerträglicher. Jims Vater ist zu seinem Sohn immer oberflächlich verständnisvoll. Und genau das bringt diesen auf die Palme: »Du hörst mir gar nicht zu. Ich möchte einmal etwas richtig machen, hilf mir dabei. Steh für mich ein!«

Bereits an seinem ersten Tag in der neuen Schule wird Jim von einer Jugendbande und ihrem Anführer Buzz herausgefordert. Es kommt zu einem Autorennen auf Leben und Tod. Jim und Buzz rasen mit einem gestohlenen Wagen auf eine Klippe zu. Wer zuerst rausspringt, ist der Feigling.

James Dean hat in seinem kurzen Leben nur drei Spielfilme gemacht – doch keiner hat den Kult um ihn so sehr geprägt wie dieser. Zum Kultstatus von ... **DENN SIE WISSEN NICHT, WAS SIE TUN** hat sicher auch beigetragen, dass alle drei Hauptdarsteller jung und unter tragischen Umständen starben: James Dean verunglückte mit 24 Jahren bei einem Autounfall. Nathalie Wood ertrank bei einem Segelunfall mit 43 Jahren. Sal Mineo wurde mit 37 Jahren überfallen und ermordet.

Ein Schmetterling, der mit den Flügeln schlägt. Unvergleichlich zart, und doch scheint für einen Augenblick die Welt stillzustehen. Ein Schmetterling, der sich auf einem Revolver niedergelassen hat, als wäre das sein natürlicher Lebensraum. In diesem traumgleichen Bild steckt ein ganzes Lebensgefühl, und es durchdringt **WAS NÜTZT DIE LIEBE IN GEDANKEN** von der ersten bis zur letzten Sekunde.

Paul Krantz und Günther Scheller stehen 1927 kurz vor dem Abitur, der eine, weil er als »begabtes Proletarierkind« gefördert werden soll, der andere, weil sich das für einen Sohn aus »gutem Hause« so gehört. Beide träumen sie von der wahren Liebe, von jenem Gipfelpunkt im Leben, der sich nicht übertreffen lässt, der deshalb zwangsläufig der Anfang vom Ende ist und nur noch in die Abgründe der Enttäuschung führen kann. Deshalb heißt es in den Statuten des Selbstmörderklubs, den die beiden Freunde gründen: »Wir verpflichten uns daher, unser Leben in dem Augenblick zu beenden, in dem wir keine Liebe mehr empfinden. Und wir werden all diejenigen mit in den Tod nehmen, die uns unserer Liebe beraubt haben.«

Aus dem Spiel mit Gedanken wird im Laufe eines sommerlichen Wochenendes auf dem Lande ein rauschhafter Reigen mit tatsächlich tödlichem Ausgang: Günthers Schwester Hilde kokettiert mit dem schüchternen Paul. Der Kochlehrling Hans schmust mit Hilde. Günther liebt eifersüchtig beide: Hans und Hilde. Hans verschmäht Günther. Hildes Freundin Elli hat nur Augen für Paul. Und Paul? Paul schwärmt für Hilde.

WAS NÜTZT DIE LIEBE IN GEDANKEN in einem Satz: Zwei
Jugendliche gründen in einer romantischen Laune einen Selbst-
mörderklub und geraten darauf in einen Strudel der Gefühle,
an dessen Ende aus dem Spiel Ernst wird.

WAS NÜTZT DIE LIEBE IN GEDANKEN. Deutschland 2003.
Regie: Achim von Borries. Besetzung: Daniel Brühl, August
Diehl, Anne Maria Mühe, Thure Lindhardt, Jana Pallaske u. a.
89 Minuten. FSK 16. DVD: Warner

Wem ein Film nicht genügt:
CLUB DER TOTEN DICHTER USA 1988.
Regie: Peter Weir (FSK 12)
HÖHENFEUER SCHWEIZ 1985.
Regie: Fredi M. Murer (FSK 12)

Im Taumel einer wilden Fete versinkt das Hochgefühl der Gipfel-
stürmer immer mehr im Kater widerstreitender Gefühle. Der
Schnaps geht rum, die Zukunft wird gedeutet, Liebe und Ver-
langen strecken ihre Fühler aus – Schmetterlinge im Bauch und
überall. Und wo ist der Revolver? Fast schon vergessen, taucht er
wieder auf, aus dem Sand am Ufer des Sees, am Rand des Idylls.
Und diesmal ist kein Schmetterling da, der den Abzug blockiert.
Von der unsterblichen Liebe bleibt zum Schluss nur grenzenloser
Schmerz übrig – und zwei Menschen sind tot.

    WAS NÜTZT DIE LIEBE IN GEDANKEN beruht auf einer wahren
Geschichte, der sogenannten Steglitzer Schülertragödie von 1927.
Es war damals – und wäre noch heute – Stoff für einen Reißer.
Aber der Regisseur Achim von Borries ist weder an Sensation
noch an Nostalgie interessiert. Er versucht stattdessen ein glaub-
würdiges Jugenddrama ohne Verfallsdatum zu erzählen – und
genau das tut er mit traumwandlerischer Sicherheit. Die unwirk-
lich schönen Bilder; eine Geräuschkulisse, die man am liebsten
zur akustischen Großaufnahme erklären möchte; die einschmei-
chelnde Filmmusik; das träge Tempo des Taumels – alles zusam-

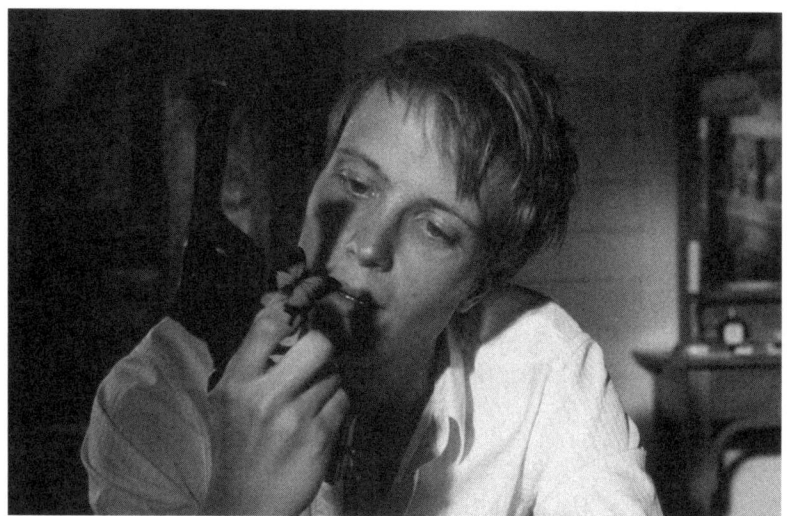

men wird zu einem Sommernachtstraum von Jugend. Er bleibt jenseits der Fakten von damals wahrer als wahr – und dennoch spannend.

Sogar der Schmetterling auf dem Revolver ist nicht etwa einem Spezialeffekt und erst recht nicht einer Tierdressur zu verdanken, sondern scheinbar grenzenloser Geduld und dem Zufall. Es ist, als wäre dieser Film selbst ein Schmetterling, eine Fantasie, die mehr aus Versehen ins Drama kippt und damit alles zusammenbringt, was in der Jugend zusammengehört: Glück und Leid, Verstehen und Sprachlosigkeit, Erstarren und Tanz, Vertrauen und Verlorenheit, Lebenslust und Schwermut.

Der Roman »Anna Karenina« von Leo Tolstoi beginnt mit dem Satz: »Alle glücklichen Familien sind einander ähnlich, unglücklich ist jede Familie auf ihre eigene Art.«

DER EISSTURM erzählt von Familien, die sich sogar in ihrem Unglück gleichen. Sie zerbrechen genauso öde, wie sie zusammen-

gewachsen sind. Was glücklicherweise nicht bedeutet, dass uns ein fader Film erwartet.

Paul Hood beginnt seine Geschichte ganz ähnlich wie Tolstoi, allerdings nicht so literarisch, denn seine Lieblingslektüre sind Comics. »Und das war der Sinn der Fantastischen Vier: Dass eine Familie wie deine eigene Anti-Materie ist. Deine Familie ist die Leere, aus der du geboren wirst, und der Platz, an den du zurückkehren wirst, wenn du stirbst. Je näher du dorthin zurückgezogen wirst, desto tiefer tauchst du ins Nichts ein.«

Wir versetzen uns zurück ins Jahr 1973: Paul ist 16 und lebt die meiste Zeit des Jahres in einem Internat. Seine etwas jüngere Schwester Wendy wohnt noch zu Hause, und es nervt sie täglich aufs Neue, dass ihre Eltern kein Interesse für Politik zeigen. Sie scheinen sich aber auch sonst in ihrem Leben nur noch grenzenlos zu langweilen. Die Mutter klaut Lippenstifte im Supermarkt, während der Vater lustlos ein Verhältnis mit seiner Nachbarin unterhält.

Doch nun steht Thanksgiving, das amerikanische Erntedankfest, vor der Tür, und da muss die Familie gefeiert werden, wie sonst nie im gesamten Jahr. Jetzt wollen sich auf Kommando

DER EISSTURM in einem Satz: In einer Familie herrscht Eiszeit der Gefühle, in der sich niemand mehr etwas zu sagen hat und Jugendliche nur lästige Unruhestifter sind.

DER EISSTURM (The Ice Storm). USA 1997. Regie: Ang Lee. Besetzung: Kevin Kline, Sigourney Weaver, Joan Allen, Tobey Maguire, Christina Ricci, Elijah Wood u.a. 113 Minuten. FSK 12. DVD: Kinowelt

Wem ein Film nicht genügt:
EINE GANZ NORMALE FAMILIE
USA 1979. Regie: Robert Redford (FSK 12)
AM GROSSEN WEG Frankreich 1986.
Regie: Jean-Loup Hubert (FSK 6)

alle furchtbar lieb haben. Doch diese Menschen schaffen es nicht einmal mehr, richtig wütend aufeinander zu werden. Man lebt apathisch aneinander vorbei. Der Vater sagt: »Ich bin wieder da.« Und der Sohn antwortet: »Warst du weg?« Untereinander nennen die Jugendlichen die hilflosen Annäherungsversuche ihrer Eltern abschätzig »Schulterklopftrip«.

DER EISSTURM erzählt nicht nur von unverstandenen Jugendlichen, sondern auch von Eltern, die ihre Kinder beneiden, weil diese jung sind und weil ihnen scheinbar alle Möglichkeiten offenstehen.

Dann allerdings kommt Bewegung in diese erstarrte Unzufriedenheit. Die Hoods und ihre Nachbarsfamilie rutschen innerhalb von Stunden in jene negative Zone, die Paul aus den »Fantastischen Vier« kennt. Ben erwischt Wendy beim Knutschen. Elena kommt dahinter, dass Ben sie betrügt. Und Paul verliert sämtliche Illusionen, was seine Angebetete betrifft. Ausgerechnet als ein Eisregen über das Land hinwegfegt, scheint die Eiszeit zwischen den Menschen aufzubrechen. Er fordert zwar wie die griechische Tragödie unerbittlich sein Opfer, gleichzeitig werden die Familien aber noch einmal aus dem Nichts katapultiert.

Der schwedische Originaltitel lässt an Deutlichkeit nichts zu wünschen übrig: **FUCKING ÅMÅL**. Genauso direkt und derb geht es unter den Jugendlichen in der schwedischen Kleinstadt Amal zu. Feten sind dazu da, um zu kiffen, zu saufen und Mädchen abzuschleppen. Als das hübscheste Girl gilt Elin. Sie hat allerdings auch den Ruf, mit jedem der Jungs schon einmal rumgemacht zu haben. Elin ist erst 14, wirkt aber ziemlich abgebrüht und dabei alles andere als glücklich.

Agnes ist völlig anders. Seit bald zwei Jahren lebt sie in Amal, doch noch immer hat sie keine Freundinnen gefunden. Äußerlich blass, brav und bieder, ist sie ein Mauerblümchen, das in der Schule von niemandem beachtet wird. Nur heimlich traut sie sich große Gefühle zu. Sie ist in Elin verliebt. Ausgerechnet in dieses scheinbar herzlose Luder.

Als Elin das erfährt, spielt sie Agnes zunächst einen grausamen Streich. Dann aber erwachen in ihr völlig unerwartet Sympathien. Diese will sie erst recht nicht wahrhaben. Sie ist doch keine Lesbe. Eiligst legt sich Elin einen Freund zu. Agnes dagegen wird in der Schule als Freak verhöhnt.

RAUS AUS AMAL erzählt davon, wie grausam Jugendliche untereinander sein können – und wie hilflos die Erwachsenen diesen Nöten oft gegenüberstehen. Sowohl die Eltern von Agnes wie die Mutter von Elin möchten ihren Kindern helfen, aber zwischen ihnen scheint eine ebenso unsichtbare wie unüberwindbare Mauer zu stehen.

Weder Agnes noch Elin haben von den anderen Jugendlichen Verständnis zu erwarten. Die haben alle genug mit sich selbst zu tun und denken nicht im Traum daran, tolerant zu sein. **RAUS AUS AMAL** beschreibt keine sorglose, unbeschwerte Jugend. In Amal ist das Aufwachsen rau, so wie man sich das weder als Eltern noch als Kind wünscht. Dass die Geschichte von einer Liebe zwischen zwei Mädchen handelt, ist letztlich Nebensache. Es geht ganz einfach

RAUS AUS AMAL in einem Satz: Die unscheinbare Agnes verliebt sich in die trotzige Elin, was in der tristen Vorstadtwelt nicht gut ankommt, wo Jugendlichen das Träumen längst vergangen ist.

RAUS AUS AMAL (Fucking Åmål). Schweden, Dänemark 1999. Regie: Lukas Moodysson. Besetzung: Alexandra Dahlström, Rebecca Lijeberg, Erica Carlson, Mathias Rust u.a. 89 Minuten. FSK 12. DVD: Concorde

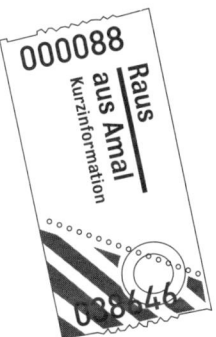

Wem ein Film nicht genügt:
HAROLD UND MAUDE USA 1971. Regie: Hal Ashby (FSK 12)
CRAZY Deutschland 2000. Regie: Hans-Christian Schmid (FSK 12)

darum, zu einem Menschen zu stehen, selbst wenn die ganze Welt
darüber lacht, die Nase rümpft oder gar Sturm läuft.

◉◉◉

Über die Pubertät wird viel Schreckliches berichtet, und so gerät
fast in Vergessenheit, dass sie nicht immer dramatisch oder gar
tragisch sein muss. Wie alles Ernste im Leben sorgt sie auch für
komische und absurde Kapriolen.

Eine davon beginnt damit, dass ein Vater mit seiner Tochter in
den Urlaub verreisen muss. Als André die 14-jährige Véronique
bei seiner geschiedenen Frau abholt, freut sich keiner der beiden
so richtig auf den Urlaub. André steckt gerade in einer Krise mit
seiner neuen Freundin, und Véronique hat null Bock auf Wellness
mit Greisen. Ihr Vater, ein Held – das ist für sie längst Vergangen-
heit.

Dabei hat André keine Kosten gescheut, um seiner Tochter
luxuriöse Ferien auf Mauritius zu bieten. Véronique jedoch hütet
sich davor, auch nur den kleinsten Anflug von Begeisterung zu
zeigen. Wenn der Vater auf der Veranda sitzt und den herrlichen
Mond bewundert, dann zappt sie lustlos durch die Fernsehland-
schaft. Bis er explodiert: »Du sollst dir den Mond ansehen, ver-
dammt noch mal!« Damit hat sie ihn wieder einmal klein gekriegt,
um später, ganz heimlich natürlich, dann doch noch den herrlichen
Mond zu genießen.

Noch heftiger wird es, als Véronique dem Schönling Benjamin
begegnet. Dass sie behauptet, bereits 18 zu sein, mag noch eine
harmlose Flunkerei sein. Aber als sie dann auch noch den Vater
verleugnet und vorgibt, dieser sei ihr Geliebter, wird es verzwickt.
Immer fantasievoller werden ihre Lügengeschichten. André habe
sie aus dem Drogenelend geholt. André habe von ihr Besitz ergriffen. André sei in Wirklichkeit ein wahnsinnig geheimnisvoller
Geheimagent. André habe nur noch wenige Wochen zu leben.
Benjamin ist verständlicherweise hin und her gerissen. Soll er als

strahlender Ritter seine Prinzessin aus den Klauen dieses Monsters befreien? Oder sich doch eifersüchtig in den Schmollwinkel zurückziehen? Oder gar generös dem Todgeweihten die Hand reichen?

Auch der ahnungslose André begreift die Welt nicht mehr: Die anderen Gäste meiden den vermeintlichen Kinderschänder oder beschimpfen ihn. Und auf einer harmlos beginnenden Wasserskifahrt wird er beinahe zum Ersaufen gebracht. Als André von Véronique endlich die Wahrheit erfährt, kommt's noch dicker: Er soll bei diesem Spiel mitmachen, seiner Tochter zuliebe.

MEIN VATER, DER HELD ist eine Komödie, weil sie den Ernst der Lage nicht ganz so ernst nimmt. Gérard Depardieu als gebeutelter Vater ist herrlich anzusehen – vor allem wenn der wahrhaft kolossale Temperamentsbolzen in eine Badehose gezwängt wird. Aber auch die Chemie mit seiner »Gegenspielerin« Marie Gillain stimmt. Man muss lachen, weil man genau solche Szenen zwischen Jugendlichen und Eltern schon tausendmal beobachtet oder selbst erlebt hat. Und es ist befreiend, sich über etwas zu amüsieren, das normalerweise für hochrote Köpfe sorgt. Bei aller Komik und Übertreibung ist MEIN VATER, DER HELD allerdings nicht weniger glaubwürdig und realistisch als manches todernst gemeinte Jugenddrama. Vielleicht sogar hilfreicher, denn indem wir lachen, entspannen wir uns und sehen vieles plötzlich in einem etwas freundlicheren Licht. Wir amüsieren uns nicht nur über André, Véronique und Benjamin, sondern auch über uns selbst. Das ist nicht die schlechteste Medizin gegen die »Krankheit« Pubertät.

Wenn jedoch eine Medizin hilft, dann schluckt man sie bei Bedarf gerne ein zweites Mal. Zwei Jahre, nachdem MEIN VATER, DER HELD in Frankreich mit großem Erfolg im Kino gelaufen war, wurde in den USA DADDY COOL uraufgeführt. Es war dieselbe Geschichte auf Amerikanisch. Lediglich Gérard Depardieu, der zu jener Zeit in den USA sehr populär war, hatte man aus Frankreich übernommen. Der Rest der Crew war neu, die gesamte übrige Besetzung und auch der Regisseur waren nun Amerikaner.

Französische Kinoerfolge werden in den USA sehr häufig nochmals realisiert. Aus den vergangenen dreißig Jahren gibt es über dreißig solcher Remakes. Teilweise werden die Vorlagen stark abgeändert. Im Falle von **DADDY COOL** wurde jedoch praktisch eine Kopie produziert. Der Grund für dieses Verfahren ist einfach: Wenn eine Geschichte bereits einmal erfolgreich ihr Publikum gefunden hat, dann wird sie es wahrscheinlich auch ein zweites Mal schaffen.

Wäre es nicht kostengünstiger, den französischen Film einfach zu synchronisieren, also mit amerikanischen Sprechern neu zu vertonen? Synchronisationen sind in den USA sehr unüblich und unbeliebt. Es gibt deshalb auch nur ganz wenige europäische Filme, die dort erfolgreich im Kino laufen. Dazu kommt, dass französische Vorlagen für das Remake nahezu immer etwas retuschiert und auf Amerikanisch geschminkt werden. In französischen Filmen ist nackte Haut an der Tagesordnung, während das amerikanische Kino nach wie vor prüde ist. Frivole Pointen müssen meistens braven Witzen weichen. Was vorher liederlich, locker oder gar ordinär war, wird jetzt auf züchtig getrimmt. Dem Remake wird zudem mehr Glamour verpasst, es wird satter in den

MEIN VATER, DER HELD in einem Satz: Ein Vater macht mit seiner Tochter Urlaub im Ferienparadies und findet sich bald in einem turbulenten Albtraum wieder, weil ihn seine Tochter als ihren Geliebten ausgibt.

MEIN VATER, DER HELD (Mon père, ce héros). Frankreich 1991. Regie: Gérard Lauzier. Besetzung: Gérard Depardieu, Marie Gillain, Patrick Mille, Catherine Jacob u. a. 103 Minuten. FSK 6. DVD: BMG

Wem ein Film nicht genügt:
VATER DER BRAUT USA 1950. Regie: Vincente Minnelli (FSK 12)
DIE SCHRILLEN VIER AUF ACHSE USA 1983. Regie: Harold Ramis
(FSK 6)

Farben und kitschiger im Dekor. Dennoch ist mit **DADDY COOL** ein lustiges Remake entstanden, obwohl es weder das Tempo noch die Glaubwürdigkeit des Originals erreicht.

Irgendwann geht auch die heftigste Pubertät zu Ende. Sebastian wird 18, der Vater gießt den teuren Sekt ein und spricht die bedeutungsschweren Worte: »Jetzt bist du volljährig. Jetzt kannst du machen, was du willst!« Doch die erste Entscheidung des frisch gebackenen Mannes bringt den Vater aus der Fassung: Sebastian will als »jeune homme«, als männliches »Kindermädchen« für ein Jahr nach Genf.

In der viersprachigen Schweiz ist es zwar nichts Außergewöhnliches, wenn junge Leute aus der Deutschschweiz für einige Zeit in die Westschweiz ziehen, um dort aus ihrem Schulfranzösisch etwas zu machen, das man auch im alltäglichen Leben brauchen kann. Aber ein junger Mann verdingt sich doch nicht als Au-pair, das Babys wickelt, den Herrschaften die Wäsche macht und für deren verwöhnte Kinder Geburtstagskuchen backt. Erst recht

JEUNE HOMME in einem Satz: Ein junger Mann lässt sich als Kindermädchen anstellen, stößt damit seine Eltern vor den Kopf und wagt ein Abenteuer, das nur mutige Männer bestehen.

JEUNE HOMME. Schweiz 2006. Regie: Christoph Schaub. Besetzung: Matthias Schoch, Alexandra Vandernoot, Didier Flamand u. a. FSK 6. DVD: Plazavista Entertainment

Wem ein Film nicht genügt:
DREI MÄNNER UND EIN BABY
Frankreich 1985. Coline Serreau (FSK 12)
FAUSTO Frankreich 1992.
Regie: Rémy Duchemin (FSK 12)

nicht, wenn das Druckereigeschäft des Vaters lockt. Aber genau das ist Sebastians Motivation. Er will raus aus dem Einfamilienhaus in Zürich und seine Erfahrungen möglichst weit weg von dem machen, was sich der Vater für ihn als Zukunft ausgedacht hat.

Der Vater poltert, die Mutter schluchzt, und die ältere Schwester findet den Überraschungscoup super. Dem elterlichen Aufstand zum Trotz setzt sich der stille Sebastian durch, obwohl er weder wie ein Rebell aussieht, noch wie einer spricht. Er zieht nach Genf zu Familie Dumoulin. Dort stellt sich leider heraus, dass er von einem verknöcherten Haushalt in den nächsten gewechselt hat. Madame ist pingelig und launisch, Monsieur lebt nur für sein Geschäft, und Sebastians Zimmer ist vom letzten Au-pair-Mädchen her noch immer rosa gestrichen.

Aber Sebastian will unter keinen Umständen kleinlaut nach Hause zurückkehren. Diesen Triumph mag er dem Vater nicht gönnen. Also kämpft er sich durch: Zunächst durch die Haushaltspflichten, dann durch die Eheprobleme der Dumoulins, verfängt sich in den Verführungskünsten einer schönen Nachbarin

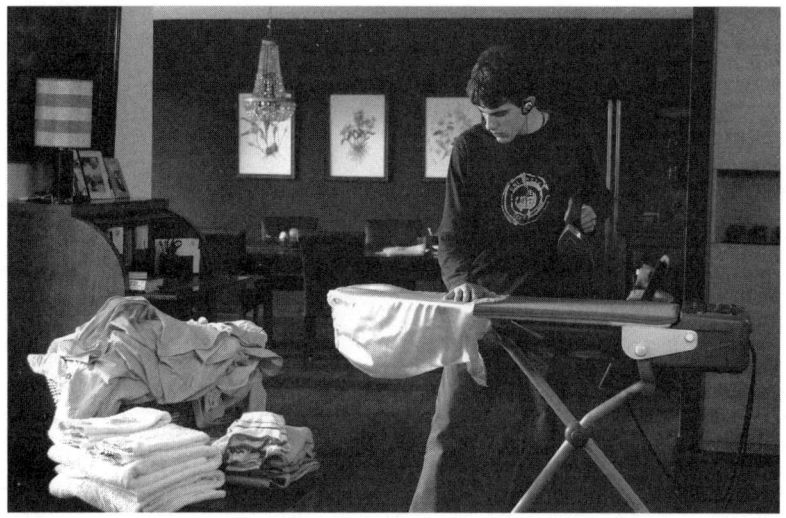

und begegnet schließlich seiner großen Liebe, die ihn allerdings zunächst nur spöttisch lächelnd abblitzen lässt. Sebastian entdeckt aber auch, dass seine Zukunft in der Küche und nicht im Druckereigewerbe liegt.

All diesen Verwicklungen gewinnt der Regisseur Christoph Schaub viel liebenswürdige Komik ab. Nur schon durch das Vertauschen sonst üblicher Rollen ergeben sich unzählige Pointen. Darüber hinaus ist JEUNE HOMME aber auch das feinfühlige Porträt eines jungen Mannes, der zwar von einem Tag auf den anderen volljährig wird, der aber zum Erwachsenwerden doch noch etwas Zeit braucht.

Neben dem Drehbuch hat der Regisseur sein größtes Kapital in Matthias Schoch als Sebastian gefunden. Der Gymnasiast wurde aus hundert Kandidaten ausgewählt, obwohl er nicht einmal eine schauspielerische Ausbildung hat. Die vermisst man allerdings keine Sekunde. Noch sympathischer und glaubwürdiger kann man Sebastian gar nicht spielen.

Am Ende ist Schluss mit Pubertät – und diesmal kredenzt der Sohn dem Vater den edlen Tropfen.

Kinofilme
über das Kino

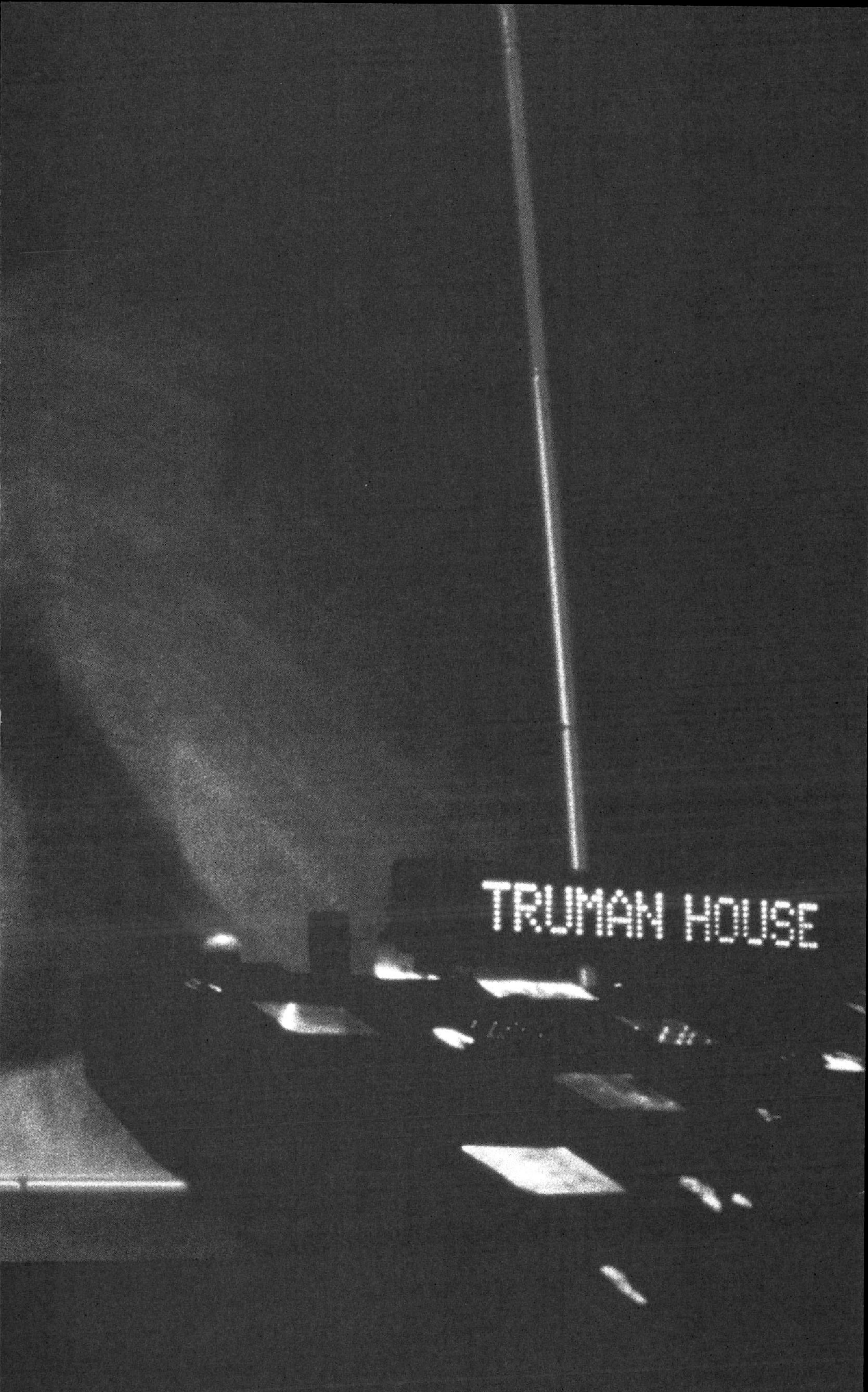
TRUMAN HOUSE

HIN TER   DEN
KULISS EN

In einem der ersten Filme der Kinogeschichte sieht man einen Zug in einen Bahnhof einfahren. Für uns ist das heute eine schlichte Szene. Die Brüder Lumière haben dafür 1895 ihre Kamera einfach am Kopfende eines Bahnsteigs hingestellt und einen ankommenden Zug gefilmt. Als sie diesen Film jedoch erstmals Zuschauern vorführten, sollen diese vor Schreck aufgesprungen sein, weil sie fürchteten, von der Lokomotive überfahren zu werden. Auch wenn wir uns diese Reaktion kaum mehr vorstellen können, so hat sich doch etwas in diesen über hundert Jahren nie verändert: Immer wollte das Kino die Zuschauer überraschen und ihnen eine Illusion als Realität verkaufen. Wir sollen am Ende aus dem Kino kommen und über das Gesehene diskutieren, als ob es Wirklichkeit wäre. Dabei ist doch selbst der realistischste Dokumentarfilm letztlich nicht die Wirklichkeit, sondern höchstens ein Abbild davon.

Die Bezeichnung Illusionist wird normalerweise für Zauberer gebraucht, sie passt aber auch zu den Filmemachern. Wie in einer Zaubershow lassen wir uns verblüffen, und gleichzeitig versuchen wir dahinterzukommen, wie ihre Tricks funktionieren. Einige Filmemacher haben offenbar Erbarmen mit uns Neugierigen

284

gehabt. Sie haben Filme über das Filmemachen gedreht und lassen uns kurz hinter die Kulissen der Traumfabrik blicken.

François Truffaut war schon als Jugendlicher vom Kino geradezu besessen. Dann wurde er ein einflussreicher Kritiker und schließlich selbst Filmregisseur. Dennoch haben ihn seine jugendliche Begeisterung fürs Kino und seine Neugierde nie verlassen. Als er bereits ein gefeierter Regisseur war, hat Truffaut mit seinem fast übermächtigen Vorbild Alfred Hitchcock ein Gespräch geführt, das über fünfzig Stunden gedauert hat. Es ist, als ob ein Zauberlehrling nochmals bei seinem großen Hexenmeister zum Unterricht gegangen wäre.

Schön der Reihe nach wendet er sich jedem einzelnen Film des Meisters zu und fragt diesen Löcher in den Bauch. Daraus ist der spannendste Blick hinter die Kulissen des Kinos geworden, den es je in Buchform gab. Einige Jahre später hat Truffaut dann aber auch noch ein paar seiner eigenen Geheimnisse preisgegeben, diesmal in einem Film. DIE AMERIKANISCHE NACHT verrät, wie ein Kinofilm gemacht wird. Dass es sich bei diesem um eine Schnulze mit dem faden Titel »Meine Ehefrau Pamela« handelt, ist völlig unwichtig. Uns interessiert nur, wie dieses Liebesdrama entsteht. Dessen Regisseur Ferrand spielt Truffaut gleich selbst, und damit wirkt sein Film natürlich erst recht glaubwürdig.

Bereits im Vorspann zeigt uns Truffaut etwas, das wir normalerweise im Kino nicht zu sehen bekommen: Die Lichttonspur. Nach der Aufnahme und Mischung wird die Tonspur eines Films in ein Muster umgewandelt, das am Rande des Filmstreifens angebracht ist. Das Muster besteht aus transparenten Stellen, die Licht durchlassen, und aus undurchlässig geschwärzten. Es lässt also mehr oder weniger Licht durch. Danach geschieht – ganz einfach gesagt – Folgendes: Das Licht wird wieder in Ton umgewandelt, und je nach Lichtmenge, die hindurchdringt, werden unterschied-

DIE AMERIKANISCHE NACHT in einem Satz: Wir blicken einem Regisseur bei den Dreharbeiten zu einem Liebesmelodrama über die Schulter und werden dabei gleichzeitig aufgeklärt und verzaubert.

DIE AMERIKANISCHE NACHT (La nuit américaine). Frankreich, Italien 1973. Regie: François Truffaut. Besetzung: Jacqueline Bisset, Jean-Pierre Léaud, François Truffaut, Nathalie Baye u. a. 116 Minuten. FSK 12. DVD: Warner

Wem ein Film nicht genügt:
SCHWEIGEN IST GOLD Frankreich 1947.
Regie: René Clair
GOOD MORNING BABYLON
Italien, Frankreich, USA 1986.
Regie: Paolo und Vittorio Taviani (FSK 12)

liche Töne erzeugt. Dank des Lichttons laufen Ton und Bild genau synchron ab. In **DIE AMERIKANISCHE NACHT** hören wir in den ersten Minuten ausnahmsweise nicht nur den Ton, sondern wir sehen dazu auch das passende Muster des Lichttons.

Die nächste Überraschung folgt mit der ersten Einstellung: Ein großer, belebter Platz, auf dem die Leute kreuz und quer durcheinandergehen, am Rande fahren Autos, dann folgt die Kamera einem jungen Mann, der auf einen älteren Mann zugeht und ihn plötzlich ohrfeigt. Genau in diesem Moment schreit eine Stimme: »Schnitt!« – und mit der Illusion ist es aus. Es war alles nicht echt, sondern nur der Dreh für eine Filmszene. Und dann beginnt diese wieder von vorne. Diesmal hören wir aber die Anweisungen des Regie-Assistenten: »Die Dame mit dem Hund etwas schneller!« – »Mehr Bewegung vor dem Café!« – »Das rote Auto aus dem Bild!« Plötzlich kommt uns alles, was hier geschieht, unnatürlich und gesteuert vor. Die Illusion, die wir zu Beginn hatten, kann sich nicht wieder einstellen.

Dank Truffaut kommen wir dahinter, wo sich in der Kulisse ein Textblatt verstecken lässt, das einer vergesslichen Schauspie-

lerin auf die Sprünge hilft. Wie man Regen macht, wenn keine Wolke am Himmel zu sehen ist. Wie im Kino aus Seifenschaum eine kniehohe Schneedecke wird. Und wir werden Zeuge, wie am helllichten Tag eine Nachtszene gedreht wird. »Day for night« nennen das die Amerikaner, »La nuit américaine« heißt es bei den Franzosen – und der Fachbegriff für dieses Verfahren, mit Kamerafiltern den Tag zur Nacht zu machen, wurde zum Titel des Films.

Truffaut zeigt aber auch, was am Rande der Dreharbeiten und hinter der Kamera geschieht. Der Regisseur wird ohne Unterlass von allen Seiten mit Fragen bedrängt. Es entsteht der Eindruck, Dreharbeiten seien etwas absolut planloses und chaotisches. Während der Regisseur an allen Fronten pausenlos für seinen Film kämpft, schlägt sich der Rest der Crew mit persönlichen Sorgen herum. Der weibliche Star hat eben eine Nervenkrise überstanden und fürchtet sich vor einem Rückfall. Der jugendliche Held ist ein Kindskopf, der mit Frauen so theatralisch umgeht, als wäre er im Kino. Und alle wollen sie von allen geliebt werden. Während Truffaut uns seine Tricks verrät, verzaubert er uns geschickt mit

immer neuen Kunststücken. Während wir meinen, die Illusions-
maschine endlich durchschauen zu können, sind wir ihr schon
wieder rettungslos verfallen. Es ist wie ein Traum in einem Traum
in einem Traum. Truffaut bricht für uns die eine Schale auf und
hält uns dennoch in der nächsten gefangen. Kino ist und bleibt
eine Illusion.

Billy Wilder zerstört unsere Illusionen viel brutaler als François
Truffaut. In seinem Film BOULEVARD DER DÄMMERUNG kommt die
zerstörerische Seite des Filmgeschäfts zum Vorschein. Norma
Desmond war in der Stummfilmära ein Star, so glänzend, dass
sein Verglühen unvorstellbar war. Aber Anfang der 1950er Jahre
lebt sie vollständig zurückgezogen in ihrer Villa, und die meisten
ehemaligen Fans glauben, sie sei längst tot. Seit zwanzig Jahren
hat die einst strahlende Desmond keinen Film mehr gemacht.

Auch der erfolglose Drehbuchautor Joe Gillis entdeckt den
einsamen Star nur zufällig, als er mit seinem unbezahlten Wagen
vor dem Autohändler auf der Flucht ist und sich in der Auffahrt
eines mondänen, aber verwilderten Anwesens versteckt. Als die
Diva erfährt, dass er Autor ist, verpflichtet sie ihn zur Mitarbeit
an einem Drehbuch, an dem sie seit Jahren arbeitet. Eine glamou-
röse Salome-Verfilmung soll ihr eine triumphale Rückkehr ins
Rampenlicht bereiten. Gillis sieht sofort, dass mit diesem melodra-
matischen Schund nichts anzufangen ist, aber er ist vollkommen
abgebrannt und kurz davor, Hollywood kleinlaut den Rücken zu
kehren. Norma Desmond verspricht ihm viel Geld und macht
ihn so zunächst zu ihrem Mitarbeiter und dann zu ihrem Geliebten. Obwohl sie ihn praktisch wie einen Leibeigenen hält, lernt
Gillis eine junge Frau kennen und arbeitet mit ihr an einem Drehbuch, von dem er wirklich überzeugt ist. Diesen doppelten Verrat
bestraft Norma Desmond mit dem Tod.

Ausnahmsweise ist es kein schlimmes Vergehen, dem Zuschauer
den Schluss des Films zu verraten, denn Billy Wilder tut das schon

in der ersten Minute. In einem Swimmingpool liegt eine Leiche, und eine Stimme bemerkt dazu zynisch: »Er hatte sich immer ein Schwimmbassin gewünscht, und als er es endlich bekam, musste er einen hohen Preis bezahlen.« Der Tote im Wasser ist Joe Gillis, und er selbst beginnt seine Geschichte mit diesen Worten zu erzählen.

Das ist außergewöhnlich, aber nicht so unheimlich wie die vielen Hollywood-Legenden, die Wilder dazu gebracht hat, sich selbst zu spielen. Allen voran Gloria Swanson, die für Norma Desmond wie geschaffen war. In den 1920er Jahren war sie tatsächlich ein überragender Star gewesen, so groß, dass sie sich mit Charlie Chaplin um die Krone Hollywoods streiten konnte. 1929 drehte Swanson einen Film, bei dessen Dreharbeiten sie sich mit dem Regisseur Erich von Strohheim heillos zerstritt. QUEEN KELLY wurde ein Fiasko auf der ganzen Linie, blieb unvollendet und knickte ihre Karriere. Ironischerweise muss sich Joe Gillis im Privatkino von Norma Desmond genau aus diesem Film Ausschnitte ansehen. Und Erich von Strohheim, der nach QUEEN KELLY niemals mehr Regie führen konnte, trat in BOULEVARD DER DÄMMERUNG ausgerechnet als treu ergebener Chauffeur jener Diva auf, die ihn einst gedemütigt und gefeuert hatte.

Die Bridge-Runde, die sich bei Norma trifft, ist ebenfalls ein gespenstisches Wiedersehen mit einer längst vergangenen Ära. Am Tisch sitzen mit versteinerter Miene die einstmals großen Stummfilmstars H. B. Warner, Anna Q. Nilsson und Buster Keaton. Und als Norma in die Paramount-Studios fährt, weil sie glaubt, der Regisseur Cecil B. DeMille wolle ihr Comeback inszenieren, da empfängt sie tatsächlich der legendäre DeMille in seinen ebenso legendären Reitstiefeln am Set von SAMSON UND DELILAH, den er damals im selben Studio drehte wie BOULEVARD DER DÄMMERUNG. Nach so vielen »Zufällen« kann es uns nicht mehr überraschen, dass DeMille und Swanson in der Stummfilmzeit als Traumteam galten.

Wilder gelang mit BOULEVARD DER DÄMMERUNG das faszinierende Kunststück, Legenden schonungslos zu zerschlagen und daraus

BOULEVARD DER DÄMMERUNG in einem Satz: Ein vergessener
Stummfilmstar will sein Comeback erzwingen, wobei Legenden
brutal zerstört und aus den Trümmern neu aufgebaut werden.

BOULEVARD DER DÄMMERUNG (Sunset Boulevard). USA 1950.
Regie: Billy Wilder. Besetzung: Gloria Swanson, William Holden,
Erich von Strohheim, Nancy Olson u. a. 110 Minuten. FSK 12.
DVD: Paramount

Wem ein Film nicht genügt:
STADT DER ILLUSIONEN USA 1952.
Regie: Vincente Minnelli (FSK 16)
GRÜSSE AUS HOLLYWOOD USA 1990.
Regie: Mike Nichols (FSK 12)

eine neue Legende zu schaffen, denn das ist sein bitterböser Film über die gegenseitige Ausbeutung im Filmgeschäft längst geworden. Es gibt in diesem Film so viele unvergessliche Szenen, dass man länger braucht, sie aufzuzählen, als dafür, sich den Film anzuschauen.

Nur eine davon: Während ihres Besuchs im Filmstudio räkelt sich Norma Desmond im Abglanz ihres alten Ruhms. Noch einmal richtet ein alter Beleuchter, der schon die Stummfilmzeit durchgemacht hat, seinen Scheinwerfer auf jene Frau, die von sich behauptet: »Ich bin groß geblieben! Nur die Filme sind klein geworden.« Und noch einmal drängen sich die Hollywood-Veteranen um ihren Star von einst. Aber als der Schweinwerfer weggedreht wird, ist auch der Zauber vorbei.

Billy Wilder war einer der genialsten Drehbuchautoren, den Hollywood je hatte. Deshalb verwundert es nicht, dass er seinen Schauspielern keinen Freiraum zur Improvisation lassen wollte. Zum Glück, denn sonst wären wir wohl um unzählige klassische Filmzitate geprellt worden. Seine unvergleichlichen Schlusssätze haben Filmgeschichte gemacht, auch jener aus BOULEVARD DER DÄMMERUNG: Am Ende verfällt Norma Desmond endgültig ihrem Wahn, schreitet die Treppe ihrer Villa hinunter, als wäre es der Palast Salomes, und bleibt schließlich vor den Kameras der Wochenschau stehen, vor den sensationshungrigen Journalisten und vor den Polizisten, die sie nun gleich verhaften werden. Von ihrer unnachahmlichen Stummfilmgestik begleitet, spricht sie ihren letzten Satz: »Mr. DeMille, ich bin bereit für meine Nahaufnahme.«

Hinter den Kulissen des Films herrschen nicht nur romantische Verwicklungen und harter Konkurrenzkampf – manchmal tobt auch ein urkomisches Durcheinander. Das will uns EIN IRRER TYP weismachen. Michel Gaucher ist ein ebenso verwegener wie ungeschickter Stuntman, dem seine Arbeit das ganze Leben durchein-

EIN IRRER TYP in einem Satz: Für einen Stuntman wird das Leben vor und hinter der Kamera zu einer einzigen urkomischen Abfolge von Stuntszenen.

EIN IRRER TYP (L'Animal). Frankreich 1977. Regie: Claude Zidi. Besetzung: Jean-Paul Belmondo, Raquel Welch, Dany Saval u. a. 100 Minuten. FSK 6. DVD: Universum

Wem ein Film nicht genügt:
DER REGENSCHIRMMÖRDER Frankreich 1980.
Regie: Gérard Oury (FSK 12)
SUNSET – DÄMMERUNG IN HOLLYWOOD
USA 1987. Regie: Blake Edwards (FSK 12)

anderbringt. Wie im Film, wo er die Stars bei ihren mehr oder weniger gefährlichen Einsätzen doubelt, ist er auch sonst nie ganz er selbst. Wenn er seine Rechnung in der Kneipe nicht bezahlen kann, geht er aufs Klo, schlüpft durchs Oberfenster raus, rast in eine fremde Wohnung, greift ohne zu fragen nach dem Telefon, ruft in der Kneipe an und gibt sich als Filmproduzent aus, der unbedingt den unvergleichlichen Michel Gaucher am Apparat will, weil auf diesen ein lukrativer Job wartet. Damit hat er sich wieder für ein paar Tage Kredit verschafft, obwohl der Wirt die Täuschung längst durchschaut. Zu Hause geht die atemlose Maskerade weiter. Hier führt Michel der Fürsorge einen zurückgebliebenen Trottel vor, der aber haufenweise Kinder hat und dafür nun Sozialgeld kassiert. Und selbst wenn Michel mit seiner Verlobten Jane eigentlich vor dem Traualtar stehen sollte, muss noch schnell ein Job beim Film erledigt werden. Schließlich landet das Paar statt in den Flitterwochen schwer verletzt im Krankenhaus, was sie nicht daran hindern kann, sich weiterhin gegenseitig das Leben schwer zu machen.

Michel ist sozusagen der Stuntman seines eigenen Lebens, der von einer ausweglosen Lage in die nächste schliddert, hechtet, stürzt und rutscht. Nur still ist Michel nie. Und nicht pünktlich, nicht zuverlässig, nicht bescheiden, einfach gar nichts, was man von einem braven Bürger erwarten darf. Allmählich entnervt, wendet sich Jane einem gähnend soliden Adligen zu. Und als Michel den Actionstar Bruno Ferreri doubeln soll, dem schon ab einem Meter über Boden die Knie schlottern, wird sein Leben noch halsbrecherischer als je zuvor.

Jean-Paul Belmondo nimmt seinen Ruf als Actionstar gleich zweifach aufs Korn: einmal als großspuriger Stuntman und dann als Angsthase von einem Actionheld. Dank seiner Doppelrolle kann er uns ganz allein vormachen, wie man auf den Hund kommt, wenn man x-fach eine Treppe runterstürzen muss und unten jedes Mal ein einfältiger Star steht, der seinen Text vergessen hat.

◉◉◉

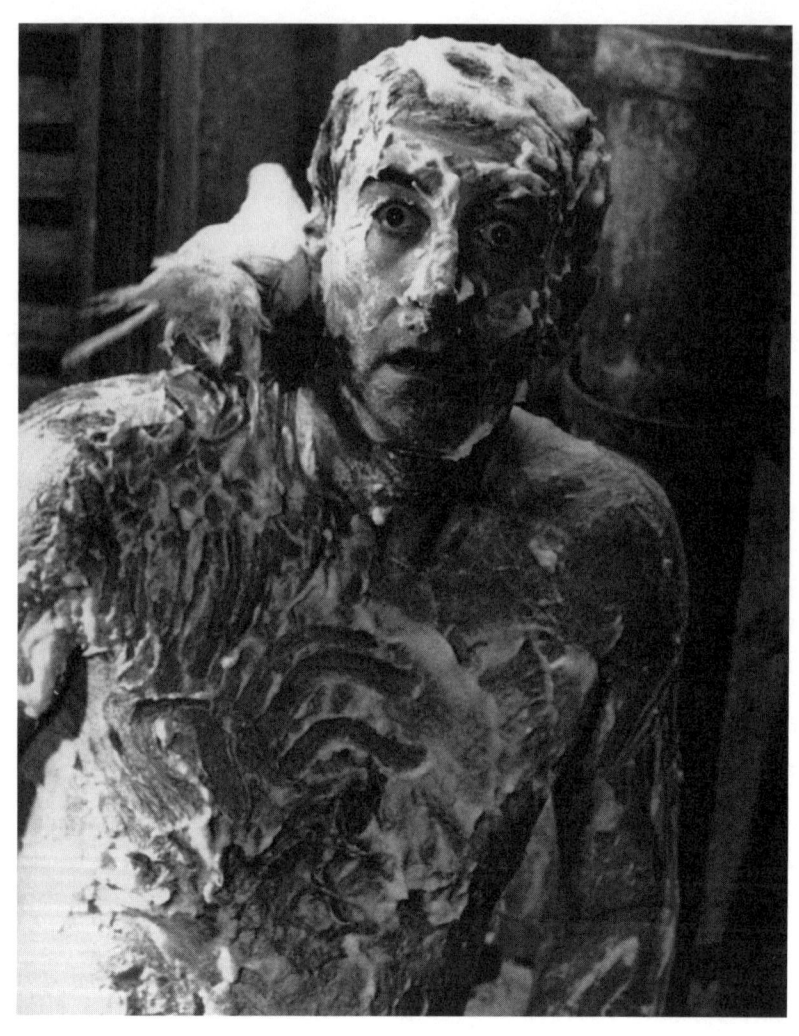

JAGT DEN FUCHS! in einem Satz: Ein gerissener Gauner will gestohlene Goldbarren ins Land schmuggeln und macht sich die ahnungslose Bevölkerung eines Küstenstädtchens zu Verbündeten, weil diese meinen, hier wird ein Film gedreht.

JAGT DEN FUCHS! (Caccia alla volpe). Italien, Großbritannien, USA 1965. Regie: Vittorio de Sica. Besetzung: Peter Sellers, Victor Mature, Britt Ekland, Martin Balsam u.a. 103 Minuten. FSK 6. DVD: MGM

Wem ein Film nicht genügt:
DER PARTYSCHRECK USA 1967.
Regie: Blake Edwards (FSK 6)
SCHNAPPT SHORTY USA 1995.
Regie: Barry Sonnenfeld (FSK 12)

Genauso verrückt wie Michel Gaucher ist Aldo Vanucci. Zunächst hat Aldo mit Film allerdings gar nichts am Hut. Er sitzt als ehrenwerter Gauner irgendwo in Italien im Knast. Aber als Aldo den genialen Coup wittert, bricht er kurzerhand aus dem Gefängnis aus und dann ebenso ungebremst über das Kino herein. Inspiriert durch seine Schwester Gina, die vom Filmruhm träumt, und durch den Rummel um den alternden Hollywood-Star Tony Powell, dämmert es Aldo allmählich, dass ihn die Kinoverrücktheit der Massen ans große Geld bringen wird. Erstens haben alle Leute, sobald eine Kamera auftaucht, nur noch eines im Kopf: Sich vor diese Kamera zu drängen. Und zweitens wird die Polizei in solchen Momenten zum Freund und Helfer, ganz nach dem Motto »Drängen lassen und mitdrängen«. Also wird Aldo über Nacht zum Filmgenie, das in einer kleinen Hafenstadt sein neues Meisterwerk drehen will. Die Bevölkerung ist entzückt, und der Dorfpolizist erst recht, weil er für eine kleine Nebenrolle genau das richtige gewisse Etwas hat. Als Star verpflichtet Aldo keinen Geringeren als Tony Powell, dem er mit hinreißend bodenloser

Frechheit ein echt neorealistisches Kunstwerk verspricht. Was allerdings keiner dieser Kinoverrückten weiß: Die Kamera wird zwar laufen, aber gedreht wird kein Film, sondern das ganz große Ding. Die Dreharbeiten dienen Aldo lediglich zur Tarnung, um aus Ägypten gestohlene Goldbarren an Land zu bringen.

JAGT DEN FUCHS! ist eine One-Man-Show. Peter Sellers bestimmt den Film von der ersten bis zur letzten Sekunde. Er dominiert so sehr, dass kaum jemand die Frage stellen wird, wer hier Regie führen durfte oder musste. Und doch stand hinter der »echten« Kamera einer der ganz Großen des Kinos, der sogar ein echter Meister des Neorealismus war. Nicht weniger als viermal wurde Vittorio de Sica mit einem Oscar ausgezeichnet, das erste Mal 1949 für sein Meisterwerk FAHRRADDIEBE. De Sicas Stärke war immer die genaue Beobachtung und Schilderung des entbehrungsreichen Lebens der einfachen Leute in Italien gewesen, so präzise, dass seine Filme manchmal wie Dokumentarfilme wirken. Er war damit einer der Mitbegründer der fruchtbarsten Ära im italienischen Kino gewesen, die man »Neorealismus« nennt, weil diese Filme nicht nach Traumfabrik schmeckten, sondern nach harter Realität. In einen überdrehten Film wie JAGT DEN FUCHS! passt einer wie de Sica also eigentlich gar nicht hinein. Und doch scheint er sich bei der Sache nicht ganz unwohl gefühlt zu haben, denn immerhin veräppelt er bei dieser Gelegenheit gleich auch noch sich selbst und den Neorealismus.

Der absolut erfolglose Möchtegern-Regisseur Bobby Bowfinger geht für seinen ersten Film nicht gerade über Leichen, wandelt sich aber immerhin vom ehrbaren Verlierer zum hemmungslosen Betrüger. Das muss sein, denn er hat endlich einen Knüller von Drehbuch aus der Feder eines Portiers zur Hand, dazu eine Truppe von grauenvollen Schauspielern und 2000 Dollar – also fast alles, was es für einen Kinohit braucht. Dazu kommen die Filmausrüstung, die er sich aus dem Lager eines Filmstudios

BOWFINGERS GROSSE NUMMER in einem Satz: Ein Möchtegern-Regisseur dreht mit einer Amateur-Crew einen Film und gewinnt dafür den führenden Actionstar Hollywoods – allerdings ohne dessen Wissen und Zustimmung.

BOWFINGERS GROSSE NUMMER (Bowfinger). USA 1999. Regie: Frank Oz. Besetzung: Steve Martin, Eddie Murphy, Heather Graham u. a. 97 Minuten. FSK 6. DVD: Universal

Wem ein Film nicht genügt:
IN THE SOUP USA 1992.
Regie: Alexandre Rockwell
NICKELODEON USA 1976.
Regie: Peter Bogdanovich (FSK 6)

Bowfingers große Nummer Kurzinformation

ganz dezent und kostenneutral borgt, sowie Filmtechniker, die er direkt ab der mexikanischen Grenze unbürokratisch einführt.

Was noch fehlt, ist ein Star. Aber einmal am Beginn seines unaufhaltsamen Aufstiegs angelangt, wird Bowfinger von einer solchen Lappalie nicht mehr gestoppt. Er nimmt den Actionstar Kit Ramsey in seine Besetzung auf – allerdings ohne dessen Wissen: Mit versteckter Kamera wird Kit gefilmt und mit der restlichen Besetzung in eine Handlung verstrickt.

Mit einem ähnlichen Kniff soll übrigens bereits 1927 ein russischer Filmemacher gute Erfahrungen gemacht haben, der damals heimlich den Hollywood-Star Mary Pickford in den Ferien filmte. Dieses Material montierte er danach so geschickt mit anderen Szenen zusammen, dass der Eindruck entstand, Pickford habe tatsächlich in einem sowjetischen Film mitgespielt.

Zunächst läuft auch für Bowfinger alles wie am Schnürchen: Der unter Verfolgungswahn leidende Kit spricht auf die urplötzlich auftauchenden und ihm bedrohlich nahe kommenden Figuren überaus gut an, so dass alles ganz echt wirkt. Bis es Kit dann doch des Unheimlichen zu viel wird, und er bei einer Psychosekte untertaucht. Aber selbst in dieser Lage weiß sich Bowfinger zu helfen: Er engagiert ein Double, das Kit täuschend ähnlich sieht und genau wie alle anderen Filmverrückten bereit ist, für ewigen Ruhm jedes Hindernis zu überwinden – und seien es achtspurige Autobahnen.

Eigentlich ist DAS FENSTER ZUM HOF gar kein Film über das Filmemachen – wenigstens nicht auf den ersten Blick. Dennoch haben François Truffaut und andere Kritiker sofort erkannt, dass Alfred Hitchcock mit diesem Thriller auf überraschende Weise das Wesen des Kinos beschreibt. Das fängt bei der Ausgangslage an: Ein Fotograf hat sich ein Bein gebrochen und ist deshalb an einen Rollstuhl gefesselt. Aus purer Langeweile schaut er den lieben langen Tag nur noch aus dem Fenster seines Wohnzimmers.

Was dort vor seinen Augen abläuft, scheint zunächst furchtbar langweilig: Ein altes Ehepaar, das seinen Hund verhätschelt; eine junge Tänzerin, die aufdringliche Verehrer abwimmelt; ein Komponist, der in einer Schaffenskrise immer häufiger zur Flasche greift; eine einsame alte Jungfer; ein frisch vermähltes Paar; eine sauertöpfische Künstlerin; und eine kranke Frau, die sich ständig mit ihrem Mann streitet. Das alles sieht Jeff von seinem Rollstuhl aus. Und was hat das mit Kino zu tun? Natürlich: Jeff sitzt wie wir Kinozuschauer in einem Sessel, und der Blick aus seinem Fenster gleicht unserem Blick auf die Leinwand. Und genau wie wir Kinozuschauer sieht er Dinge, die ihn eigentlich gar nichts angehen, fremde Schicksale und schließlich eine fremde Tragödie. Sie lenken ihn ab von seiner Behinderung und seinen Problemen mit der schönen Lisa. Die will ihn nämlich heiraten, und dann wäre es aus mit der Reiserei und dem Leben aus dem Koffer. Bei anderen Menschen im Privatleben zu spionieren ist für Jeff deshalb eine willkommene Abwechslung, genauso wie es für uns eine Abwechslung ist, im Kino für ein paar Stunden anstatt unseres

DAS FENSTER ZUM HOF in einem Satz: Ein Fotograf, der sich
wegen eines Beinbruchs nicht aus seiner Wohnung bewegen kann,
glaubt, Zeuge eines Mordes im Nachbarhaus geworden zu sein,
und wird dadurch vom teilnahmslosen Zeugen zum Mitspieler in
einem nervenzerreißenden Drama.

DAS FENSTER ZUM HOF (Rear Window). USA 1954. Regie:
Alfred Hitchcock. Besetzung: James Stewart, Grace Kelly, Thelma
Ritter, Raymond Burr u. a. 112 Minuten. FSK 12.
DVD: Universal

Wem ein Film nicht genügt:
DER DIALOG USA 1973.
Regie: Francis Ford Coppola (FSK 16)
ONE HOUR PHOTO USA 2002.
Regie: Mark Romanek (FSK 12)

grauen Alltags ein »Stück Kuchen« vorgesetzt zu bekommen.
So hat Hitchcock einmal die Fiktion bezeichnet, die das Kino zu
bieten habe.

Dann allerdings kommt Jeff einer Sache auf die Spur, die ihn
nicht mehr kalt lässt. Die kranke Frau verschwindet, und Jeff
kommt zu der Überzeugung, dass sie von ihrem Mann ermordet
wurde. Nun zieht er auch noch Lisa in seine Fenstergeschichten
mit hinein. Sie soll für ihn die nötigen Beweise besorgen. Und
plötzlich sitzt Jeff nicht mehr bloß vor einer »Leinwand«, sondern
mittendrin. Jetzt ist es vorbei mit lässigem Zuschauen. Jeff muss
hilflos mit ansehen, wie Lisa in Gefahr gerät.

DAS FENSTER ZUM HOF erhält eine einzigartige Form, weil Hitchcock mit der Kamera ganz konsequent im Appartement von Jeff
bleibt. Wir Zuschauer sind dadurch mit ihm praktisch in denselben Stuhl gefesselt. Bis auf eine einzige, entscheidende Ausnahme:
Als der kleine Hund des alten Ehepaars tot im Hof gefunden wird,
schreit die Frau verzweifelt auf: »Wir Nachbarn müssten uns viel
mehr lieben.« Für einen kurzen Augenblick verlässt die Kamera

Jeffs Wohnung und geht in den Innenhof. Es ist, als wollte uns Hitchcock damit zeigen: Kino ist ja gut und schön. Aber es gibt Momente, da muss man aus dem Kinostuhl raus und ins wirkliche Leben zurück.

Cecilia ist auf der Flucht. Still, schüchtern und hilflos. Es sind die 1930er Jahre, und die Wirtschaftskrise beutelt die Menschen. Cecilias Mann ist arbeitslos, hängt mit Kumpels rum, verzockt das wenige Geld, schlägt Cecilia im Rausch, betrügt sie mit anderen Frauen. Cecilias Leben ist trostlos. Deshalb flüchtet sie ins Kino. Dort tanzen Fred Astaire und Ginger Rogers in extravaganten Kostümen durch herrliche Räume. »I'm in Heaven«, singt Astaire, und für anderthalb Stunden ist Cecilia tatsächlich im Himmel, bis sie der Kinosaal wieder in den schäbigen Alltag entlässt.

Dann wird »The Purple Rose of Cairo« angekündigt, eine romantische Komödie, die an exotischen Schauplätzen in Ägypten spielt und in für Cecilia ebenso exotischen Luxuswohnungen und Nachtclubs in New York. In der Hauptrolle wird Gil Shepherd zu sehen sein, der kommende Star, für den Cecilia jetzt schon schwärmt. Als der Film startet, geht es ihr so mies, dass sie gar nicht mehr aus dem Kinosaal will. Sie schaut sich den Film immer und immer wieder an. Bis eines Tages der Archäologe Tom Baxter auf der Leinwand stutzt, mit seinem Dialog ins Stocken gerät und sich schließlich direkt an Cecilia wendet: »Mein Gott, Sie müssen diesen Film wirklich lieben.« Dann steigt er von der Leinwand herunter und stürmt mit Cecilia aus dem Kinosaal.

Lange vor Woody Allen in THE PURPLE ROSE OF CAIRO hat bereits Buster Keaton in SHERLOCK JUNIOR die Grenzen zwischen Leinwand und Kinosaal geöffnet und damit Fiktion und Realität nahtlos ineinanderfließen lassen. Als nun Tom Baxter mitsamt Tropenhelm und -anzug die Leinwand verlässt, bleiben dort die Figuren ratlos zurück, denn für das Unvorhergesehene gibt es kein Drehbuch.

Währenddessen lernt Tom die Tücken der Realität kennen. Ein Auto fährt nicht einfach los, weil man sich reinsetzt. Filmgeld ist im Restaurant nichts wert. Und bei einem Kuss setzt nicht automatisch die Abblende ein. Aber Cecilia ist im Himmel. Endlich ein Mann, der sie liebt und auf Händen trägt. Tom nimmt sie sogar in seine Welt des Films mit. Nun bringt dort auch Cecilia den Ablauf durcheinander, und es stellt sich heraus, dass sogar Leinwandgestalten Wünsche haben, die sich nie erfüllen, weil alles immer nach Plan verläuft. Es geht ihnen wie Cecilia – nur umgekehrt: Sie leiden unter der öden Fiktion und sehnen sich nach der abwechslungsreichen Realität. Cecilia hingegen ist berauscht. Aber längst spukt in ihrem Kopf auch Gil Shepherd herum, der Schauspieler, der Tom Baxter zum Leben erweckt hat. Gil fürchtet nämlich um seinen guten Ruf und seine Karriere. Wer will schon einen Schauspieler engagieren, der seine Geschöpfe nicht im Griff hat? Also versucht er Cecilia für seine Zwecke einzuspannen und Tom zurück auf die Leinwand zu schicken, damit alles wieder so

THE PURPLE ROSE OF CAIRO in einem Satz: Eine unglückliche Frau sitzt so lange im Kino, bis ihr Held von der Leinwand steigt und mit ihr das Weite sucht.

THE PURPLE ROSE OF CAIRO. USA 1984. Regie: Woody Allen. Besetzung: Mia Farrow, Jeff Daniels, Danny Aiello u.a. 82 Minuten. FSK 12. DVD: MGM

Wem ein Film nicht genügt:
SHERLOCK JUNIOR USA 1924.
Regie: Buster Keaton (FSK 6)
PLEASANTVILLE USA 1998.
Regie: Gary Ross (FSK 6)

wird, wie es war. Schließlich steht Cecilia vor der Wahl: Fiktion oder Realität?

Der Handlung von **THE PURPLE ROSE OF CAIRO** kann man problemlos folgen. Dennoch beginnt sich im Kopf alles zu drehen, wenn man diese Idee weiterspinnt. Plötzlich fragt man sich: Was ist eigentlich Realität? Was ist Fiktion? Was passiert zwischen der Leinwand und den Zuschauern? Geben Schauspieler wirklich etwas von ihrem Leben an jene Figuren ab, die auf der Leinwand zu sehen sind?

Am Ende sitzen wir im Kino, hören Fred Astairs »I'm in Heaven« und wissen nicht mehr recht, wo denn dieser Himmel genau sein soll.

Die Grenzen zwischen Fiktion und Realität werden auch für Jack fließend, allerdings braucht es dazu einen unsanften Schlag auf den Kopf. Jack ist Autor einer Fernsehserie, einer typisch ameri-

JACK ALLEIN IM SERIENWAHN in einem Satz: Nach einem Schlag auf den Kopf wacht ein viel zu dicker Drehbuchautor in seiner eigenen Fernsehserie auf und schreibt sich selbst schlagartig zum unwiderstehlichen Frauenheld.

JACK ALLEIN IM SERIENWAHN (Delirious). USA 1991. Regie: Tom Mankiewicz. Besetzung: John Candy, Mariel Hemingway, Robert Wagner, Raymond Burr u. a. 92 Minuten. FSK 12. DVD: MGM

Wem ein Film nicht genügt:
DIE MUSE USA 1999. Regie: Albert Brooks
(FSK ohne Altersbeschränkung)
BEING JOHN MALKOVICH Großbritannien,
USA 1999. Regie: Spike Jonze (FSK 12)

kanischen Seifenoper ohne Ende. Und er ist unsterblich in Laura verliebt, den Star der Serie. Diese allerdings ist ein egoistisches Biest und macht dem gutmütigen Jack nur schöne Augen, weil er dadurch ihre Starwünsche erfüllt und sie in seinen Drehbüchern bevorzugt behandelt.

Nach einem Unfall kommt Jack im Krankenhaus wieder zu sich. Als sich der Arzt über ihn beugt, schreit Jack entsetzt auf. Es ist der Serienarzt, der an ihm rumschnippeln will, die Schmierenrolle, die er selbst geschrieben hat. Allmählich realisiert Jack, dass er in seine eigene Serie geraten ist. Was ihn zunächst in Panik versetzt, bereitet ihm bald ein diebisches Vergnügen. Er findet nämlich heraus, dass er nach wie vor als Autor in die Serie eingreifen kann. Er kann sich also seine Wunschhandlung fortlaufend selbst erschreiben. Jetzt kann er gegenüber Laura, die in der Serie Rachel heißt, endlich groß auftrumpfen. Jack wird zum sagenhaft reichen Großkotz, zum heldenhaften Retter und zum generösen Wohltäter. Nun ist er nicht mehr Jack, das gutmütige Dickerchen, sondern Jack, der strahlende Held. Wäre da nicht die unschein-

bare Janet, die um so vieles liebenswürdiger ist als Rachel. Und ein feindlicher Autor, der sich plötzlich an Jack heranschreibt und ihm das Fantasieren schwer macht.

JACK ALLEIN IM SERIENWAHN jongliert mit den Klischees der Seifenoper und macht sich über diese verlogene Kitschwelt lustig, in der Figuren dann sterben, wenn die Darstellerin zu viel Gage verlangt, und die unsinnigsten Dinge geschehen, weil man sich davon mehr Zuschauer erhofft. Am Ende wird sogar sichtbar, was für ein verheerender Unsinn herauskommt, wenn ein beschwipster Autor in die Tasten greift.

Was wäre, wenn sich die ganze Welt nur um uns drehen würde? Wenn wir der unbestrittene Star des gesamten Universums wären? **DIE TRUMAN SHOW** macht genau aus dieser verrückten Idee eine Geschichte: Truman Burbank ist der Star einer rund um die Uhr übertragenen Live-Fernsehshow, und das seit über 29 Jah-

ren, seit seiner Geburt. Auf der ganzen Welt fiebern die Zuschauer mit Truman. Heerscharen von Schauspielern verdienen mit
seiner Sendung ihren Lebensunterhalt. Eine ebenso große Crew
von Technikern macht das Spektakel möglich. Und über allem
wacht der geniale Fernsehproduzent Christof. Nur einer hat
keine Ahnung davon: Truman Burbank selbst. Er lebt im Muster-
städtchen Seahaven und glaubt, das sei die ganze Welt. Dabei
ist sein Zuhause ein gigantisches Fernsehstudio – »das einzige
Bauwerk neben der chinesischen Mauer, das man vom Mond aus
sehen kann«. In dieser Welt ist die Sonne eine Lichtmaschine, die
sich an den Zeitplan der Fernsehproduzenten hält. Trumans Verlobte ist eine Schauspielerin, die ans Drehbuch gebunden ist. Und
seine panische Angst vor Wasser hat man ihm gezielt beigebracht,
damit er ja nie auf die Idee kommt, die kleine Insel, auf der er
lebt, zu verlassen. Truman ist ein Gefangener, der unter keinen
Umständen dahinterkommen darf, dass seine Welt tatsächlich
eine Scheibe ist, mit einem Himmelszelt, das die Erde berührt.

Truman wird durch sein gesamtes Leben dirigiert, ohne es
zu merken. Wenn sein Vater bei einer Segeltour ertrinkt, ist das

DIE TRUMAN SHOW in einem Satz: Als ein junger Mann entdeckt, dass er zeit seines Lebens der Star einer Live-Fernsehshow war, bricht für ihn buchstäblich eine ganze Welt zusammen.

DIE TRUMAN SHOW (The Truman Show). USA 1998. Regie: Peter Weir. Besetzung: Jim Carrey, Laura Linney, Ed Harris, Natascha McElhone u. a. 103 Minuten. FSK 12. DVD: Paramount

Wem ein Film nicht genügt:
UND TÄGLICH GRÜSST DAS MURMELTIER USA 1993. Regie: Harold Ramis (FSK 6)
23 – NICHTS IST SO, WIE ES SCHEINT Deutschland 1998. Regie: Hans-Christian Schmid (FSK 12)

genauso inszeniert, wie wenn derselbe Vater zwanzig Jahre später wunderbarerweise wieder aus dem Nebel auftaucht. Für die Fernsehwelt wäre alles perfekt, wenn Truman nur nicht von einer fixen Idee beherrscht würde, die der Produzent nicht vorgesehen hat. Vor Jahren hat er sich in Sylvia verliebt. Das stand nirgends im Drehbuch, und deshalb wurde Sylvia unverzüglich aus der Sendung entfernt. Seither versucht Truman verzweifelt, sie wiederzufinden. Und plötzlich bekommt seine heile Welt Risse: Truman begegnet auf der Straße einem Bettler, der seinem Vater verblüffend ähnlich sieht – weil sich der damals gefeuerte Schauspieler unbemerkt in die Kulissen schleichen konnte. Im Autoradio hört Truman seltsame Durchsagen, die sich auf ihn zu beziehen scheinen – weil aus Versehen der Studiofunk über seine Radiofrequenz gesendet wurde. Es regnet Scheinwerfer vom Himmel. Und die Autos scheinen nach Fahrplan durch sein Quartier zu kurven. Schließlich steigert sich alles zu einem Wettlauf, von dem Truman allerdings immer noch nicht weiß, dass »Einer gegen alle« gilt. Er hat auch keine Ahnung, dass er nicht bloß aus einer kleinen Stadt auszubrechen versucht, sondern aus einer ganzen Welt.

Der Regisseur Peter Weir hat mit TRUMAN SHOW mehr als nur eine witzige Komödie im Sinn. Genau genommen gibt es gar nicht viel zu lachen in diesem Albtraum. Für Truman steht die Welt tatsächlich Kopf, und bald herrscht nur noch das komplette Misstrauen. Das eigentlich Raffinierte an TRUMAN SHOW ist aber, dass selbst wir Zuschauer allmählich die Orientierung verlieren. Befinden wir uns nun in der Fernsehsendung oder in der Realität? Ist das, was wir sehen, echt oder nur inszeniert? Sehen wir es mit unseren eigenen Augen oder durch die Kameras der Fernsehshow? Wenn wir noch etwas weiter denken, wird es sogar noch verzwickter. Denn »unsere Augen« sind ja auch nur wieder die Kameras von Peter Weir. Was wir für Realität halten, ist also schon wieder eine Fiktion. Es scheint für uns letztlich genauso wenig einen Ausweg zu geben wie für Truman. Auf alle Fälle aber keine leichten Antworten. DIE TRUMAN SHOW ist wie ein Labyrinth, in dem wir verzweifelt nach einem Ausgang suchen und doch nie einen finden. Bis wir irgendwann vor den beunruhigenden Fragen kapitulieren, uns wieder in den Fernseh- oder Kinosessel zurücklehnen und zu einer ganz einfachen Frage zurückkehren: »Was läuft als Nächstes?«

Mit dem letzten Film dieses Buches kehren wir zurück in die Stummfilmzeit: Ein halbes Jahrhundert nach der Einführung des Tonfilms verfällt Mel Fröhlich auf die wahnwitzige Idee, seine gescheiterte Karriere ausgerechnet mit einem Stummfilm neu anzukurbeln. Das ist dermaßen irre, dass darauf nur ein kompletter Versager oder ein Genie kommen kann. Mel Brooks, der Regisseur von SILENT MOVIE, ist genauso hirnverbrannt wie Mel Fröhlich, aber glücklicherweise auch ein Meister der Komödie und der Parodie. Deshalb konnte er es wagen, 1976 tatsächlich einen Stummfilm zu drehen, in dem nur ein einziges Wort laut ausgesprochen wird – und das ausgerechnet vom damals weltberühmten Pantomimen Marcel Marceau.

SILENT MOVIE in einem Satz: Ein gescheiterter Regisseur versucht mit einem Stummfilm seine Karriere neu anzukurbeln – komischerweise fünfzig Jahre zu spät.

SILENT MOVIE (Silent Movie). USA 1976. Regie: Mel Brooks. Besetzung: Mel Brooks, Marty Feldman, Dom DeLuise, Bernadette Peters, Sid Caesar u. a. 87 Minuten. FSK 6. DVD: 20th Century Fox

Wem ein Film nicht genügt:
LOONEY TUNES – BACK IN ACTION USA 2003.
Regie: Joe Dante (FSK 6)
FRANKENSTEIN JUNIOR USA 1974.
Regie: Mel Brooks (FSK 12)

Allerdings hat Brooks auch ein wenig geschummelt, denn genau genommen ist **SILENT MOVIE** gar kein Stummfilm, sondern ein Film ohne gesprochenen Dialog. Musik und Geräusche setzt Brooks nämlich virtuos ein.

Nicht nur der Pantomime Marceau spielt in **SILENT MOVIE** sich selbst, auch Stars wie Burt Reynolds, Liza Minelli, Paul Newman, Anne Bancroft und James Caan treten als sie selbst auf. Sie alle konnten der Versuchung nicht widerstehen, diesen verrückten Film zu drehen.

Wie es sich für eine Parodie gehört, steckt **SILENT MOVIE** voller Anspielungen: Der lateinische Wahlspruch des Studios, für das Mel arbeitet, lautet »Ars est pecunia« (Kunst ist Geld), und als Maskottchen miaut der Firmenboss höchstpersönlich wie ein Schoßkätzchen. Damit macht sich Mel Brooks über den Löwen der MGM-Studios lustig und über deren Wahlspruch »Ars gratia artis« (Kunst zum Wohle der Kunst).

Wenn im Bild die Skyline von Manhattan erscheint, hört man zunächst den Hit »San Francisco«. Als ob der Filmkomponist seine geografische Verirrung plötzlich bemerkt hätte, bricht die Musik jedoch nach wenigen Takten ab, und es geht mit »I'll take Manhattan« weiter. Der Spaß wird also umso größer, je mehr Anspielungen man erkennt. Es gilt, den Brooks-Code zu knacken.

Aber auch diejenigen, die davon nicht viel mitbekommen, werden in **SILENT MOVIE** reichlich zu lachen haben. Der Film ist voller perfekt inszenierter Slapstick-Szenen, wie wir sie aus der Stummfilmzeit kennen: ein albernes Verfolgungsrennen in Go-Carts; ein Cola-Automat, der zur gefährlichen Waffe wird; eine zerstörerische Platzsuche in der Betriebskantine – selbstverständlich in voller Ritterrüstung. Auf Mel Fröhlichs Stummfilmpläne reagiert sein Studioboss zunächst barsch mit: »Der Slapstick ist tot!« – Nach 87 urkomischen Minuten ist aber sonnenklar: Von wegen!

AB SPAN N

... DAN K

Wie es sich im Kino gehört, will ich zum Schluss ein paar Menschen danken, die dieses Buch erst möglich gemacht haben:

Meiner Frau Karin, die meine Leidenschaft für Film nicht nur geduldig erträgt, sondern sie über weite Strecken sogar mit mir teilt, und dennoch dafür sorgt, dass ich trotz Kinosucht nicht völlig aus dem Häuschen gerate.

Unseren Kindern Erasmus, Patrick, Sophie und Elisabeth, die mir oft beim Filmeschauen Gesellschaft geleistet haben und sich am Familientisch erstaunlich selten über meine endlosen Filmgeschichten beklagen. Besonders dankbar bin ich Patrick, der sich bereitwillig als Test-Leser anwerben ließ.

Meinem Lektor Ludger Ikas, der schon von diesem Buch überzeugt war, als es erst eine Idee war, und der mich ebenso liebenswürdig wie hartnäckig herausgefordert hat, mein Bestes zu geben.

Meinem Filmfreund Andreas Maurer, der sich von mir generös als filmgeschichtliches Gewissen und kritischer Gegenleser ausbeuten ließ.

Und schließlich all jenen Filmemachern, die mich mit Filmgeschichten versorgen und beglücken. Ohne sie säße ich auf dem Trockenen.

BILD WEIS NACH

Die Aufschlagbilder an den Kapitelanfängen stammen
aus folgenden Filmen:

FILM REGISTER

THE END...